O Mercado de Varejo de Material de Construção no Brasil

FERRAMENTAS DE GESTÃO

Coordenação: Joaquim Ramalho de Oliveira Filho
Alexandre Franco Caetano
César Henrique
Claudia Aparecida Serrano
Maria Cristina de Araújo Proença
Natal Destro
Osvaldo de Salles Guerra Cervi
Sérgio Bandeira de Mello Jr.
Sílvio Luiz Tadeu Bertoncello

DVS editora

DVS Editora Ltda.
www.dvseditora.com.br

O Mercado de Varejo de Material de Construção no Brasil
Copyright © DVS Editora 2004

Todos os direitos para a língua portuguesa reservados pela editora.

Nenhuma parte dessa publicação poderá ser reproduzida, guardada pelo sistema *retrieval* ou transmitida de qualquer modo ou por qualquer outro meio, seja este eletrônico, mecânico, de fotocópia, de gravação, ou outros, sem prévia autorização, por escrito, da editora

Revisão: Mônica de Aguiar Rocha
Produção Gráfica, Diagramação: ERJ Composição Editorial e Artes Gráficas Ltda
Design da Capa: SPAZIO / Denis Scorsato
ISBN:85-88329-18-2
Endereço para correspondência com o autor:

Dados Internacionais de Catalogação na Pubicação (CIP)
(Câmara Brasileira do Livro, SP, Brasil)

```
O Mercado de varejo de material de construção no
   Brasil : ferramentas de gestão / coordenação
   Joaquim Ramalho de Oliveira Filho. --
   São Paulo : DVS Editora, 2004.

Vários colaboradores.

   1. Materiais de construção   2. Varejo - Em-
presas - Administração   3. Vendas - Materiais
de construção   I. Oliveira Filho, Joaquim
Ramalho de.


04-7014                              CDD-691.0688
```

Índices para catálogo sistemático:

1. Materiais de construção : Mercado de varejo :
   Administração   691.0688
2. Mercado de varejo : Materiais de construção :
   Administração   691.0688

Agradecimentos

No ano de 2004, ao receber do amigo Sérgio Bandeira de Mello Jr. a tarefa de desenvolver uma estrutura que pudesse atender aos anseios do segmento de material de construção, não medi esforços para enfrentar a peleja.

No mesmo ano, quando apresentei o projeto do curso de pós-graduação em Gestão Empresarial Avançada para o Segmento de Material de Construção ao professor Arthur Marega, ele não só incentivou como também promoveu o desafio de provocar o interesse da Anamaco - Associação Nacional dos Comerciantes de Material de Construção. Ao ser recebido pelo sr. Natal Destro, diretor de Expansão da Anamaco, e pelo seu presidente, sr. Cláudio Elias Conz, estava iniciado o desafio de proporcionar a capacitação de um dos mais importantes segmentos para a riqueza do Brasil.

No calor das atividades, os professores, Ana Lúcia Magyar, Carlos Vital Giordano, César Henrique Fischer, Cesar Adames, Cláudia Aparecida Serrano, Helder Haddad Carneiro da Silva, Lívio Giosa, Marco Aurélio Morsh, Marcos Alberto de Oliveira, Maria Cristina de Araújo Proença, Osvaldo de Salles Guerra Cervi e Sílvio Luiz Tadeu Bertoncello, e toda a equipe da Pós-Graduação da FAAP, não mediram esforços para a realização do primeiro curso de Gestão Empresarial Avançada para o Segmento de Material de Construção e para a elaboração deste livro.

Não haverá resultado sem o reconhecimento, e, de forma oportuna, quero agradecer a todos pela dedicação e empenho para a concretização deste projeto que deverá ser o início de um novo pensar nas relações do mercado de varejo de material de construção.

Na estrutura familiar, fonte da maior riqueza da sociedade, meus agradecimentos e carinhos a Luci Martines, Mayara Martines Ramalho de Oliveira, André Martines Ramalho de Oliveira, Judite Ferreira de Oliveira, Joaquim Ramalho de Oliveira (*in memorian*), Alzira Alonso Martines e Seraphim Martines (*in memorian*), responsáveis pelos meus princípios e inspiração.

Joaquim Ramalho de Oliveira Filho
Fundação Armando Alvares Penteado – FAAP
Coordenador

Prefácio

Este livro pretende apresentar uma visão realista dos desafios encontrados na gestão de material de construção e das habilidades necessárias à execução bem-sucedida para o segmento. No decorrer da obra, você aprenderá a usar os recursos necessários para alcançar um dos seis fatores essenciais para a obtenção e manutenção de sucesso no setor.

O **Capítulo 1** leva a uma reflexão do *Business to Business*. Além da terminologia simples, contém conceitos globais que fazem a ligação da gestão empresarial com outras disciplinas como, por exemplo, a qualidade e desenvolvimento das relações comerciais complementares.

O **Capítulo 2** apresenta os recursos e as técnicas do *Business to Consumer*, numa verdadeira concepção das relações com o mercado consumidor, de forma prática e com uma linguagem voltada à implantação e acompanhamento.

O **Capítulo 3** retrata a nova visão do ser humano nas organizações e, notadamente, destaca as relações entre funções, cargos e posicionamentos diferenciados nas empresas de maneira que alinhe e reflita o relacionamento dos colaboradores no contexto empresarial.

O **Capítulo 4** trabalha os conceitos e as estratégias na logística e canais de distribuição, trazendo a questão do papel, da importância e da movimentação otimizada nas organizações.

O **Capítulo 5** trata o CRM (*Customer Relationship Management*), proporcionando a discussão de como otimizar ferramentas e, objetivamente, a respectiva gestão na transformação de dados em informações estratégicas para a tomada de decisão.

Por fim, o **Capítulo 6** oferece métodos de trabalhar a arte da venda. Como este é um livro que fornece ensinamentos práticos, as técnicas são descritas em detalhes. Elas começam com exemplos simples e depois se transformam em dicas de como se tornar um verdadeiro profissional de vendas. Ao longo do capítulo, apresenta-se o modo pelo qual as técnicas de vendas poderão ser adotadas por um número cada vez maior nas organizações, destacando-se os tipos de situações e problemas que os profissionais da área têm de enfrentar – e como lidar com tais situações, por meio das ferramentas apresentas neste livro.

Sumário

Capítulo 1 – Business to Business 1
Sílvio Luiz Tadeu Bertoncello

Marketing *Business to Business*: Uma Perspectiva Nacional 1
  1.1 – Marketing B2B e Condicionantes da Orientação
         Empresarial 2
  1.2 – Comportamento de Compras e Diferenças entre o
         Relacionamento B2B e B2C 5
  1.3 – Classificação de Clientes e Produtos no Mercado B2B 9
         1.3.1 – Abordagens e Grau de Influência 10
  1.4 – Posicionamento no Relacionamento B2B Segundo
         Características de Valor 12
  1.5 – Macrossegmentação e Microssegmentação no
         Relacionamento *Business To Business* 14
  1.6 – Marketing Mix Para o Relacionamento B2B 17
         1.6.1 – Política de Produto 17
         1.6.2 – Novos Produtos e Novos Mercados 18
         1.6.3 – Política de Preço 20
         1.6.4 – Gerenciamento da Cadeia de Suprimentos 24
         1.6.5 – Distribuição 26
         1.6.6 – Estratégia Promocional 30
  1.7 – Comércio Eletrônico e Sua Implicação na
         Rede de Distribuição no B2B 32
         1.7.1 – A Evolução do Comércio Eletrônico 34
         1.7.2 – O Comércio Eletrônico nas Organizações 36
         1.7.3 – Impactos na Estrutura da Organização e
                 Rede de Distribuição 37
         1.7.4 – Força de Vendas 39
  1.8 – Sistemas de Informação 41
         1.8.1 – O Poder da Informação 41
         1.8.2 – Processo de Valorização da Informação 42

1.8.3 – ERP 43
1.8.4 – Telemarketing 44
1.8.5 – CRM 44
1.8.6 – *Data Mining* ou Garimpagem de Dados 45
1.8.7 – Sistema de Informação e *Bussiness Intelligence* 45
1.8.8 – A Informação nas Empresas Orientadas ao Mercado ... 46
1.8.9 – O Conhecimento Estratégico Obtido
          por Meio de Informações 48
Conclusões 49
Referências Bibliográficas 50

Capítulo 2 – Business to Consumer 53
Maria Cristina de Araújo Proença
Sérgio Bandeira de Mello Jr.

Política de Preços e Diferencial Competitivo na Indústria de Varejo de Material de Construção 53
1 – Introdução 53
2 – Fundamentação Teórica 55
   2.1 – Segmentação de Mercado e
         Posicionamento Estratégico 55
   2.2 – Precificação no Varejo – Estratégias e Políticas 61
   2.3 – A Estratégia de Preços no Varejo 63
      2.3.1 – Estabelecimento da Política de Determinação
              de Preços no Varejo 63
      2.3.2 – Considerações sobre as Políticas EDLP e HILO 67
   2.4 – O Preço e o Comportamento do Consumidor 70
      2.4.1 – Elasticidade 73
      2.4.2 – Gerenciamento por Categorias, o Cenário
              Brasileiro e o Papel dos Produtos 73
      2.4.3 – Lembrança e Conhecimento de Preços 81
3 – Método do Estudo Empírico 81
4 – Estudo de Casos 82
   4.1 – C&C 82
   4.2 – Leo Madeiras 84
   4.3 – Rede Construir 86
5 – Análise Consolidada dos Resultados 88
Conclusões 89
Referências Bibliográficas 91

Capítulo 3 – A Nova Visão do Ser Humano nas Organizações. 93
Claudia Aparecida Serrano

O Histórico da Gestão de Recursos Humanos nas Organizações 93
1 – Novo Modelo de Gestão de Pessoas 95

2 – Gestão de Recursos Humanos ou Gestão de Pessoas? 96
   2.1 – Os Subsistemas de Gestão de Pessoas 99
   2.2 – Atrelando os Subsistemas de Gestão de Pessoas por meio da Competência 108
      2.2.1 – Afinal, o Que é Competência? 108
   2.3 – Sistema de Gestão de Pessoas com Foco em Competências 110
      2.3.1 – Levantamento e avaliação do perfil com base nas competências 114
      2.3.2 – A competência Liderança 114
3 – Considerações Finais Sobre a Gestão de Pessoas 116
Referências Bibliográficas 118

Capítulo 4 – Logística e Canais de Distribuição 121
Osvaldo de Salles Guerra Cervi

Introdução 121
Um Pouco de História 123
1 – Tecnologia, Informação e Demanda 125
2 – Gestão 127
   2.1 – Planejamento 129
   2.2 – Identidade – O *Core Business* (Atividade Principal) da Organização 130
   2.3 – Inteligência Competitiva 131
   2.4 – Cultura 132
      2.4.1 – Confiança e Risco 133
3 – O *Mix* de Marketing 137
   3.1 – Canal de Distribuição 138
      3.1.1 – Logística 140
      3.1.2 – Confiança e Distribuição 142
   3.3 – Estratégia de Distribuição 146
      3.3.1 – Atacado 147
      3.3.2 – Varejo 148
4 – Projeto de Sistema de Canal de Marketing 151
   4.1 – Serviços Desejados 151
   4.2 – Objetivos e Capacidade 154
   4.3 – Opções de Canal 155
      4.3.1 – Tipos de Intermediários 155
      4.3.2 – Número de Intermediários 156
5 – SCM – *Supply Chain Management* 158
   5.1 – A Cultura da Confiança 159
   5.2 – Iniciando o Aculturamento 162
   5.3 – O SCM, a Cadeia de Valor e o Desenvolvimento Econômico . 164
6 – O SCM e o Novo Milênio 165

6.1 – O Exemplo da Europa 166
6.2 – Novas Competências 170
6.3 – A Demanda 'Puxada' 171
6.4 – O Alinhamento Estratégico 173
6.5 – Sistemas Verticais e Horizontais de Canal 175
6.6 – Conflitos 176
      6.6.1 – Administrando Conflitos 177
7 – O Futuro da Distribuição 179
    7.1 – A Internet e o Novo Comportamento de Consumo 181
    7.2 – O Maior Gargalo: A Entrega 183
      7.2.1 – Constatações 184
Referências Bibliográficas 188

Capítulo 5 – CRM — Customer Relationship Management .. 193
Alexandre Franco Caetano
César Henrique Fischer

CRM – *Customer Relationship Management*
Visão Prática do Conceito 193
1 – Introdução 193
2 – Conceitos Fundamentais 196
    2.1 – Evolução do Marketing 196
    2.2 – *Life-Time Value* 198
    2.3 – *Customer Share Versus Market Share* 200
    2.4 – *Cross-Selling* 200
    2.5 – *Up-Selling* 201
    2.6 – *Customer Equity Versus Brand Equity* 202
    2.7 – Definições do CRM 203
    2.8 – Componentes do CRM 204
    2.9 – Tipos de CRM 205
    2.10 – Principais Dificuldades de Implantação do CRM 206
    2.11 – Programas de Fidelização 207
    2.12 – Compra de *Mailings* 209
    2.13 – O Marketing Direto 210
3 – CRM Como Resposta à Questão 'Eficiência em Marketing' 213
    3.1 – CRM Como Eficiência em Marketing: o Papel
           da Tecnologia 215
4 – Uma Proposta Teórica de Visão de Estrutura Organizacional
    para o Funcionamento do CRM 218
5 – Resultados em CRM: a Visão Estratégica 221
    5.1 – *Case* ITAIPU 221
      5.1.1 – Cenário Atual 222
      5.1.2 – Definição do Problema 222
      5.1.3 – Objetivos da Implantação do CRM 223

5.2 – Estratégia 224
    5.2.1 – Definição do Cliente-alvo/clusterização 224
    5.2.2 – Prospects 224
    5.2.3 – Ações 225
5.3 – Mensuração dos Resultados 228
5.4 – Ações Futuras 228
5.5 – Cartão de Cliente Especial 229
5.6 – Clube do Itaipu Shopping Construção 229
5.7 – Parcerias 229
Bibliografia 230
Referências Bibliográficas 230

Capítulo 6 – Como Se Tornar um Campeão de Vendas 231
Natal Destro

1ª Parte – O Conhecimento da Profissão de Vendedor 231
  1.1 – A História da Venda 231
    1.1.1 – Vender é Instintivo 231
    1.1.2 – As Formas Primitivas de Comércio 232
    1.1.3 – O Uso do Dinheiro 233
    1.1.4 – A Revolução Industrial 234
    1.1.5 – A Venda e o Marketing 236
  1.2 – A Evolução da Profissão 237
    1.2.1 – Do Caixeiro-viajante ao
           Profissional de Vendas 237
    1.2.2 –Vender é uma Profissão? 239
    1.2.3 – Cultura e Conhecimentos Necessários ao
           Vendedor de Hoje 239
    1.2.4 – Psicologia de Vendas 240
    1.2.5 – O Que é Vender 241
    1.2.6 – Profissionalização 242
  1.3 – Aspectos Econômicos e Sociais da Profissão 243
    1.3.1 – O Vendedor Moderno 243
    1.3.2 – Boa Apresentação 244
    1.3.3 – Saber Falar: Clareza, Ordem e Ênfase 244
    1.3.4 – Saber Ouvir: Postura Física e Mental
           Adequadas 245
    1.3.5 – Senso Econômico 245
    1.3.6 – Senso psicológico 246
    1.3.7 – Autoconfiança 246
    1.3.8 – Atividade 246
    1.3.9 – Conhecimento do seu Produto ou Serviço 247
  1.4 – Traços da Personalidade do Vendedor 247
    1.4.1 – Ambição 248
    1.4.2 – Entusiasmo 248

1.4.3 – Iniciativa 249
1.4.4 – Tato 249
1.4.5 – Honestidade/Ética 250
1.4.6 – Persistência 251
1.4.7 – Cordialidade 252
1.4.8 – Jovialidade 253
1.4.9 – Imaginação 254
1.4.10 – Dinamismo 255
2ª Parte – O Planejamento das Vendas pelo Vendedor 255
  2.1 – O que é o Planejamento? 255
  2.2 – O Vendedor e o Planejamento 257
  2.3 – As Fases do Planejamento 258
  2.4 – Pesquisa dos Fatos (Dados e Informações sobre o Cliente) 258
  2.5 – Análise dos Fatos Pesquisados (das Informações) 260
  2.6 – Preparação da Oferta 261
  2.7 – Preparação da Entrevista 261
  2.8 – Visita Prévia 262
3ª Parte – O Ato da Venda 263
  3.1 – Aproximação ou o Início da Venda 263
    3.1.1 – Garanta a Validade de seu Planejamento 263
    3.1.2 – Impressione Bem Desde o Ínício 267
    3.1.3 – Cumprimente Corretamente 269
    3.1.4 – Abra Bem a Entrevista 272
    3.1.5 – Estabeleça o Diálogo 278
  3.2 – Oferta 281
    3.2.1 – Procure Primeiro, os Motivos da Compra 281
    3.2.2 – Apresente ao Cliente o seu Mercado 286
    3.2.3 – Faça a Sua Oferta 287
  3.3 – Sustentação 297
    3.3.1 – Não Tema as Objeções 297
    3.3.2 – Trate Adequadamente as Objeções 300
    3.3.3 – Use as Técnicas Recomendadas 303
    3.3.4 – Conheça as Objeções mais Freqüentes em Qualquer Ramo de Negócio 306
    3.3.5 – Conduza a Entrevista para o Arremate 309
  3.4 – Arremate ou Como Tirar o Pedido 311
    3.4.1 – Verifique se o Cliente Está Pronto para o Arremate 311
    3.4.2 – Encaminhe-se para o Arremate 316
    3.4.3 – Arremate a Venda 322
4ª Parte – Pós-Venda 332
5ª Parte – O Amor a Arte da Venda ou a Arte da Mais Antiga das Profissões 334
Referências Bibliográficas 337

Mensagem aos Colaboradores

Caros amigos, é muito oportuno este momento para ressaltar minhas emoções e agradecimentos a todos por uma história chamada Anamaco – Associação Nacional dos Comerciantes de Material de Construção. Fundada em 1º de dezembro de 1984, por 16 entidades regionais de todo o Brasil, reunidas na II Convenção Nacional das Associações de Comerciantes de Materiais de Construção (ACMC), realizada em Porto Alegre, RS, teve como primeiro presidente o senhor José Olavo Nogueira (1984 a 1986), fundador das primeiras associações regionais brasileiras – as ACMCs de Campinas e Ribeirão Preto —, e seus incansáveis sucessores, como o notável amigo Joaquim Fonseca, da Bahia, Mércio Tumeleiro, grande companheiro, e Roberto Breitaupt, por seus méritos incontestáveis.

No cargo de presidente desde 1989, num verdadeiro trabalho em equipe, procuro promover uma série de movimentos em prol do setor. Um segmento que atingiu a maturidade e cada vez mais procura a profissionalização, tornando-se uma forte e representativa entidade de classe, que funciona como interface entre órgãos governamentais, fabricantes de produtos comercializados pelos revendedores, associações regionais e comerciantes de materiais de construção em geral, materiais elétricos, ferragens tintas e vernizes.

Ao assumir a Presidência da Anamaco, tive como missão melhorar, ainda mais, as relações entre indústria e o comércio para otimizar o potencial do setor. E, para responder aos anseios de uma prática, instituímos o Prêmio Anamaco, entregue aos melhores fornecedores e às personalidades de maior destaque do comércio e da indústria, participamos do Programa Brasileiro da Qualidade e Produtividade no Habitat, da Comissão Nacional da Habitação, promovemos o Fórum da Indústria e do Comércio de Materiais de Construção, e lançamos a *Revista ANAMACO* que hoje conta com a gestão da Editora Grau 10.

Tais movimentos foram realizados para responder a uma carência de cerca de 105 mil lojas de materiais de construção no Brasil, que geram milhões de empregos e são responsáveis por 6% do PIB num *construbusiness*, representando 16% do PIB.

Não satisfeito com as conquistas do setor, recebi o projeto do curso de pós-graduação de Gestão Empresarial Avançada para o Segmento de Material de Construção, disciplina certificada por uma das mais importantes instituições de ensino do País a FAAP – Fundação Armando Alvares Penteado, e, sem medir esforços, foi iniciada a primeira turma da Pós-Graduação.

Fruto de uma parceria entre a Anamaco e o Iapedem - Instituto Avançado de Pesquisa, Ensino e Desenvolvimento Empresarial, a Universidade Anamaco foi lançada em 7 de abril de 2003, durante o Segundo Congresso Brasileiro de Material de Construção, contando com o apoio e a participação do professor Victor Mirshawka - diretor cultural da FAAP que, mais uma vez, demonstrou a nobre arte de trabalhar em prol do ensino.

O projeto tem como objetivo fornecer uma visão generalista sobre os conceitos e práticas modernas de gestão empresarial avançada, com ênfase na formação de dirigentes para a próxima década e desenvolvimento de novas posturas diante das mudanças e tendências empresariais em curso, por meio da adequação profissional do participante.

A Pós-Graduação, em convênio com a FAAP, é o primeiro curso lançado pela Universidade Anamaco e o Iapedem, com o foco em Gestão Empresarial Avançada para o Segmento de Material de Construção (Lato Sensu), com certificação ISO 9001/2000.

Além de um currículo acadêmico reconhecido nos cenários nacional e internacional, o programa conta com palestras e seminários visando a apresentar aos participantes *cases* voltados ao segmento.

A Entidade ao longo destes 20 anos soube sempre fazer e respeitar suas regras. Seus cinco presidentes se apoiaram nas Acomac (Associações dos Comerciantes de Material de Construção), buscando legitimidade nas decisões, e por isso ela tem solidez para enfrentar as turbulências futuras, pois o varejo será reinventado nesses próximos anos.

Participar dele será mais do que um prazer, será, acima de tudo, um eterno desafio de humildade, porque o conhecimento, que já se faz necessário, somente poderá ser conquistado por aqueles que tiverem a inteligência de entender que a prepotência, a arrogância, o achar que sabe tudo, foi enterrado na passagem deste milênio, e irá vencer aquele que conseguir entender que reinventar o varejo, o seu negócio, e rever seus conhecimentos, será a única estrada para o sucesso.

Cláudio Elias Conz
Anamaco
Presidente

Capítulo 1

Business to Business

*Sílvio Luiz Tadeu Bertoncello**

Marketing *Business to Business*: Uma Perspectiva Nacional

O marketing *business to business* vem evoluindo muito no Brasil, devido à abertura de mercado e a um novo ambiente competitivo; os desafios para os gerentes e profissionais de *B2B* passam a ser mais complexos. Neste capítulo serão abordados:

a) Orientações das organizações no Brasil de acordo com as variações do macroambiente econômico.

b) Comportamento de compras e diferenças entre o relacionamento B2B (empresa *versus* empresa) e B2C (empresa *versus* consumidor final, pessoa física).

c) Classificação de produtos e clientes para o mercado B2B e abordagens em termos do centro de compras.

d) Posicionamento no relacionamento business to business segundo características de valor.

e) Macrossegmentação e microssegmentação no relacionamento business to business.

f) Marketing mix para produtos no relacionamento business to business.

g) Comércio eletrônico e sua implicação na rede de distribuição no business to business.

h) Vendas no relacionamento business to business.

i) Sistema de Informação das empresas orientadas para o mercado.

1.1 – Marketing B2B e Condicionantes da Orientação Empresarial

Pode-se definir marketing B2B como o relacionamento entre organizações, produtoras de bens e/ou prestadoras de serviços, visando um benefício específico. Os mercados que compõem o B2B podem ser para produtos e serviços, locais ou internacionais, adquiridos por empresas, órgãos do governo e instituições (como escolas e hospitais). Podem ser usados na composição do seu produto (cimento da Votorantim), para consumo próprio (tintas Coral ou Suvinil), para uso (equipamentos da Metso Minerais) ou para revenda (C&C, Telhanorte, Rede Construir, Grupo Okinawa e outras).

Para entender melhor a evolução deste mercado no Brasil, será utilizada uma breve retrospectiva do cenário econômico dos últimos 35 anos em uma análise dos condicionantes da orientação empresarial.

Vamos analisar a evolução da economia brasileira e seus principais impactos para utilização dos conceitos de B2B.

Condicionantes da Orientação Empresarial:

1970 – Em virtude da conjuntura econômica da época, ou seja, mercado fechado, alta demanda, e escassez de alguns produtos, a orientação das nossas empresas era puramente para produção.

A produção sustentava que os consumidores davam preferência a produtos fáceis de encontrar e de baixo custo.

Gerentes de empresas orientadas para a produção concentravam-se em alcançar alta eficiência de produção, baixos custos e distribuição em massa. Eles supunham que os consumidores estavam interessados principalmente em disponibilidade de produtos e preços baixos. Essa visão faz sentido em países em desenvolvimento, onde os consumidores estão mais interessados em obter os produtos do que em suas características; o conceito também é utilizado quando uma empresa deseja expandir o mercado.

1977/1980 em diante – Com a criação do *over night* e *open market* e um cenário de alta inflação, conforme Figura 1.1, as organizações tinham grande parte de suas receitas provenientes de aplicações financeiras; esse quadro fez com que as pessoas e as empresas dessem uma grande atenção a esse perfil. Na maioria das empresas havia mais funcionários no departamento Financeiro do que no Comercial. Instituições financeiras cresceram e adquiriram experiência em determinadas operações, que criaram vantagens competitivas até hoje.

1981 – Forte queda do PIB no Brasil, em torno de 4%, de acordo com Figura 1.2, gerando recessão. As organizações tinham que desovar seus estoques e produtos, direcionando os esforços para vendas.

A orientação para vendas parte do princípio de que os consumidores e as empresas, por vontade própria, normalmente não compram os produtos da organização em quantidade suficiente. A organização deve, portanto, empreender um esforço agressivo de vendas e promoção.

Esse conceito pressupõe que os consumidores normalmente demonstrem uma inércia ou resistência em relação à compra e devam ser persuadidos a consumir.

1986 – Plano Cruzado. Nessa época, foi instituído o CIP (Conselho Interministerial de Preço), que liberava os preços corrigidos todo dia 25 de cada mês – herança presente até hoje, que caracteriza a correria das organizações para querer vender mais nos últimos dias do mês.

1994 – Com a implementação do Plano Real, o Brasil pela primeira vez controla a inflação e estabiliza de certa maneira sua economia. O movimento pela abertura de mercado já havia sido estabelecido no governo anterior, e alguns setores já sofriam com a falta de competitividade. O ganho no *floating* (aplicação financeira) já não sustentava parte da organização. Entram em cena ferramentas que visam corte de custos, criação de competências, alinhamento com organizações internacionais e geração de receita. Entre elas estão Terceirização, Qualidade Total (ISO 9000) e Reengenharia de Processos; o termo globalização começa a fazer parte do dia-a-dia das empresas.

2000 – A hipercompetição faz com que todas as organizações alterem seu foco para o mercado. O cliente passa a ser o maior objetivo, principalmente os melhores e os potenciais.

A orientação do mercado sustenta que a chave para alcançar as metas organizacionais está no fato de a empresa ser mais efetiva que a concorrência na criação, entrega e comunicação de valor para o mercado-alvo.

O sistema de informação deverá ser atuante e monitorar a empresa quanto ao ambiente competitivo. O lucro deverá ser equilibrado com o volume, e a potencialização de negócios, a orientação mais importante.

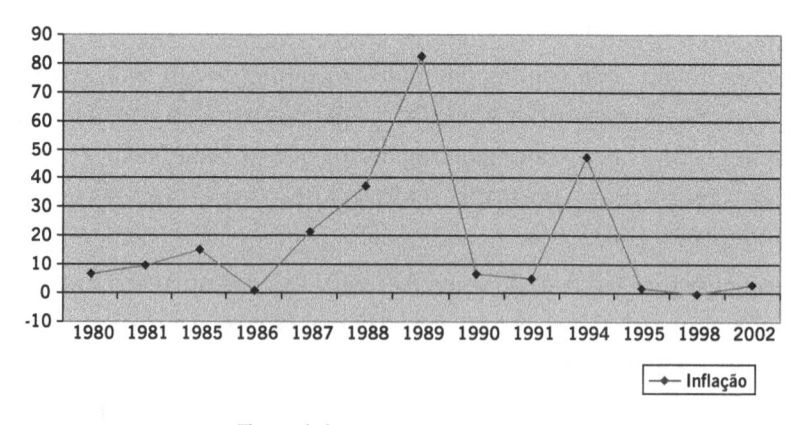

Figura 1.1 – A derrota da inflação.

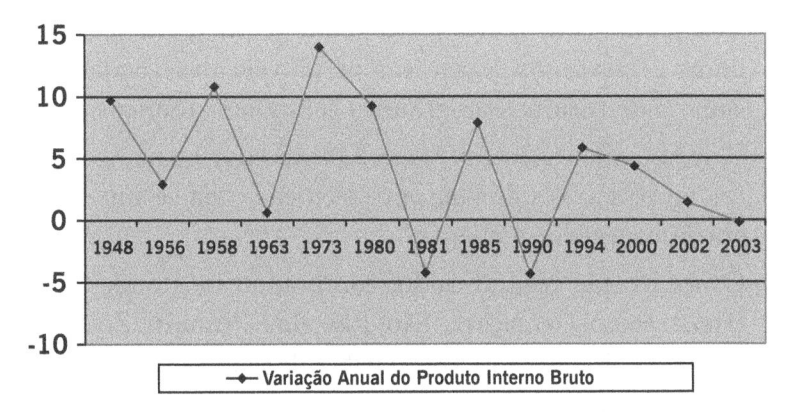

Figura 1.2 – O desafio do crescimento.

Fonte: Ipea

1.2 – Comportamento de Compras e Diferenças entre o Relacionamento B2B e B2C

O relacionamento B2B não se limita a vender; as organizações também compram quantidades de matérias-primas, componentes manufaturados, instalações e equipamentos, suprimentos e serviços. Somente no Brasil, existem perto de 4,2 milhões de organizações compradoras (Simonsen Associados).

A compra no relacionamento B2B é definida por Webster e Wind (1972, p. 2) como: "O processo de tomada de decisão por meio do qual as organizações estabelecem a necessidade da compra de produtos e serviços, além de identificar, avaliar e escolher, entre as marcas e os fornecedores disponíveis, qual a melhor opção".

O relacionamento B2B possui diversas características que o torna muito diferente do relacionamento B2C:

- Número de compradores – o relacionamento B2B lida geralmente com muito menos compradores que o B2C; empresas como Camargo Corrêa e Grupo Gerdau dependem muitas vezes do governo ou poucos compradores empresariais.

- Compradores de maior porte – um pequeno número de compradores é responsável pela maior parcela das vendas em setores como o de turbinas ou grandes geradores atômicos.
- Relacionamento estreito entre fornecedor e cliente – por se tratar muitas vezes de compras técnicas, cria-se um forte vínculo entre fornecedor e cliente.
- Concentração geográfica dos compradores – grandes pólos industriais, como Camaçari, São José dos Pinhais, Zona Franca de Manaus, ajudam a reduzir custos de vendas.
- Demanda derivada do relacionamento B2B é derivada do relacionamento B2C, não diretamente proporcional, mas depende do consumidor final.
- Demanda inelástica – não é muito afetada pela variação de preços, conforme mostra a Figura 1.3 e Figura 1.4.
- Demanda oscilante – um crescimento de 10% na demanda de consumo pode causar um aumento de 200% na demanda de B2B, porém uma queda de 10% também pode causar o colapso da demanda empresarial.
- Compra profissional – um dos aspectos mais importantes na diferença do comportamento com comprador B2B é que esse tende a uma compra racional e profissional, diferente do comprador B2C, que muitas vezes é levado a uma compra por impulso.

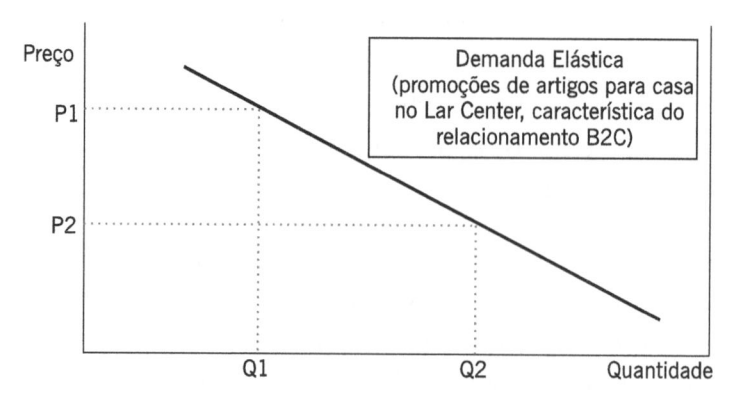

Figura 1.3 – Características de Demanda Elástica.

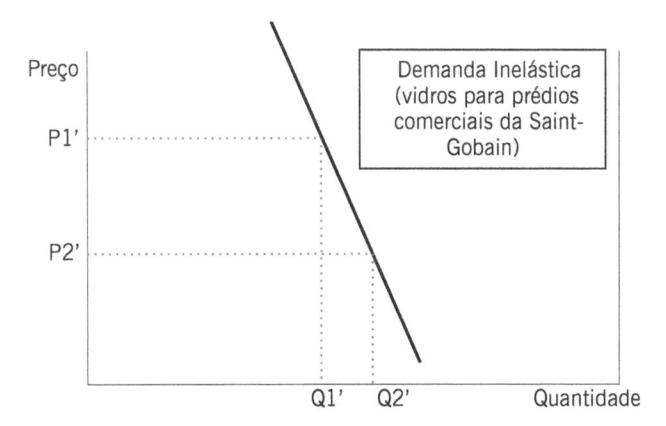

Figura 1.4 – Características de Demanda Inelástica.

Mesmo com as diferenças entre B2B e B2C, muitas vezes têm-se produtos que podem ser comercializados nos dois relacionamentos. A seguir apresentamos as diferenças em termos de estratégia de marketing, tendo em vista os conceitos discutidos anteriormente:

Produtos financeiros. Um banco pode oferecer produtos similares tanto para pessoa física como para jurídica, porém há públicos diferentes com características e necessidades próprias.

Varejo em Bancos:
- atendimento a clientes finais;
- número maior de clientes;
- menor poder individual de compra;
- maior dispersão geográfica;
- cliente não conhece muitos produtos.

Atacado em Bancos:
- atendimento a clientes institucionais;
- a demanda por serviços é derivada;
- a demanda é relativamente inelástica (macro);
- a demanda é altamente flutuante (micro);
- cliente possui mais informações.

Pessoa Física
Necessidades Primárias:
- pagamento de contas;
- poupança;
- receita financeira;
- compra de bens de consumo.

Necessidades Secundárias:
- atenção;
- praticidade;
- aconselhamento;
- solução de problemas.

Pessoa Jurídica
Necessidades Primárias:
- aplicação financeira;
- capital de giro;
- cobranças;
- investimento.

Necessidades Secundárias:
- agilidade;
- consultoria;
- parceria;
- solução de problemas.

Diante dessas observações, cabe a instituição bancária direcionar esforços e estratégias de marketing distintos para os diferentes tipos de relacionamento, empresa-consumidor final B2C ou empresa-empresa B2B.

Quais seriam as estratégias possíveis para um banco? Além de posicionamento bem definido, não poderia deixar de atrair o máximo de clientes o mais cedo possível e conservá-los ao longo de seu relacionamento. A instituição deveria ainda concentrar esforços somente na conquista dos mais rentáveis, combinando alternativas estratégicas que levariam em conta fatores como macroambiente, concorrentes, mercado, segmentação e criação de vantagens competitivas sustentáveis por longo período, incluindo também a lucratividade equilibrada com o volume de serviços.

Produtos de informática. Os fornecedores atuais têm desenvolvido estratégias bem diferenciadas de acordo com o relacionamento. Para o público final B2C enfatizam o *design*, a praticidade e a facilidade de manutenção; para os consumidores empresariais B2B, fornecem visitas técnicas periódicas e diferenciais de preço, pois os volumes de negócios tendem a ser maiores. O composto de comunicação é totalmente diferente; por exemplo, a Dell envia mala-direta com abordagens distintas, e até seu site na internet tem diferentes atrativos conforme o tipo de relacionamento.

Água. A Sabesp não pode tratar da mesma forma clientes residenciais e clientes industriais; mesmo os clientes industriais recebem tratamentos disitintos, conforme observações mencionadas.

1.3 – Classificação de Clientes e Produtos no Mercado B2B

Dentre os clientes do mercado B2B, três categorias têm maior relevância: relacionamentos com órgãos do governo, instituições e a grande maioria das empresas comerciais. Nas empresas comerciais encontram-se subdivisões, como usuários, produtores originais de equipamentos, revendedores e distribuidores.

Para classificar os produtos no B2B, têm-se de responder à questão: Como o produto ou serviços do relacionamento B2B entram no processo de produção e na estrutura de custos da empresa?

Para Hutt e Speh (2002, p. 47), uma boa alternativa para classificar os produtos no mercado B2B é dividi-los em:

Produtos de composição (participam do produto acabado)
- Matérias-primas processadas apenas até o nível requerido de manuseio e transporte. Por exemplo, pelotas de minério de ferro da Samarco ou bauxita da Vale do Rio Doce.
- Materiais e peças manufaturadas requerem maior processamento inicial. Por exemplo, arames de aço do Gerdau ou telas e monitores da LG.

Produtos de fundição (compõem itens de capital)
- Instalações, investimento de longo prazo, como prédios, terrenos e equipamentos de ativo fixo. Por exemplo, infra-estrutura para sistemas da Siemens.
- Equipamentos e acessórios mais baratos e de vida útil menor. Por exemplo, furadeiras Bosch ou Black & Decker.

Produtos facilitadores (suprimentos e serviços)
- Suprimentos utilizados por um grande número de usuários na empresa. Por exemplo, papel da Suzano ou cartuchos de tinta da HP.
- Serviços, como de manutenção e reparos ou consultoria, com grande ênfase na transferência de atividades que não afetam a geração de valor das empresas ao serem passados para terceiros. Por exemplo, gestão de saúde da empresa pela Unimed, gerenciamento de atividades financeiras pelo ABN Amro Banco Real, ou gerenciamento de lojas pela Plug In.

1.3.1 – Abordagens e Grau de Influência

As abordagens em termos de centro de compras têm diferentes papéis e grau de influência na aquisição de produtos B2B.

Para aquisição de matéria-prima (primeira compra ou novo fornecedor), quanto maior o custo ou risco, maior o número de participantes no processo decisório e a quantidade de informações coletadas, o que aumenta o tempo gasto até a decisão final. A seguir são apresentados três exemplos em áreas distintas:

1. **Coque de petróleo para produção de aço**

   Processo de decisão de compras
   Iniciadores – engenheiros de pesquisa e desenvolvimentoUsuários
   Influenciadores – gerente de aciaria – gestão de estoques, departamento de qualidade, laboratório.
   Decisores – superintendentes de aciaria, diretor de compras.
   Aprovadores – engenheiro de área.
   Compradores – área de compras.

   Influências
   Ambientais – nível de demanda e taxa do dólar.
   Organizacionais – políticas de compras.
   Interpessoais – interesses dos vários departamentos envolvidos.
   Individuais – atitudes quanto ao risco. (Recentemente a CSN trocou todos os seus compradores por mulheres, pois os fatores individuais tendem a ser diferentes, e um dos mais importantes é que elas são menos corruptíveis)

2. **Equipamentos leves**

   Normalmente não há muita alteração de especificações ou características; é um caso de transação pura, que poderá ser feita com consultas à internet ou por meio de catálogos com a participação do usuário. Por exemplo, um departamento de manutenção: o comprador simplesmente seleciona o fornecedor e estabelece a negociação de preços, sem a participação de outras áreas.

3. **Equipamentos pesados**

   Requer maior número de pessoas na decisão, e o tempo de negociação é mais longo; são necessários relacionamentos de longo prazo e até processos de parceria.

   Processo de descisão de compras
   Iniciadores – áreas com gargalo de produção.

Usuários – áreas onde o equipamento estará sendo utilizado.

Influenciadores – outros departamentos ou pessoas que já conheçam as empresas e os equipamentos sugeridos. Alguns fornecedores solicitam aquisição de equipamentos de empresas com contratos já firmados e testados.

Decisores – diretoria técnica, diretoria de compras, diretoria financeira e, dependendo do caso, até grupo de acionistas.

Aprovadores – grupo técnico com grande conhecimento do equipamento e dos produtos a serem manufaturados ou beneficiados.

Compradores – diretoria de compras.

Influências

Devido ao porte da compra, poderá haver mais influências ambientais do que organizacionais e interpessoais; por exemplo, a crise energética forçando a aquisição de grandes geradores e turbinas.

4. **Serviços de consultoria**

   Para contratação de consultoria, o relacionamento como parceria ou aliança estratégica parece ser o mais adequado. Este serviço requer do fornecedor muita articulação, inteligência e domínio quanto a lidar com a parte emocional do centro de compras. Nestes casos, muitas vezes é melhor utilizar um influenciador importante que acredite que a empresa seja a mais adequada para determinado serviço, do que um usuário com conhecimento sem muita importância dentro do processo.

1.4 – Posicionamento no Relacionamento B2B Segundo Características de Valor

O profissional de marketing de relacionamento B2B deve entender como os compradores organizacionais medem os valores e avaliam o desempenho do fornecedor. Para desenvolver relações confiáveis com os clientes organizacionais, as ofertas de valor devem ser baseadas em habilidades e recursos que proporcionem valor conforme os clientes o percebem.

Normalmente podemos encontrar os seguintes tipos de valores considerados pelos clientes:

- Valor econômico – uma redução de preços ou custos internos.
- Segurança – o risco pela troca de um fornecedor já consagrado e com boa crença.
- Status – adquirir produtos de organizações com imagens diferenciadas, como IBM ou SAP.

No relacionamento B2C é mais difícil agregar valor do que no relacionamento B2B, pois profissionais capacitados têm melhores condições de avaliar o valor.

A mensuração exata do valor é crucial para a função de compras. Os princípios e as ferramentas da análise de valor ajudam o comprador profissional. Por exemplo, as idéias dos fornecedores auxiliam a Chrysler a reduzir custos de US$ 1 bilhão anualmente. Quando a Allied Signal reduziu a complexidade dos seus sistemas de freios antitravamento, os custos da Chrysler baixaram em US$ 744 mil! Note que alternativas de projeto e fabricação bastante diretas podem produzir economias de custo espetaculares. O valor é atingido quando a função adequada é garantida pelo custo adequado. Como as funções podem ser alcançadas de diversos modos, a maneira mais econômica estabelece o seu valor.

Análise de valor é um método de avaliar o valor comparativo de materiais, componentes e processos de fabricação do ponto de vista dos seus propósitos, méritos relativos e custos, de modo que se descubram maneiras de melhorar os produtos, de baixar os custos ou de ambos. (HUTT e SPEH, 2002, p. 186)

Na Hewlett-Packard, os gerentes de marketing constataram que quase a totalidade de seus clientes gosta de ter acesso a todos os seus produtos. Para facilitar a compra, a empresa até criou um novo cargo: o gerente de negócios de clientes (CBM – *Costumer Business Manager*). O CBM se concentra no cliente e "adiciona as qualidades de vendedores de sucesso com as de consultores e gerentes de negócios bem-sucedidos". Como os CBMs são recompensados com base não só na receita, mas também na satisfação dos clientes, seu foco nos clientes pode ser reforçado. Segundo

Nick Earle, gerente de marketing da área de vendas da HP, "Os executivos da HP reúnem-se com clientes e lhes perguntam quais critérios, para eles, constituem a satisfação". Assim, a responsabilidade pelas linhas de marcas da empresa recai sobre representantes que agem em conjunto com clientes de maior valor e potencial. (BREWER, 1997, p. 58)

1.5 – Macrossegmentação e Microssegmentação no Relacionamento *Business To Business*

A segmentação de mercado tem como objetivo determinar diferenças entre grupos de compradores, separando-os em estratos, de modo que a empresa possa desenvolver seus esforços para a escolha daqueles em que sua atenção se concentrará, determinando, conseqüentemente, uma política competitiva. (KOTLER, 2000, p. 278)

Entre as metas da segmentação estão: maior capacidade para o delineamento das oportunidades de marketing; alocação mais adequada dos recursos de marketing da empresa; e ajustamento mais eficiente dos produtos e programas de marketing ao mercado.

Qualificação de um segmento empresarial

- Deve ser caracterizado por um conjunto de requisitos comuns aos clientes;
- Deve ter características mensuráveis;
- Deve ter concorrente identificável;
- Deve ser pequeno o suficiente para reduzir a concorrência ou defender uma posição contra a concorrência;
- Deve ser atendido por um canal comum de distribuição ou vendas.

A seguir veja as bases para segmentar o relacionamento B2B nas figuras 1.5 e 1.6:

```
┌─────────────────────┐      ┌─────────────────────┐   ┌──────────────────────────────────┐
│ Produto/serviço     │      │ Objetivos e recursos│   │ MACROSSEGMENTOS                  │
│ genérico            │      │ corporativos        │   │                                  │
└─────────┬───────────┘      └──────────┬──────────┘   │ a) dados secundários da empresa  │
          │    ┌────────┐               │              │    (arquivos);                   │
          │    │ INÍCIO │               │              │ b) pesquisa de dados primários   │
          │    └────────┘               │              │    (se necessário).              │
          ▼                             │              └──────────────────────────────────┘
┌─────────────────────────────┐         │
│ Identificar macrossegmentos │         │
│ homogêneos                  │         │
│ a) CARACTERÍSTICAS DA       │         │
│    EMPRESA                  │         │
│    – Tamanho                │         │
│    – Localização            │         │
│    – Taxa de uso            │         │
│    – Aplicação do produto   │         │
│    – Classificação industrial│        │
│ b) SITUAÇÃO DE COMPRA       │         │
│    – Estrutura de compra    │         │
│    – Compra nova ou compra  │         │
│      repetida               │         │
└─────────────┬───────────────┘         │
              ▼                         ▼
┌───────────────────────────────────────────────────────┐
│ Selecionar um conjunto de macrossegmentos aceitáveis com │
│ oportunidades de mercado atrativas.                   │
└─────────────┬─────────────────────────────────────────┘
              ▼
┌──────────────────────────┐    ┌───────────────────────────┐
│ Avaliar se cada macrossegmento│ Se apresentar, PARAR A    │
│ viável apresenta respostas│──▶│ ANÁLISE e usar os         │
│ distintas aos estímulos de│   │ macrossegmentos como      │
│ marketing.               │    │ mercado-alvo.             │
└─────────────┬────────────┘    └───────────────────────────┘
              │ Se não apresentar, CONTINUAR
              │ PARA O SEGUNDO ESTÁGIO.
              ▼
```

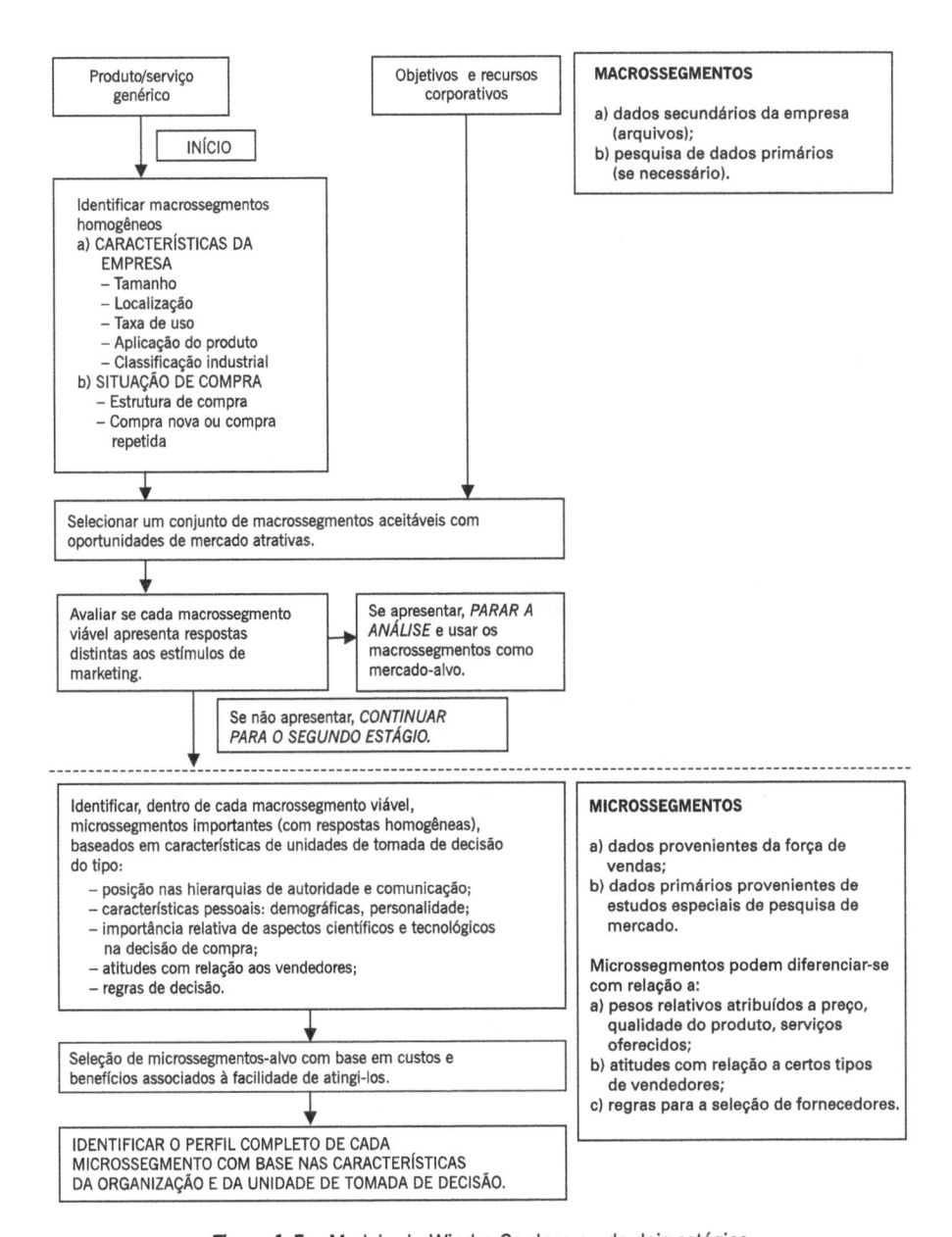

```
┌───────────────────────────────────────────────────────┐   ┌──────────────────────────────────────┐
│ Identificar, dentro de cada macrossegmento viável,    │   │ MICROSSEGMENTOS                      │
│ microssegmentos importantes (com respostas homogêneas),│  │                                      │
│ baseados em características de unidades de tomada de decisão│ a) dados provenientes da força de │
│ do tipo:                                              │   │    vendas;                           │
│  – posição nas hierarquias de autoridade e comunicação;│  │ b) dados primários provenientes de   │
│  – características pessoais: demográficas, personalidade;│ │    estudos especiais de pesquisa de  │
│  – importância relativa de aspectos científicos e tecnológicos│    mercado.                     │
│    na decisão de compra;                              │   │                                      │
│  – atitudes com relação aos vendedores;               │   │ Microssegmentos podem diferenciar-se │
│  – regras de decisão.                                 │   │ com relação a:                       │
└─────────────┬─────────────────────────────────────────┘   │ a) pesos relativos atribuídos a preço,│
              ▼                                             │    qualidade do produto, serviços    │
┌───────────────────────────────────────────────────────┐   │    oferecidos;                       │
│ Seleção de microssegmentos-alvo com base em custos e  │   │ b) atitudes com relação a certos tipos│
│ benefícios associados à facilidade de atingi-los.     │   │    de vendedores;                    │
└─────────────┬─────────────────────────────────────────┘   │ c) regras para a seleção de fornecedores.│
              ▼                                             └──────────────────────────────────────┘
┌───────────────────────────────────────────────────────┐
│ IDENTIFICAR O PERFIL COMPLETO DE CADA                 │
│ MICROSSEGMENTO COM BASE NAS CARACTERÍSTICAS           │
│ DA ORGANIZAÇÃO E DA UNIDADE DE TOMADA DE DECISÃO.     │
└───────────────────────────────────────────────────────┘
```

Figura 1.5 – Modelo de Wind e Cardozo ou de dois estágios.

```
(1)  Variáveis Demográficas
     Setor industrial
     Tamanho da Empresa
     Localização geográfica
  (2)  Variáveis Operacionais
       Tecnologia
       Situação de usuário versus não usuário
       Capacidade do cliente
    (3)  Abordagens de Compra
         Organização da função de compra
         Estrutura de poder
         Natureza dos relacionamentos
         Política geral de compras
         Critérios de compras
      (4)  Fatores Situacionais
           Urgência
           Aplicação específica
           Tamanho do pedido
        (5)  Características Pessoais
             Afinidade comprador/ vendedor
             Atitude com relação aos riscos
             Lealdade
```

Fonte: BONOMA, SHAPIRO, 1982, p. 94-103.

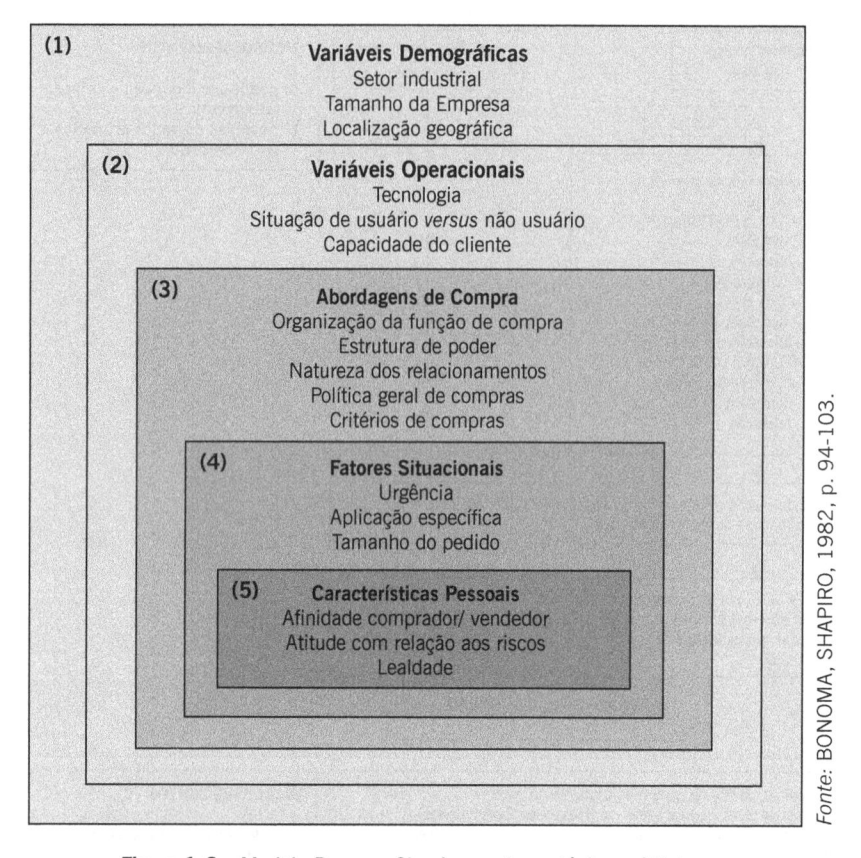

Figura 1.6 – Modelo Bonoma Shapiro ou dos estágios múltiplos.

Podemos fazer uma comparação com o modelo de Wind e Cardoso:

Camadas externas ou macrossegmentação. Altamente visíveis, mais abrangentes, estáveis/permanentes, custo menor, pouca intimidade com o cliente, mais simples.

Camadas internas ou microssegmentação. Pouco visíveis, mais específicas, instáveis/temporárias, alto custo, muita intimidade com o cliente, mais complexas. (BARROSO, Siqueira, 1999, p. 107)

Não há uma pesquisa para provar que a maioria das empresas no Brasil não utiliza a ferramenta segmentação da maneira correta. Contudo, por meio de dados exploratórios, pode-se verificar uma tendência para a macrossegmentação ou camadas externas, deixando-se de aproveitar características do mercado muitas vezes de importância diferenciada, que poderiam gerar vantagens competitivas sustentáveis para as organizações

1.6 – Marketing Mix Para o Relacionamento B2B

1.6.1 – Política de Produto

O *processo de compra* no relacionamento B2B não é um ato isolado, diferente muitas vezes do relacionamento B2C. Uma decisão de compras em uma organização revela pontos críticos de exigências de informações que envolvem diversos estágios, dentre eles a descrição das especificações de *política de produtos*.

Principais Estágios do Processo de Compra Organizacional

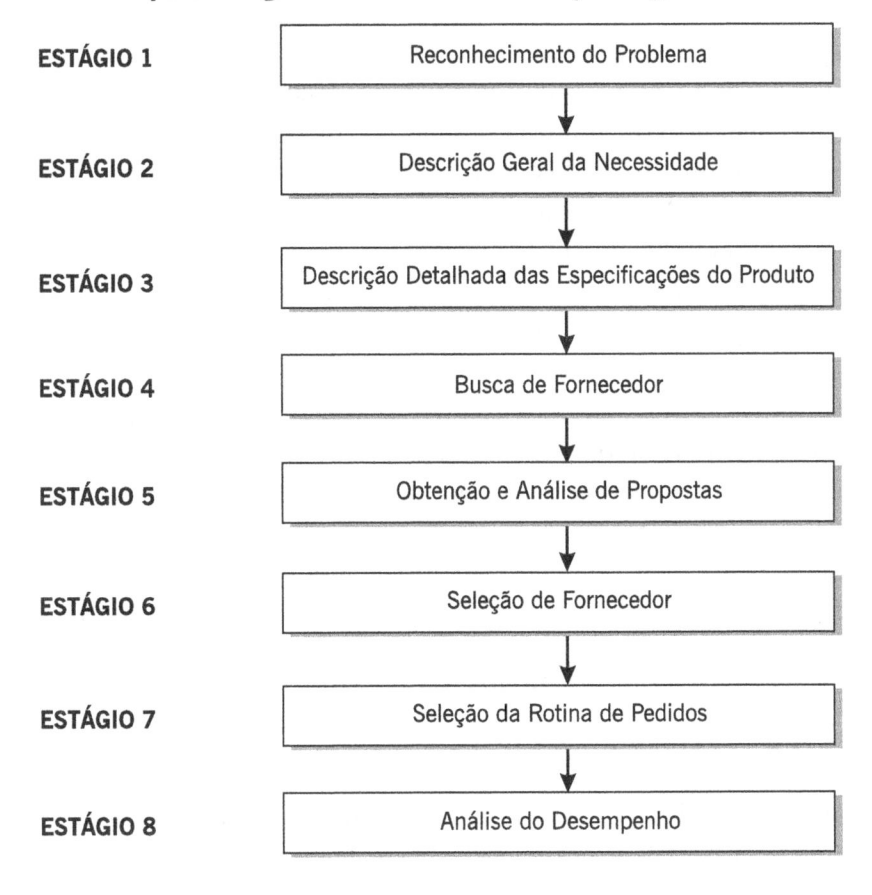

ESTÁGIO 1	Reconhecimento do Problema
ESTÁGIO 2	Descrição Geral da Necessidade
ESTÁGIO 3	Descrição Detalhada das Especificações do Produto
ESTÁGIO 4	Busca de Fornecedor
ESTÁGIO 5	Obtenção e Análise de Propostas
ESTÁGIO 6	Seleção de Fornecedor
ESTÁGIO 7	Seleção da Rotina de Pedidos
ESTÁGIO 8	Análise do Desempenho

A especificação do *produto* envolve uma descrição técnica precisa e detalhada do item necessitado, a qual pode ser prontamente comunicada para outros. Esse pode ser um estágio crítico para o profissional de Marketing B2B, porque influências importantes de compras entram no processo. Reconhecer essas influências, sua importância e papéis relativos podem gerar uma vantagem distinta. O profissional de Marketing B2B que desencadeia a necessidade inicial tem o benefício de uma estreita relação de trabalho com pessoas-chave da organização durante todos os estágios formadores do processo de compras.

Um exemplo interessante é o da Worldwide Internet Solutions Network Inc. Mais conhecida como WIZ-net (www.wiznet.net), essa empresa está construindo uma biblioteca virtual de catálogos de produtos de todo o mundo. Em 1998, seu banco de dados possuía os catálogos completos de mais de 72 mil empresas, distribuidoras e prestadoras de serviços industriais, contendo mais de oito milhões de especificações de produtos. Para os gerentes de compras, que recebem todos os dias pilhas de correspondência (na maioria catálogos), comprar de uma única empresa representa uma incrível economia de tempo (assim como de dinheiro, porque facilita a comparação entre os fornecedores). Quando pediram à WIZ-net: "Procure válvulas de platina que meçam 3,5 polegadas e sejam de uma fonte de Michigan", ela encontrou seis fontes em Michigan que forneciam o produto especificado em mais ou menos 15 segundos. Mais do que apenas páginas amarelas eletrônicas, como a Thomas Register ou a Industry.net, a WIZ-net possui todas as especificações dos produtos em seu sistema e ainda oferece um e-mail seguro, que possibilita a comunicação direta com vendedores para solicitar cotações ou fazer pedidos. Mais de dez mil especificações de produtos são adicionadas a WIZ-net por semana, e o seu banco de dados inclui catálogos da Alemanha, Taiwan, República Checa e outros países. (SHERIDAN, 1998, p. 63-64)

1.6.2 – Novos Produtos e Novos Mercados

A opção de novos produtos ou novos mercados é similar para os dois relacionamentos B2B e B2C – lógico que quanto mais perto do consumidor final a organização estiver, seus lançamentos poderão ser mais rápidos; organizações maiores tendem a arriscar mais no lançamento de novos produtos ou tentar uma posição em um novo mercado do que uma pequena empresa.

Depois de segmentar cuidadosamente o mercado, escolher seus clientes-alvo, identificar suas necessidades e determinar seu posicionamento de mercado, a empresa está mais capacitada a desenvolver novos produtos. Os profissionais de marketing têm um papel-chave no processo de desenvolvimento de produtos, identificando e avaliando idéias e trabalhando com P&D e com outros grupos em cada etapa.

Todas as empresas devem desenvolver novos produtos, pois é isso que definirá seu futuro. Produtos de reposição devem ser criados para manter ou aumentar as vendas. Os clientes querem produtos novos, e os concorrentes farão o possível para fornecê-los. Todos os anos, mais de 16 mil novos produtos (incluindo extensões de linhas e novas marcas) são disponibilizados em supermercados e lojas em geral.

Uma empresa agrega novos produtos por meio de aquisições ou de desenvolvimento. O processo de aquisição caracteriza-se de três formas. A empresa pode comprar outras empresas, adquirir patentes de outras empresas ou comprar uma licença ou uma franquia de outra empresa. O processo de desenvolvimento caracteriza-se de duas formas. A empresa pode desenvolver novos produtos em seus laboratórios, ou contratar pesquisadores independentes ou empresas de desenvolvimento de novos produtos para essa finalidade.

A Booz, Allen & Hamilton identificou seis categorias de novos produtos:

1. Produtos inteiramente novos: produtos que criam um mercado totalmente novo.
2. Novas linhas de produtos: produtos que permitem a uma empresa entrar em um mercado estabelecido.
3. Acréscimos de linhas de produtos existentes: novos produtos que complementam linhas de produtos estabelecidas de uma empresa (tamanhos de embalagens, sabores etc.).

4. Aperfeiçoamentos e revisões de produtos existentes: novos produtos que oferecem um melhor desempenho ou um maior valor percebido e substituem os produtos existentes.
5. Reposicionamentos: produtos existentes que são direcionados para novos mercados ou para novos segmentos de mercado.
6. Reduções de custo: novos produtos que fornecem desempenho similar a um custo menor.

Menos de 10% de todos os novos produtos são realmente inovadores e novos. Esses produtos envolvem um maior custo e risco, uma vez que são novos tanto para a empresa quanto para o mercado. A maior parte da atividade ligada a novos produtos visa a aperfeiçoar os produtos existentes. Na Sony, por exemplo, mais de 80% das atividades ligadas a novos produtos são voltadas para modificar ou aperfeiçoar seus produtos.

As empresas que não conseguem desenvolver novos produtos estão se colocando em grande risco. Seus produtos são vulneráveis a mudanças de necessidades e gostos dos clientes, a novas tecnologias, a menores ciclos de vida do produto e à maior concorrência nacional e estrangeira.

Ao mesmo tempo, o desenvolvimento de novos produtos é um negócio arriscado. A Texas Instruments perdeu US$ 660 milhões antes de abandonar o negócio de computadores pessoais, a RCA perdeu US$ 550 milhões com seu malsucedido toca-discos a laser, a Federal Express perdeu US$ 340 milhões com seu Zap mail, a Ford perdeu US$ 250 milhões com o Edsel, estima-se que a DuPont tenha perdido milhões de dólares com um couro sintético denominado Corfam, e o avião anglo-francês Concorde jamais recuperou seu investimento. (POWER, 1993, p. 76-82)

1.6.3 – Política de Preço

A questão do preço é muito mais sensível no relacionamento B2B devido às suas características de altos volumes, recompra direta, e outras que no relacionamento B2C.

Uma forma de visualizar as opções estratégicas de preços em termos competitivos é por meio da matriz de posicionamento competitivo em preços e custos relativos, desenvolvida por Geraldo Luciano Toledo, professor titular do Departamento de Administração da FEA-USP (veja a Figura 1.7):

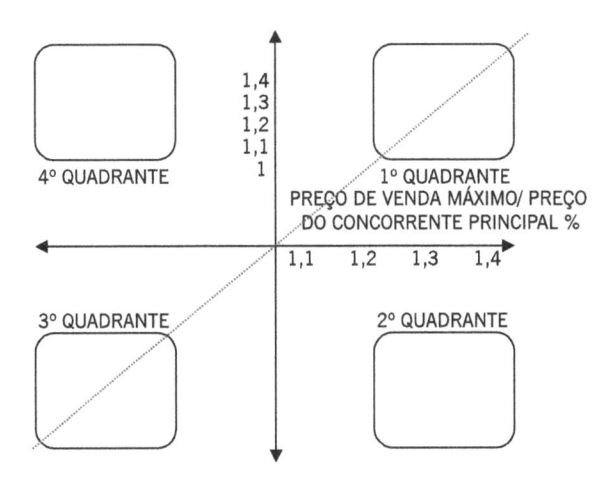

```
                    ↑
                   1,4
                   1,3
                   1,2
                   1,1
  4º QUADRANTE      1       1º QUADRANTE
                            PREÇO DE VENDA MÁXIMO/ PREÇO
                            DO CONCORRENTE PRINCIPAL %
  ←─────────────────┼───────────────────→
                   1,1  1,2  1,3  1,4

  3º QUADRANTE              2º QUADRANTE
                    ↓
```

Figura 1.7 – Custo / Custo do concorrente principal %.

Dessa matriz podem ser deduzidas as situações competitivas apresentadas na Tabela 1.1, conforme o produto localizado em um de seus quadrantes, ou seja situações competitivas resultantes da relação custos *versus* preços.

Localização	Relação custo relativo *versus* preço relativo	Situação competitiva
1º Quadrante	Custo relativo maior e preço relativo maior	Vantagem competitiva na imagem de qualidade percebida.
2º Quadrante	Custo relativo menor e preço relativo maior	Vantagem competitiva tanto em custos quanto em imagem de qualidade percebida.
3º Quadrante	Custo relativo menor e preço relativo menor	Vantagem competitiva em custos, mas desvantagem competitiva em imagem de qualidade percebida.
4º Quadrante	Custo relativo maior e preço relativo menor	Desvantagem competitiva tanto em custos quanto em imagem de qualidade percebida.

Tabela 1.1 – Custo *versus* Preço.

Exemplos de estratégia de preço bem-sucedida (MATTAR, SANTOS, 1999, p. 172).:

- A Compaq passou a dominar o mercado de microcomputadores *desktops* e *notebooks* nos Estados Unidos por intermédio de uma bem-sucedida estratégia de preços baixos e altos volumes e com produtos de qualidade que lhe têm proporcionado alta lucratividade;
- A Fiat no Brasil passou a uma posição de mercado que jamais havia alcançado por meio da estratégia de produto de baixo preço e alto volume (Fiat Uno Mille);
- A Louis Vuitton tem obtido grande sucesso ao praticar a estratégia de preços elevados para seus produtos no mercado de luxo;
- As Casas Bahia têm sido bem-sucedida praticando a estratégia de preços baixos;
- Os produtos japoneses, de forma geral, adotam a estratégia de preços baixos e alta qualidade percebida para ingressar em mercados altamente competitivos e exigentes

Outra abordagem interessante com relação a preço é o conhecimento dos benefícios oferecidos pelo produto ou serviço e não simplesmente seus atributos; caso o vendedor não saiba medir os benefícios, a negociação se voltará a quem oferecer o menor preço. Assim uma alternativa ideal para definir os preços seria:

Preço da empresa + Δ Benefício +/− Preço do Concorrente

Formas tradicionais de preços:

- Graduação de preços. Ocorre quando, durante uma negociação, um vendedor reduz o preço-base de um produto. Pode ocorrer por diversas razões, mas é mais provável devido à atratividade de obter o negócio de um cliente particular em discussão (por exemplo, um grande cliente ou um que prometa um relacionamento de longo prazo potencialmente lucrativo).

- Descontos por pagamentos em dia ou à vista. Esses são descontos que o comprador recebe por pagar com pontualidade ou à vista.
- Descontos por volume. Com freqüência, os clientes que compram em volumes maiores recebem termos mais favoráveis.
- Definição de preços geograficamente. É comum que clientes em diferentes regiões recebam preços diferentes, uma vez que os custos de transporte podem ser considerados na definição de preço. Os vendedores tratam dos custos de frete de modos diferentes. A definição de preço *free on board* (FOB) requer que o cliente pague todos os custos de transporte. Isso simplifica as coisas para o vendedor, mas também cria uma desvantagem, pois os produtos dele tornam-se cada vez mais caros para os compradores que estejam geograficamente mais distantes.
- Concessões para promoções de vendas. Descontos que os clientes comerciais (como varejistas) recebem por colocar o produto do fabricante à venda para os consumidores por um período particular de tempo.

Alternativas criadas aos descontos – considere o seguinte cenário recente:

Uma fabricante de embalagens de alumínio de São Paulo está prestes a fechar um grande contrato com um fornecedor de verniz. Em outros tempos, estaria pressionando por um desconto antecipado no preço. Porém, atualmente, a empresa obtém concessões muito diferentes: um contrato por vários anos com garantia de entregas pontuais, baixos índices de rejeição, e a não-ocorrência de aumento de preços no futuro.

Hoje, os fornecedores estão cada vez mais criativos na sua flexibilização, de modo que o preço de lista parece continuar razoavelmente constante, mas outras táticas propiciam essa flexibilidade.

- Customização dos preços. Enquanto a graduação de preços, os descontos e as abordagens criativas de flexibilização de preços discutidas anteriormente refletem claramente algum grau de *customização* de preços para os clientes, as novas tecnologias podem tornar possível que os preços sejam literalmente customizados transação por transação, dependendo das condições de oferta e demanda do momento.

1.6.4 – Gerenciamento da Cadeia de Suprimentos

A ferramenta *Supply Chain Management*, ou Gerenciamento da Cadeia de Suprimentos, é quase que exclusiva do relacionamento B2B.

O consumidor final como usuário do sistema perceberá a falta ou atraso do produto que o interessa, porém não chega a interferir no processo de integração logística.

Sabe-se que o Brasil tem sérios problemas como:

- Força de vendas remunerada via comissão, mais preocupada com volume do que com a rentabilidade.
- Capital de giro comprometido devido a altas taxas de juros e altos tributos, incentivando sonegação.
- Distribuidores e revendedores menos evoluídos do que os fornecedores.

Muito deverá ser feito sobre essa ferramenta e esse será um grande desafio para os profissionais de marketing B2B.

Para elucidar melhor a ferramenta *Supply Chain Management*, tem-se o seguinte contexto:

O período entre 1980 e 2000 foi marcado por muitos acontecimentos e grandes transformações nos conceitos gerenciais. A busca por uma boa redução de custos, qualidade total e produção mais focada trouxe um número bastante diversificado de técnicas e procedimentos, como JIT (*Just in Time*), CEP (Controle Estatístico de Processo), QDF (*Quality Function Deployment* – desdobramento da função qualidade), o Kanban e engenharia simultânea. Essas técnicas e procedimentos favoreceram os grandes avanços na qualidade da produção. Junto com eles, surgiu o conceito de *Supply Chain Management* (SCM), que vem estimulando várias empresas.

Esse sistema começou a se desenvolver no início dos anos 90; são poucas as empresas que conseguiram implementá-lo com sucesso, muitos ainda consideram-no apenas como um novo nome ou uma simples extensão da logística integrada.

Em contrapartida a essa visão, existe a necessidade de uma ampliação da atividade logística para além das fronteiras organizacionais na direção dos clientes e fornecedores na cadeia de suprimentos. No caso de desenvolvimento do produto, por exemplo, vários ramos do negócio deveriam estar incluídos na sua criação, como marketing para definir o conceito, pesquisa e desenvolvimento para elaborar o produto, fabricação e logística para executar as operações e, por fim, finanças para programar o financiamento do sistema.

Para podermos ter uma melhor compreensão do conceito de SCM, é importante entendermos a idéia de canal de distribuição, ferramenta muito utilizada pelo marketing: "conjunto de unidades organizacionais, instituições e agentes, internos e externos, que executam as funções que dão apoio ao marketing de produtos e serviços de uma determinada empresa". (COUGHLAN, 2002, p. 20)

Pode-se considerar as funções de compras, vendas, informações, transporte, armazenagem de estoque e programação de produção como suportes ao departamento de marketing. Toda e qualquer função, unidade organizacional ou instituição que execute uma ou mais funções de suporte ao marketing é considerada um membro do canal de distribuição.

Ao longo dos anos, as estruturas dos canais de distribuição vêm aumentando sua complexibilidade de acordo com o que está sendo desenvolvido e segmentado no conceito de marketing.

O aumento da competitividade e instabilidade dos mercados gerou uma forte tendência à especialização, levando conseqüentemente a um alto grau de descentralização e terceirização, fazendo com que a empresa se concentrasse na sua competência, repassando aos prestadores de serviços a maioria dos processos.

Já o aumento da complexibilidade do canal de distribuição trouxe a necessidade de um maior controle, que conseqüentemente gerou um aumento de custo. Para melhor administrar esse problema, seria necessário uma adequada coordenação e sincronização das informações. O avanço tecnológico e a revolução nas telecomunicações criam ambientes favoráveis à implementação de processos eficientes de coordenação. É justamente esse esforço de coordenação dos canais de distribuição que vem sendo denominado de Gerenciamento da Cadeia de Suprimentos. Em outras palavras, é o esforço envolvido para integrar o planejamento e controle do fluxo de mercadorias, informações e recursos, desde os fornecedores até o cliente final, a fim de obter melhor desempenho que seus concorrentes (veja a Figura 1.8).

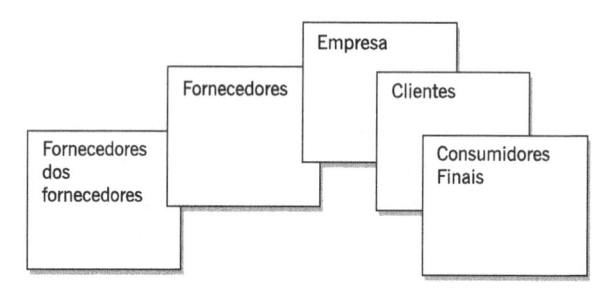

Fonte: CHING, 1999, p. 62.

Figura 1.8 – Gerenciamento da Cadeia de Suprimentos.

1.6.5 – Distribuição

A maioria dos fornecedores não vende seus produtos ou serviços diretamente para os consumidores finais. Entre eles há vários intermediários realizando diversas funções. Esses intermediários constituem um canal de marketing ou canal de *distribuição*.

Iniciaremos definindo o que representa um canal de marketing, suas funções, níveis, diferenças entre os relacionamentos B2B e B2C, e concluiremos com as devidas implicações nas estratégias de marketing.

Canais de marketing são conjuntos de organizações interdependentes envolvidas no processo de disponibilização de um produto ou serviço para uso ou consumo (KOTLER, 2000, p. 510).

Um canal de marketing é a rede de organizações que cria utilidade de tempo, lugar e posse para consumidores e usuários empresariais. Utilidades de tempo, lugar e posse são condições que possibilitam que consumidores e organizações disponham de produtos para usar quando e onde os quiserem.

As principais funções-chave de um canal de marketing são:

◆ Reunir informações sobre clientes potenciais e regulares, concorrentes e outros participantes e forças do ambiente de marketing.
◆ Desenvolver e disseminar mensagens persuasivas para estimular a compra.
◆ Entrar em acordo sobre preço e outras condições para que se possa realizar a transferência de propriedade ou posse.
◆ Formalizar os pedidos com os fabricantes.
◆ Levantar os recursos para financiar estoques em diferentes níveis no canal de marketing.
◆ Assumir riscos relacionados à operação do canal.
◆ Fornecer condições para a armazenagem e a movimentação de produtos físicos.
◆ Fornecer condições para o pagamento das faturas dos compradores por meio de bancos e outras instituições financeiras.
◆ Supervisionar a transferência real de propriedade de uma organização ou pessoa para outra organização ou pessoa.

Temos assim funções de fluxo, da empresa para o cliente, e contrafluxo, dos clientes para a empresa. Por exemplo, a Dell Computer utiliza o telefone e a internet como canais de vendas, serviços postais expressos como canal de entrega, e equipe local de manutenção como canal de serviços.

O fabricante e o consumidor final fazem parte de todos os canais; a seguir utilizaremos o número de níveis intermediários para designar a extensão de um canal, e nas figuras ilustraremos os vários canais de acordo com o tipo de relacionamento.

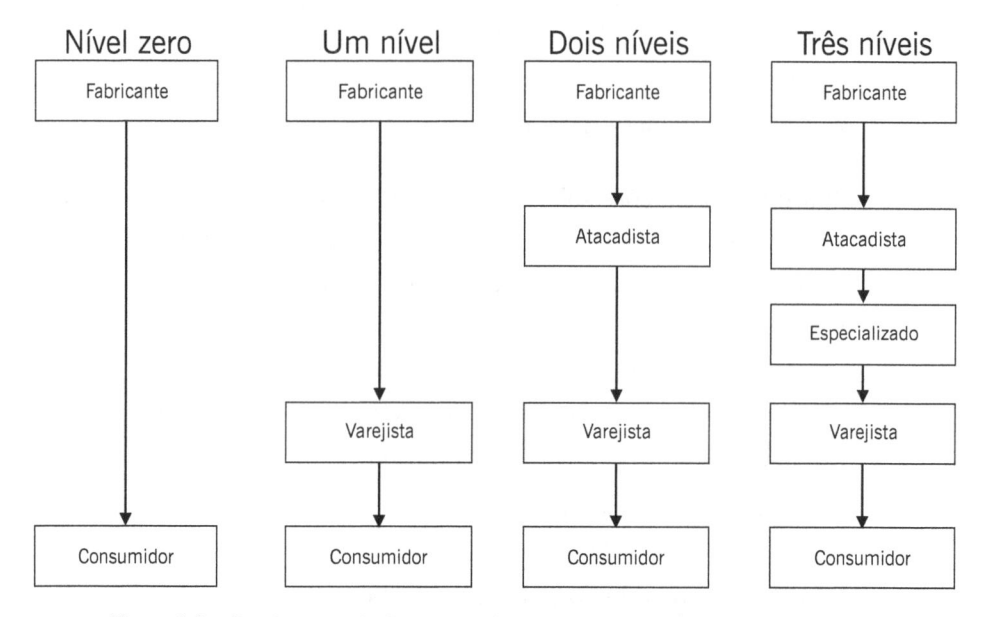

```
Nível zero          Um nível            Dois níveis         Três níveis
┌──────────┐       ┌──────────┐        ┌──────────┐        ┌──────────┐
│Fabricante│       │Fabricante│        │Fabricante│        │Fabricante│
└────┬─────┘       └────┬─────┘        └────┬─────┘        └────┬─────┘
     │                  │                   ▼                   ▼
     │                  │              ┌──────────┐        ┌──────────┐
     │                  │              │Atacadista│        │Atacadista│
     │                  │              └────┬─────┘        └────┬─────┘
     │                  │                   │                   ▼
     │                  │                   │              ┌────────────┐
     │                  │                   │              │Especializado│
     │                  │                   │              └────┬───────┘
     │                  ▼                   ▼                   ▼
     │             ┌──────────┐        ┌──────────┐        ┌──────────┐
     │             │ Varejista│        │ Varejista│        │ Varejista│
     │             └────┬─────┘        └────┬─────┘        └────┬─────┘
     ▼                  ▼                   ▼                   ▼
┌──────────┐       ┌──────────┐        ┌──────────┐        ┌──────────┐
│Consumidor│       │Consumidor│        │Consumidor│        │Consumidor│
└──────────┘       └──────────┘        └──────────┘        └──────────┘
```

Figura 1.9 – Canais de marketing do relacionamento B2C (KOTLER, 2000, p. 513).

O canal de nível zero consiste em um fabricante que vende diretamente para o consumidor final, por exemplo, Avon, Tupperware. Nas estratégias deve-se dar ênfase no número de vendedores, treinamento, controle de pedidos, e disponibilidade dos produtos para o corpo de vendas.

O canal de um nível conta com um único intermediário de vendas, como um varejista. Um canal de dois níveis conta com dois intermediários. No mercado de bens de consumo, esses são normalmente um atacadista e um varejista. Um canal de três níveis contém três intermediários. Dependendo do produto comercializado pode envolver mais canais. Produtos de menor valor ou muito pulverizados tendem a utilizar mais de seis níveis, cabe ao fornecedor nesses casos obter boas informações sobre os consumidores finais e manter o controle dos canais.

```
   Nível zero          Um nível          Dois níveis        Três níveis
   ┌─────────┐       ┌─────────┐       ┌─────────┐       ┌─────────┐
   │Fabricante│       │Fabricante│       │Fabricante│       │Fabricante│
   └─────────┘       └─────────┘       └─────────┘       └─────────┘
                                            │              ┌──────────┐
                                            ▼              │Representante│
                                      ┌──────────┐         │ de vendas │
                                      │Representante│      │do fabricante│
                                      │do fabricante│      └──────────┘
                                      └──────────┘
                              ┌──────────────┐
                              │Distribuidores│
                              │ Industriais  │
                              └──────────────┘
   ┌─────────┐       ┌─────────┐       ┌─────────┐       ┌─────────┐
   │ Cliente │       │ Cliente │       │ Cliente │       │ Cliente │
   │Industrial│       │Industrial│       │Industrial│       │Industrial│
   └─────────┘       └─────────┘       └─────────┘       └─────────┘
```

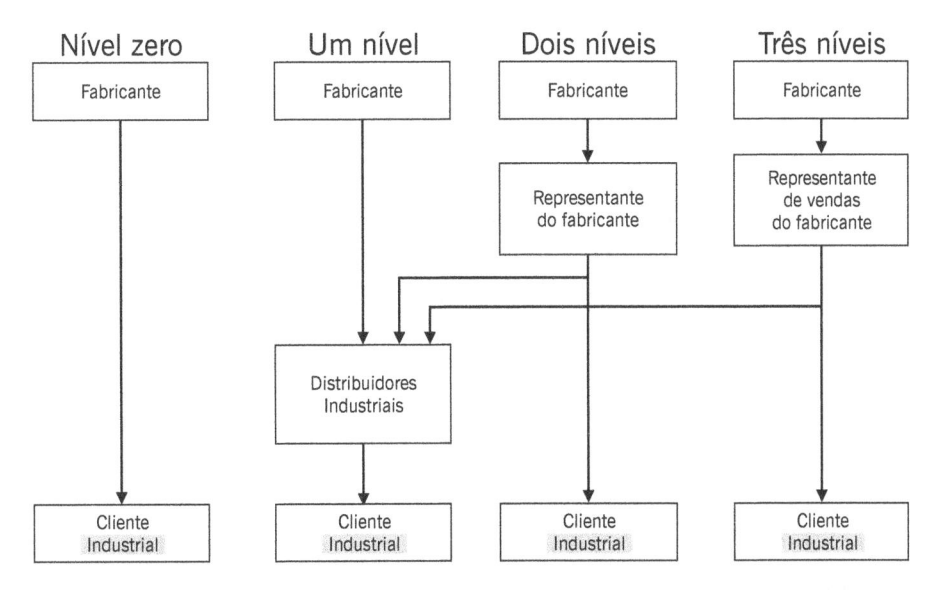

Figura 1.10 – Canais de marketing do relacionamento B2B (KOTLER, 2000, p. 513).

Um fabricante industrial pode utilizar sua força de vendas para vender diretamente para seus clientes industriais ou pode vender para distribuidores do setor industrial em questão, que vendem para os clientes industriais. Pode também vender por meio de representantes ou divisões de vendas diretamente para os clientes industriais por intermédio de distribuidores industriais. Como na maioria dos casos são mais encontrados os canais de nível zero ou um, a figura do vendedor industrial passa a ser de suma importância.

Uma venda no mercado industrial marca o começo de uma relação, e não o resultado final. Ao convencer uma cadeia de lojas de artigos esportivos a utilizar seus computadores, a IBM inicia uma relação de negócios potencialmente duradoura. Mais do que realizar uma venda, a IBM cria um cliente. Para manter essa relação, o profissional de marketing de mercados industriais deve desenvolver um conhecimento profundo das operações do cliente e criar um valor exclusivo aos negócios dele. O marketing de relacionamento converge todas as atividades de marketing para o estabelecimento, o desenvolvimento e a manutenção de trocas bem-sucedidas com os clientes. O gerenciamento de relações é o coração do marketing industrial. (HUTT e SPEH, 2002, p. 169)

1.6.6 – Estratégia Promocional

A *estratégia promocional* no marketing B2B tem características completamente diversas dos outros processos de comunicação utilizados no marketing B2C. Apesar de se utilizar o mesmo ferramental, a ênfase da comunicação é diferenciada. O emprego da mídia eletrônica como elemento de divulgação de produtos ou serviços industriais deve ser analisado diante das características dos clientes, na medida em que os veículos são de abrangência muito maior do que a necessária para atingir os clientes potenciais, na maioria dos casos.

Outro impacto no caso da mídia eletrônica, ou *e-commerce*, poderá se dar quando um cliente de determinada região adquirir um produto diretamente, sem a necessidade de um distribuidor ou representante – mas esse terá de atendê-lo futuramente, gerando incertezas quanto a valor de sua remuneração.

Não há dúvida de que no relacionamento B2B, diferente do B2C, o destaque será dado à venda pessoal (veja a Figura 1.11) e a material específico, como feiras e revistas segmentadas, catálogos, folhetos técnicos, no sentido de orientar os profissionais de mercado.

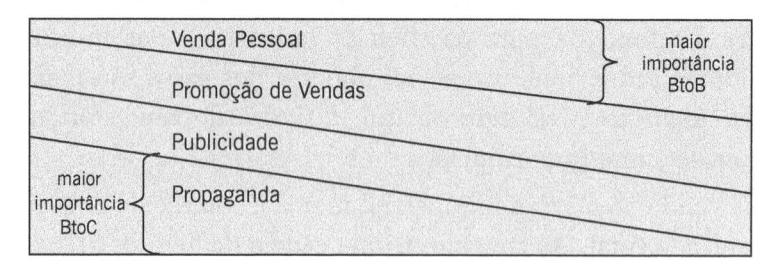

Figura 1.11 – Estratégia Promocional.

Lista dos instrumentos de comunicação mais utilizados no relacionamento B2B:

Venda Pessoal
- Vendedores da empresa.
- Vendedores de distribuidores.

- Representantes.
- Equipe de serviços técnicos.
- Contatos de alto nível.

Propaganda em veículos impressos e eletrônicos
- Imprensa em geral.
- Imprensa técnica e de negócios.
- Cartazes.
- TV.
- Rádio.
- Internet.

Marketing Direto
- Mala-direta.
- Telemarketing.
- Extranet.

Material Promocional
- Literatura técnica e material de referência.
- Catálogos e listas de preço.
- Calendário e agendas.
- Jornais internos.
- Exibições e demonstrações.
- Exibições em feiras convenções etc.
- Exibições patrocinadas pelo distribuidor.
- Visitas de demonstração nas fábricas, escritórios, laboratórios.
- Amostras.
- Filmes, vídeo e CD.
- *Showroom*.

Produto
- Aparência física.
- Nome e marca do produto.
- Embalagem e rótulo.

Relações Públicas e Publicidade
- Relações com os meios de comunicação.
- Relações com entidades de classe.
- Relações com associações profissionais.
- Relações com o governo.
- Simpósio e seminários.
- Conferências técnicas.
- Artigos técnicos.
- Gerenciamento de crises.

Material Institucional
- Nome e marca da empresa.
- Placas e obras.
- Uniformes do pessoal.
- Button.
- Papel de correspondência.
- Cartão de visita.
- Nome da empresa nos veículos de transporte.

1.7 – Comércio Eletrônico e Sua Implicação na Rede de Distribuição no B2B

O termo *comércio eletrônico* é utilizado para descrever um novo enfoque on-line de desempenho de funções, como pagamentos e transferências de fundos, entrada e processamento de pedidos, faturamento, gerenciamento de estoques, catálogos eletrônicos e coleta de pontos-de-venda, tudo isso com o objetivo de estabelecer conexões eletrônicas privadas com clientes, fornecedores, distribuidores, grupos de indústrias e até mesmo com concorrentes. Recentemente, as empresas têm percebido que muitas das funções de marketing, como propaganda, promoção de vendas, suporte a clientes e outras, também fazem parte do domínio das aplicações do comércio eletrônico, pois agem como iniciadores para um ciclo de gerenciamento de pedido completo, que incorpora as noções mais estabelecidas do setor.

Há várias definições de diversos autores a respeito do comércio eletrônico, porém todas voltadas à realização de negócios de maneira eletrônica.

Albertin (2000, p. 15) define que comércio eletrônico inclui qualquer negócio transacionado eletronicamente, e que essas transações ocorrem entre dois parceiros de negócio ou entre um negócio e seus clientes.

Mas dependendo do enfoque, comércio eletrônico pode ter definições diferentes: sob a perspectiva da comunicação, ligada à entrega de informações por meio eletrônico; sob a perspectiva do processo de negócio, quando agiliza o fluxo de dados e torna a automação possível; sob a perspectiva de serviço, quando melhora a qualidade e minimiza custos de serviços; sob a perspectiva on-line, quando torna possível o processo de compra e venda em tempo real e virtualmente.

Contudo, não se pode visualizar o comércio eletrônico como uma nova forma de fazer algo antigo, como comprar e vender, mas sim encarar novas possibilidades de negócios, incluindo o desenvolvimento de novos produtos, o marketing, a propaganda, a negociação, as vendas e o pós-vendas. Todas essas atividades podem ser melhoradas com o comércio eletrônico.

A internet é apenas uma das mídias para o comércio eletrônico, possuindo peso significativo, pois é internacional (global), não possui administrador ou dono e seu custo operacional é reduzido.

O comércio eletrônico também consiste no uso da capacidade das informações digitais para entender as necessidades e preferências de cada cliente e parceiros, possibilitando, assim, a personalização de produtos e serviços e o seu fornecimento da maneira mais rápida possível. Os serviços personalizados e automatizados oferecem às empresas o potencial de aumentar os lucros, reduzir os custos e estabelecer e fortalecer as relações com clientes e parceiros.

Segundo Albertin (2000, p. 16), podemos destacar alguns aspectos importantes do comércio eletrônico: atua como a conexão direta entre compradores e vendedores; apóia a troca de informações; elimina limites de tempo e lugar; possibilita interatividade, com adaptação ao comportamento do cliente; e atualiza dados em tempo real e com constância.

Acredita-se que os mercados com mais chances de serem bem-sucedidos são os que contribuem para a diminuição do isolamento ou a melhoria da educação e carreira dos consumidores. É isso que todos estão buscando na vida moderna. E neste ponto podemos ressaltar a participação da indústria literária, cujo subsídio vem de encontro a essa concepção.

É necessário considerar, entretanto, que deve haver alguns itens de infra-estrutura para que o comércio eletrônico possa acontecer. São eles os serviços de negócios comuns para facilitar o processo de compra e venda; a distribuição de mensagens e informações como uma forma de enviar e recuperar a informação; o conteúdo multimídia e uma rede de publicação para criar um produto e uma forma de disponibilizar e comunicar informações; a Infovia para prover o sistema de comunicação ao longo do qual o comércio eletrônico deve transitar; as políticas públicas em relação a aspectos como acesso universal, privacidade e características legais; padrões técnicos em relação à natureza da publicação de informações; e interfaces de usuários.

1.7.1 – A Evolução do Comércio Eletrônico

O comércio tradicional tem passado por diversas transformações nos últimos tempos, devido a mudanças do negócio propriamente dito, com um novo padrão e tipo de consumidor mais exigente, mas também pelas tecnologias disponíveis para quem tem lojas tradicionais.

Novas oportunidades de negócio surgiram com a presença da internet, como um canal adicional de vendas. Essa nova maneira de fazer negócio é o comércio eletrônico, que transformará ou terá um impacto substancial na estratégia adotada pelas empresas, para o alcance de suas metas nos próximos anos. Já empregado há muito tempo por grandes organizações e instituições financeiras, vários fatores estão levando o comércio eletrônico para um nível de utilização muito mais amplo, por uma parte muito mais abrangente da sociedade.

Os executivos sabem e reconhecem a necessidade de entrar neste novo mundo, a fim de aproveitar as novas vantagens competitivas diante de seus concorrentes.

Segundo Albertin (2000 p. 132), os aspectos a serem considerados nos estudos e aplicações do comércio eletrônico são:

Adoção. É ponto importante para o sucesso do comércio eletrônico a adoção da tecnologia utilizada, por meio da quebra de resistências a mudanças e disponibilidade de acesso tecnológico. O período de adoção tem-se reduzido significativamente. O tempo de adoção do fax foi o dobro do tempo de adoção do celular, para citar apenas um exemplo. Como alguns fatores necessários à adoção rápida destacam-se o esclarecimento ao público sobre o uso da Tecnologia de Informação, o incentivo de uso, e a criação de interfaces que possibilitem vários tipos de acesso. Como exemplo, podemos citar a IBM com o conceito da era *on demand*, em que a integração com fornecedores pode transformar uma cadeia de suprimentos em uma cadeia integrada de ponta a ponta.

Relacionamento com clientes. O uso da Tecnologia de Informação no relacionamento com clientes deve ser cuidadoso para que não ocorra um distanciamento que dificulte o oferecimento de novos produtos e a visualização de quem é o cliente.

Sistemas eletrônicos de pagamento. A utilização do comércio eletrônico caminha em direção a mecanismos largamente aceitos, seguros e baratos de pagamento. Hoje temos desde o cartão de crédito até dinheiro eletrônico, mas ainda há o uso de pagamento off-line, que é inconveniente pela ocorrência de fraudes, necessidades do comprador e vendedor estarem próximos fisicamente, possibilidade de ausência de saldo etc.

1.7.2 – O Comércio Eletrônico nas Organizações

O cenário econômico atual está sendo moldado por duas poderosas forças: *tecnologia* e *globalização*. Por isso a maioria das empresas está buscando uma maneira de se adaptar a um mundo que se modifica a cada dia e cria novas tecnologias e formas de negócio. Na medida em que aumenta a velocidade da mudança, as companhias não podem mais depender de suas antigas práticas comerciais para sustentar a prosperidade, e muitas estão descobrindo a internet como uma nova maneira de atender às exigências de consumidores cada vez mais conscientes da qualidade e preço de produtos e serviços. De acordo com Kotler (2000, p. 681), "as empresas devem mudar seus processos de compra e venda, em virtude das mudanças trazidas pela Internet".

É necessário estabelecer novas estratégias de interação com os clientes, além de alinhar o mercado físico com o mercado virtual, apresentando maneiras inusitadas de diferenciar produtos e serviços e de fortalecer marcas. Mas para que isso aconteça, as empresas precisam entender que o relacionamento com o cliente entrou em uma nova etapa, baseada na luta pela sua lealdade, por meio da antecipação das necessidades; a internet serve como uma ferramenta fundamental nesse processo, uma vez que elimina intermediários e reformula completamente alguns setores, dando oportunidade para empresas menores alcançarem mercados globais.

As empresas que decidem utilizar a venda pela internet devem ficar atentas, pois na rede mundial as regras de negociação mudam e é preciso tomar cuidado com alguns aspectos e ficar por dentro do que o concorrente está fazendo. Na *Web*, os compradores podem comparar preços em todo o mundo em um tempo muito menor.

Mas para que as empresas obtenham sucesso com o comércio eletrônico, é fundamental que tenham foco no cliente, que caminhem em direção às necessidades e anseios dos clientes, e que esses tenham permissão para que eles mesmos visualizem seu próprio produto, com as características que desejam. É preciso que as empresas conheçam a biografia completa do consumidor.

Outro aspecto fundamental para a venda na internet é a criação de uma rede de parceiros para que haja possibilidade de competição. Na rede mundial é preciso cooperar para competir.

Para os intermediários do processo de venda, a internet apresenta uma grande ameaça, uma vez que possibilita a venda direta para o cliente (consumidor final). Mas por outro lado, a Web cria um novo intermediador para todos os tipos de operações – o *site*, que proporciona ao cliente uma pesquisa detalhada sobre os produtos e as melhores ofertas do mercado. Por isso ele precisa ser atrativo a ponto de o usuário não querer consultar outro endereço, e também deve criar vantagens voltadas para o cliente. Notícias, entretenimento e jogos são algumas formas de atrair o público.

O grande problema está em fazer com que o ato de acessar a página da Web esteja dentro dos costumes do cliente. É preciso ensiná-lo a usar determinado site para que não queira visitar outro por uma questão de hábito, a não ser que ele esteja convencido de que seja bem melhor ou mais barato mudar.

1.7.3 – Impactos na Estrutura da Organização e Rede de Distribuição

Uma das modificações mais radicais nas empresas após a implantação do comércio eletrônico é a logística, ou seja, a capacidade de realizar entregas ágeis com um custo mínimo. Assim, colocar um site no ar oferecendo serviços é simples, o mais difícil e o maior custo disso fica com a logística; essa deve ser muito bem estruturada, pois um cliente insatisfeito pode fazer com que muitos outros desconfiem dos serviços oferecidos pela empresa.

Com o comércio eletrônico, as empresas devem rever o relacionamento com seus clientes e fornecedores, estratégias de distribuição e táticas de marketing.

Outra modificação é a redução de ativos, principalmente a redução dos estoques. Inicialmente isso representa um impacto para fornecedores, porque as empresas passam a comprar menos, mas depois percebem que a freqüência é maior e conseqüentemente o volume total é maior. Os fornecedores e as empresas passam a ser parceiros.

A velocidade também é um fator importante. Devido a ela, o consumidor pode ir de uma loja para outra de maneira muito rápida; o poder dos compradores desse mercado fica muito maior. Na internet é o comprador que começa a fazer o preço, e quem vende apenas decide se é ou não vantajoso vender por aquele valor.

Na internet, as empresas se transformam em empresas de mídia, em que o ativo mais valorizado é a audiência. No caso de empresas que fazem negócios on-line direto com o consumidor, o primeiro passo é atrair as pessoas para o site. E para conseguir isso, as empresas tentam consolidar suas marcas e oferecer entretenimento, mas o mais importante, é oferecer serviços úteis aos visitantes do seu site. Nesse novo mercado, o preço está deixando de ser um diferencial, e o que realmente conquistará os clientes serão os serviços. Quanto mais as empresas conhecerem seus clientes, melhores serviços poderão oferecer. Além disso, para reter o cliente, é fundamental ter um site simples, fácil de usar e tornar-se familiar.

Um *Web site* precisa ser acompanhado de um bom programa de marketing, divulgando-o, chamando atenção das pessoas sobre os serviços, entretenimento e promoções.

A confiabilidade da empresa também é um dos fatores que influencia muito na hora da decisão de compra do cliente. O tamanho do empreendimento na maioria dos casos pode significar o poder da marca, confiabilidade e confiança do consumidor. A internet não mudou a maneira de obter a confiabilidade do cliente; a barreira de entrada para fazer o comércio eletrônico é muito pequena, mas muito alta para se tornar uma das principais escolhas do consumidor.

Por todos os esforços de que um Web site necessita para satisfazer os clientes, como a manutenção, atualizações, entre outros, ele normalmente não é um investimento de baixo custo. Um dos maiores gastos para algumas empresas são os referentes a marketing, além do controle do fluxo de *e-mails* e frota de veículos, no caso daquelas que precisam entregar seus produtos.

Devido ao alto custo, aqueles que decidem entrar nesse mercado precisam ter um motivo empresarial conveniente e, principalmente, conhecer seu público-alvo, pois os conhecendo bem é que saberão se seus clientes têm ou não acesso fácil à internet; do contrário terão dificuldades e restrições culturais às compras pela rede.

O lucro ainda não é uma realidade para as empresas que atuam no B2C; essas transações representam apenas 17% do comércio na internet. Por enquanto ela só é lucrativa se for considerado o lado institucional. As reduções de ligação para informações podem diminuir muito nessas empresas; os dados estão disponíveis no site a qualquer hora, mas o lucro ainda demorará alguns anos para chegar. Contudo, no B2B, que representa 83% das transações, a redução de custos é enorme, pois as empresas se comunicam com fornecedores, clientes e parceiros de negócios.

Em alguns casos o comércio eletrônico pode também trazer a eliminação dos canais de revenda, fazendo com que o fabricante venda diretamente para o consumidor final, mas isso não é mandatário. Para algumas empresas, a vantagem é maior se venderem para seus revendedores por meio do comércio eletrônico. Na maioria dos casos a intenção não é evitar o canal, mas sim auxiliá-lo.

Um grande problema enfrentado pelas empresas brasileiras quanto ao uso do comércio eletrônico é que a internet está sendo gerenciada pelo setor errado dentro das empresas. Na maioria delas o setor responsável é o departamento de informática, quando deveria ser o departamento de marketing.

A deficiência nas linhas de comunicação é outro problema enfrentado. Um empecilho para o desenvolvimento do comércio eletrônico é a falta de uma retaguarda de sistemas ERP (*Enterprise Resourc Planning* – planejamento de recursos empresariais) que suporte operações on-line com os parceiros comerciais; há também a falta de padrão que envolva procedimentos, normas e soluções de aplicativos, dificultando principalmente o B2B. Para a área de comércio e serviços ainda é mais difícil, pois a cultura dos consumidores com hábitos de compra direta ainda é muito forte.

1.7.4 – Força de Vendas

A venda pessoal é um dos elementos mais importantes do composto promocional e é uma atividade crítica de gerência de marketing; é também a forma mais dispendiosa de promoção que uma empresa pode executar. Números recentes indicam que uma visita de vendas média custa R$ 300,00 à organização, e normalmente uma em cada três visitas de vendas é bem-sucedida. Por que então uma empresa iria usar a venda pessoal e incorrer nos custos a ela associados?

Venda pessoal é a comunicação verbal direta concebida para explicar como bens, serviços ou idéias de uma pessoa ou empresa servem às necessidades de um ou mais clientes potenciais.

Existem três razões principais pelas quais a venda pessoal é um componente tão importante da estratégia promocional. Primeira, porque ela envolve a comunicação direta entre um representante de vendas e um cliente potencial, sendo a única maneira de promoção que permite à empresa reagir imediatamente às necessidades do cliente. Ou seja, quando um vendedor faz sua apresentação, ele pode adaptá-la às necessidades desse cliente. Essa capacidade resulta, constantemente, em um maior número de vendas. A segunda razão é que a venda pessoal permite um retorno imediato; assim, a empresa tem informações oportunas a respeito da satisfação do cliente com suas ofertas. Outros meios de promoção, como publicidade, são comunicações patrocinadas pela empresa e dirigidas ao mercado-alvo, mas quase nunca permitem um retorno imediato. E, por fim, a terceira razão é que a venda pessoal resulta em uma venda real – o vendedor pode sair do escritório do cliente com um pedido na mão. Assim, a venda pessoal é uma das poucas formas de promoção que podem ser ligadas diretamente à venda de um produto específico. Conseqüentemente, as boas empresas dão realmente valor às suas forças de vendas.

Devido aos custos associados à venda pessoal, essa forma de promoção não é usada com muita freqüência para relacionamentos B2C nos quais há muitos compradores dispersos geograficamente, cujas compras individuais não sustentariam o custo médio de uma visita de vendas. Porém, muitas vezes a venda pessoal é uma necessidade no mercado B2B e pode ser usada em mercados B2C nos quais os compradores tendem a ser em menor número, geograficamente mais concentrado e mais inclinado a comprar em quantidades ou valores maiores. Além disso, a venda pessoal costuma ser uma necessidade para produtos complexos, para situações de compra de alto envolvimento e transações que implicam negociações.

1.8 – Sistemas de Informação

1.8.1 – O Poder da Informação

Um acontecimento que se reproduz regularmente e que pode ser previsto com certa certeza, como o nascer do Sol, não nos fornece qualquer informação. O conhecido, garantido, já se sabe – é, segundo o termo da teoria da informação shannoniana, redundância. Um acontecimento portador de informação é algo que ou põe termo a uma incerteza, ou traz novidade, ou seja, surpresa. Assim, são portadores de informação, por um lado, os resultados da bolsa de valores, cotação do dólar, e, por outro lado, à política econômica de um novo governo. A informação que constitui uma surpresa pode, pelo contrário, inquietar e provocar a incerteza sobre a nossa aptidão quanto a conceber a realidade. Compreende-se que o controle totalitário da informação se dedique a censurar as informações que inquietam e a fornecer as informações que tranqüilizam.

> Tudo o que não é redundância não é forçosamente informação

Inúmeros acontecimentos não têm interesse para nós, ou para algumas empresas, e, portanto não lhe concedemos nenhuma atenção. Todos os acontecimentos que surgem em desordem sem significado, constituem ainda no jargão da teoria shannoniana ruídos.

Porém o que é ruído para um pode ser informação para outro. Existe ainda informação fraca, que fornece confirmação do previsível e do provável, como a quebra de uma empresa que já apresentava resultados ruins por muitos anos. Em contrapartida, a informação torna-se forte se essa mesma empresa for vendida para uma grande multinacional.

A informação pode não só ser forte, mas também rica. A informação rica contém novidade, ou seja, algo inesperado, surpresa. Assim, as informações fortes e ricas são proporcionadas por acontecimentos extraordinários, que nos parecem impossíveis antes de se darem, como o ataque terrorista aos trens de Madri ou a megafusão da AmBev com a Interbrew, num negócio de US$ 23 bilhões. (revista *Exame*, n. 813, p. 20, 17 mar. 2004)

A informação dispõe de uma energia potencial que pode ser imensa tanto para a ação como para o pensamento. Qualquer ação incerta ou aleatória necessita de uma estratégia, e essa deve necessariamente alimentar-se de informações. (MORIN, 1997, p. 28)

> **Outra abordagem interessante é a diferença entre dado e informação**

Dado é qualquer elemento identificado em sua forma bruta que, por si só, não conduz a uma compreensão de determinado fato ou situação.

Informação é o dado trabalho que permite ao executivo tomar decisões.

Os dados em uma empresa seriam a quantidade de produtos, custo de matéria-prima, número de funcionários. A informação seria o resultado da análise desses dados, ou seja, a capacidade de produção, o custo de venda do produto, a produtividade do funcionário etc. Essas informações, ao serem utilizadas, podem afetar ou modificar o comportamento existente na empresa, bem como o relacionamento entre as suas várias unidades organizacionais. (REBOUÇAS, 2001, p. 36)

1.8.2 – Processo de Valorização da Informação

Ao longo da vida de uma pessoa ou de uma empresa, são coletadas e apreendidas diversas informações que mediante um processo sistemático podem ser muito valorizadas.

Na medida em que se sedimenta uma informação, qualquer atividade pode ser elaborada com um custo menor, com menos recursos, em reduzido tempo e com resultado melhor.

Atualmente, há mais computadores, periféricos, e tecnologias gerando informações úteis, precisas, oportunas, ricas, a um custo menor, em menos tempo, usando menos recursos e gerando estratégias.

O processo de valorização da informação cumpre algumas fases e passos lógicos. (Weitzen, 1994) Esses podem ser assim distribuídos:

- Conhecer muitas informações;
- Apreender as informações;
- Juntar e guardar as informações úteis;
- Selecionar, analisar e filtrar as informações de maior valor;
- Organizar as informações de forma lógica;
- Disponibilizar e usar as informações.

Pelo menos três passos são fundamentais para a valorização da informação, ou seja, conhecer, selecionar e usar as informações. A seleção mal elaborada pode causar danos incalculáveis quando do uso dessas informações.

Para organizar as informações, deve-se avaliar e dar atenção às questões de uso de tecnologia moderna de banco de dados, DBMS (*Database Management System* – sistema de gerenciamento de banco de dados).

O DBMS é uma coleção de dados organizada como num arquivo convencional. Bancos de dados são usados para guardar e manipular dados, visando à sua transformação em informações. Essa tecnologia está mais aplicada a determinado fim unificado e efetivo no apoio à tomada de decisões. Tal aplicação diz respeito a mais uma opção para o funcionamento dos modelos de sistemas de informação.

Os dados são geralmente organizados em uma hierarquia, em que o banco de dados tem o nível mais alto. Nessa hierarquia, os campos formam um registro, e os registros formam o arquivo. A entidade do banco de dados é uma classe generalizada de arquivos, ou seja, registros específicos que têm seus respectivos atributos ou campos ou itens de dados. (NORTON, 1996; LAUDON, 1999)

Além do DBMS, devemos integrar as informações com as ferramentas apresentadas a seguir.

1.8.3 – ERP

A tecnologia ERP (*Enterprise Resource Planning* – planejamento de recursos empresariais) são pacotes (*software*) de gestão empresarial ou de sistemas integrados, com recursos de automação e informatização, visando a contribuir com o gerenciamento dos negócios empresariais.

As empresas produtoras desta tecnologia, aplicada a sistemas de informação operacionais, gerenciais e estratégicos, estão crescendo em todo o mundo, em que o ERP tem marcado uma nova fase dentro das empresas, integrando todos os seus processos.

A tecnologia ERP tem a prerrogativa de utilizar o conceito de base de dados única, pois todos os seus módulos ou subsistemas estão num único software. Ela também oferece, na maioria dos casos, a ferramenta EIS (*Executive Information Systems* – sistemas de informação executiva) como opção integrada. (REZENDE, 2001, p. 206)

1.8.4 – Telemarketing

O telemarketing é definido como a aplicação do telefone para a performance das atividades de marketing. A AT&T, uma das maiores prestadoras de serviço em telemarketing nos Estados Unidos, define-o como o casamento da tecnologia de telecomunicações com as técnicas do marketing direto. (DANTAS, 1994, p. 24)

Duas das principais características do telemarketing são:

- Mídia especificamente dirigida.
- Fonte de mensagem bidirecional.

O serviço de atendimento ao cliente evoluiu, assumindo várias funções, que antes eram descentralizadas em diversos departamentos, passando a gerenciar um grande volume de informações em tempo real, oferecendo mais serviços de valor agregados aos clientes. (BRETZKE, 2000, p. 41)

1.8.5 – CRM

O CRM (*Customer Relationship Management* – gerenciamento do relacionamento com o cliente) é uma estratégia de negócio que diferencia a empresa pelo valor que agrega com o atendimento totalmente orientado ao cliente, e não simplesmente mais uma tecnologia. Cada vez fica mais difícil separar a estratégia da tecnologia; todavia, no caso do CRM, o sucesso da implantação dependerá da compreensão da dimensão do impacto que causará nos processos internos ou no tipo de capacitação, para que os recursos humanos realmente se adaptem e não interfiram desfavoravelmente no processo de implantação.

Um dos fatores-chave é não subestimar as outras variáveis do composto de marketing, como o posicionamento, produto, preço e os canais de distribuição; a empresa deve estar preparada para traduzir em todos os aspectos da gestão, e principalmente no desenvolvimento de produtos, a proposição de valor que o cliente entende e valoriza. Só então estará apta a usar o CRM para alavancar ao máximo a vantagem competitiva estabelecida.

Componentes de um CRM:

- Banco de dados de clientes.
- PABX.
- Link entre CTI (*Customer Technology Integration* – integração da tecnologia do cliente) e tecnologia de integração.
- Campanhas.
- Atendimento.
- Gerenciamento.
- Integração Web/e-mail/ fax.
- Discagem automatizada.

1.8.6 – *Data Mining* ou Garimpagem de Dados

Compreende um conjunto de técnicas e critérios de avaliação qualitativa e quantitativa, modelos de análise e formulação, implementação etc. diretamente ligados à tecnologia de banco de dados e aos sistemas de suporte à decisão. Esse tipo de ferramenta pesquisa grandes bases de dados, procurando por padrões de comportamento e respostas que permitam prever, com maior acuidade possível, o comportamento de clientes e prospects. (BRETZKE, 2000, p. 160)

1.8.7 – Sistema de Informação e *Bussiness Intelligence*

Existem algumas definições da expressão sistema de informações, dentre as quais podem ser analisadas as apresentadas a seguir:

BI (*Business Intelligence*). O conceito de BI, de forma ampla, pode ser entendido como a utilização de variadas fontes de informações para se definir estratégias de competitividade nos negócios da empresa. (BARBIERI, 2001, p. 56)

SIM (Sistema de Informação de Marketing). É constituído de pessoas, equipamentos e procedimentos para a coleta, classificação, análise, avaliação e distribuição de informações necessárias, de maneira precisa e oportuna para os que tomam decisões de marketing. (KOTLER, 2000, p. 122)

SADM (Sistema de Apoio à Decisão de Marketing). É uma série coordenada de dados, ferramentas de sistema e técnicas com software e hardware de apoio, com os quais a organização reúne e interpreta informações relevantes de empresas e do ambiente e as transforma numa base para a tomada de decisões gerenciais. (CHURCHILL, 2000, p. 118)

SIG (Sistema de Informações Gerenciais). É o processo de transformação de dados em informações utilizadas na estrutura decisória da empresa, proporcionando, ainda, a sustentação administrativa para otimizar os resultados esperados. (REBOUÇAS, 2001, p. 40)

1.8.8 – A Informação nas Empresas Orientadas ao Mercado

A base de conhecimento de uma organização orientada ao mercado é, provavelmente, seu ativo mais valioso. Parte do conhecimento é a matéria-prima que a empresa processa e vende; pense em especial no trabalho de consultores, funcionários de empresas de serviços financeiros ou de software. Mais conhecimento está profundamente embutido nos processos essenciais. O que distingue uma empresa orientada ao mercado é a profundidade e oportunidade do conhecimento do mercado, que a capacitam a antever oportunidades e reagir mais rápido que suas rivais. Quando esse conhecimento é amplamente compartilhado, passa a ser um ponto de referência comum e um conjunto de hipóteses que assegura que a estratégia seja coerente, em vez de um conjunto desconexo de atividades.

Poucas organizações igualam a capacidade da Honda para aprender, lembrar e agir com agilidade. (EALEY e SODERBURG, 1990, p. 3-14) A experiência dela fornece diretriz instrutiva para o projeto de uma memória movida pelo mercado:

- ◆ A unidade-chave de aprendizado é a equipe multifuncional, a qual está embutida em uma estrutura organizacional comprimida com poucas diferenciações hierárquicas. A ausência de hierarquia e a antiguidade tornam mais fácil que as idéias sejam julgadas por seus méritos em vez da sabedoria convencional. Quando as equipes são desfeitas, seus membros são logo designados para novos programas, o que acelera a transmissão de conhecimento pela organização.

- ◆ Os membros das equipes podem construir carreiras com possibilidades de promoções baseadas no domínio de uma área de especialização. Eles não são especialistas com antolhos, porque têm amplas oportunidades para breves períodos de estágio em outras funções. Assim, tão logo uma equipe é formada, ela tem uma passagem para o conhecimento coletivo da Honda por intermédio do conhecimento pessoal dos seus membros e de redes de colegas com perícia semelhante.

- ◆ As equipes são guiadas por uma crença profunda em que não é possível compreender um mercado com base exclusivamente em relatórios de terceiros. Espera-se que as equipes de projetos estejam no campo regularmente para obter conhecimentos comuns.

- ◆ O fracasso não é estigmatizado, o que encoraja as equipes a experimentar. Por exemplo, os cerca de 90% de projetos experimentais de pesquisa que, segundo a Honda, fracassam na primeira vez são analisados em busca de lições sobre o que evitar, e os resultados são guardados para possível uso em futuros projetos.

As organizações orientadas ao mercado podem dar dois passos importantes para desenvolver uma base compartilhada de conhecimento:

♦ Construir sistemas para distribuição sinérgica que sejam acessíveis em toda a organização, para garantir que fatos e critérios relevantes estejam disponíveis quando e onde forem necessários.

♦ Localizar o conhecimento estratégico a respeito de estrutura de mercado, resposta e criação de valor que contribui para as perspectivas necessárias ao desenvolvimento de decisões bem-embasadas. (DAY, 2001, p. 108)

Desenvolvimentos recentes em tecnologia da informação são, ao mesmo tempo, inimigos e auxiliares para a obtenção e a distribuição de informações. Por um lado, as empresas estão sendo inundadas por uma avalanche de dados sem valor, não digeridos, que seus sistemas fornecem livremente. Ao mesmo tempo, há outros avanços que podem ajudar a tratar essa indigestão ao mesmo tempo em que aprofundam a compreensão do mercado e constroem relacionamentos. Técnicas de garimpagem de dados, *Data Mining*, desvendam significados ocultos de depósitos de dados, enquanto *intranets* passam as informações de forma mais livre por toda a organização. As empresas podem estar agora tão confusas quanto antes, mas em um nível mais alto.

1.8.9 – O Conhecimento Estratégico Obtido Por Meio de Informações

Que conhecimentos as empresas devem ter como base de sua concentração? As dúvidas mais importantes são:

Estrutura do mercado. Como estão oscilando as fronteiras competitivas e como estão evoluindo os segmentos do mercado?

Respostas do mercado. Quais são os determinantes de valor para o cliente e da sua manutenção e como clientes, concorrentes e distribuidores reagirão a esses determinantes?

Economia do mercado. Onde estamos ganhando dinheiro e que ações melhorarão nossa lucratividade? Para onde está migrando o valor no mercado e como isso nos afetará?

A evolução do mercado é prevista. Por fim, o esquema de segmentação deve ser semelhante a um filme que mostre como o mercado evoluirá no futuro e explique a migração de clientes entre segmentos, em vez de um flagrante estático de um presente que logo se tornará obsoleto.

Perguntas estratégicas para tomada de decisões: (DAY, 2001, p. 116)

- Quais os determinantes de satisfação e valor para o consumidor?
- Quais as relações entre as variáveis que gerenciamos e a resposta do mercado?
- Quais as relações entre o comportamento do cliente e medidas de desempenho, como lealdade do cliente, participação de mercado e lucratividade?

Conclusões

A busca pela eficácia e eficiência da tomada de decisões está fortemente relacionada com a arquitetura do sistema de informações da organização que possui duas faces, a saber:

- A face interna, quando consideramos os registros resultantes dos vários processos, bem como a gestão do conhecimento corporativo, quando consideramos as informações 'agregadas' pelos funcionários como um ativo e;
- A sua face ou 'mundo externo' – informações fornecidas pela Inteligência de Marketing ou *Competitive Intelligence*.

A importância desses componentes para a gestão da empresa está relacionada com a flexibilidade e vantagem do conhecimento de informação. Conhecimento esse que deve privilegiar e agilizar a tomada de decisão acertada e, mais que isso, direcionar as ações 'personalizadas', assim sentidas pelo cliente, de modo que aumente o seu grau de fidelização para com a empresa. Dentro do espaço fundamental do recurso de informações executivas, o conhecimento deve transformar os dados transacionais em recursos informacionais.

As empresas orientadas ao mercado devem conhecê-lo tão bem a ponto de serem capazes de identificar e alimentar seus clientes valiosos e não têr escrúpulos de desencorajar os que drenam lucros, aqueles que são inconstantes e dispendiosos para atender. Assim, orientar-se para o mercado é ter a disciplina para fazer opções estratégicas saudáveis e implantá-las de forma coerente e completa, e não ser tudo para todos – lógico que sem um sistema de informação coerente e dinâmico isso não será possível.

* **Sílvio Luiz Tadeu Bertoncello**
Doutorando em Administração com ênfase em Gestão de Mercado pela Universidade Mackenzie.
Mestrado em Administração pela PUC/SP.
Mestrado em Economia Internacional pela Universidade de Barcelona.
Pós-graduado em Administração e Administração de Marketing pela FAAP.
Engenheiro, professor dos cursos de MBA profissional Pós-Graduação e Faculdade de Comunicação da FAAP.

Referências Bibliográficas

ALBERTIN, A. L. *Comércio eletrônico*: modelo, aspectos e contribuições de sua aplicação. 4. ed. São Paulo: Atlas, 2000. 318 p.

BARBIERI, Carlos. *Business intelligence*. Rio de Janeiro: Axcel Books, 2001.

BARROSO DE SIQUEIRA, A.. C. *Segmentação de Mercados Industriais*. São Paulo: Atlas, 2000.

BONOMA, T.; SHAPIRO, B. *Industrial market segmentation:* revision 2.1. Harvard University Graduate School of Business Administration, Lexington, MA: DC Heath, Jul. 1982.

BRETZKE, Miriam. *Marketing de relacionamento e competição em tempo real*. São Paulo: Atlas, 2000.

BREWER, G.. *Hewlett-Packard,* sales and marketing management. 1997. p. 58.

CARDOSO, Mário. *CRM em ambiente e-business*. São Paulo: Atlas, 2001. 155 p.

CHING, H. Y. *Gestão de estoques na cadeia de logística integrada*. São Paulo, 1999.

CHURCHILL, Gilbert A. *Marketing criando valor para o cliente*. São Paulo: Saraiva, 2000. 626 p.

CORREA, Cristiane. Os brasileiros que chegaram ao topo. *Exame*, São Paulo, ed. 813, p. 20-27, 17 mar. 2004.

DANTAS, Edmundo. *Telemarketing, a chamada para o futuro*. Rio de Janeiro: LTC, 1994.

DAY, George S. *A empresa orientada para mercado*. Porto Alegre: Bookman, 2001. 265 p.

DE BONIS, Nicholas. *Managing business to business marketing communications*. Chicago: AMA, 1997. 372 p.

DRUCKER, P. The theory of the business. *Harvard Business Review*, p. 95-104, set./out. 1994.

EALEY, L.; SODERBURG, L.. *How Honda cures design amnesia*. Primavera, 1990.

HITT, M. A.; IRELAND, R. D.; HOSKISSON, R. E. *Administração estratégica*. São Paulo: Thomson, 2002. 546 p.

HOLTZ, Herman. *Databased marketing*. São Paulo: Makron Books, 1994. 423 p.

HUTT, M.; SPEH, T. *B2B:* gestão de marketing em mercados industriais e organizacionais. 7. ed. Porto Alegre: Bookman, 2002. 593 p.

KOTLER, Philip. *Administração de marketing*. 10. ed. São Paulo: Prentice Hall, 2000. 764 p.

LAUDON, Kenneth. *Sistemas de informação*. 4. ed. Rio de janeiro: LTC, 1999.

MATTAR, Fauze; SANTOS, Dílson. *Gerência de produtos*. São Paulo: Atlas, 1999. 172 p.

MCDONALD. *Marketing plans*. Oxford: British Library, 1997. 483 p.

MORIN, Edgar. *As grandes questões de nosso tempo*. 4. ed. Lisboa: Editora Notícias, 1997.

NORTON, Peter. *Introdução à informática*. São Paulo: Makron Books, 1996.

POWER, Cristopher. *Flops*. Business Week, 16 ago. 1993.

REBOUÇAS, Djalma. *Sistemas de informações gerenciais*. 7. ed. São Paulo: Atlas, 2001. 285 p.

REZENDE, Denis, A.; ABREU, Aline, F. *Tecnologia da informação*. São Paulo: Atlas, 2001.

SHEPARD, David. *Database marketing*. São Paulo: Makron Books, 1993. 347 p.

SHERIDAN, John. *Buying globally made easier*. Industry Week, 2 fev 1998

WEBSTER, F.; WIND, Y. *Organization buying behavior*, upper saddle river, NJ: Prentice Hall, 1972. p. 2

WEITZEN, H. Skip. *O poder da informação*. São Paulo: Makron Books, 1994.

Capítulo 2

Business to Consumer

Maria Cristina de Araújo Proença*

Sérgio Bandeira de Mello Jr.*

Política de Preços e Diferencial Competitivo na Indústria de Varejo de Material de Construção

1 – Introdução

Independentemente do posicionamento de mercado da empresa, o varejo brasileiro historicamente enfatiza o aspecto preço como fator fundamental para a busca de um diferencial competitivo e conquista de clientes. O ambiente macroeconômico nas últimas décadas, após sucessivas mudanças na economia, propiciou a chegada de novos competidores e novas tecnologias, fomentando de forma mais intensiva a disputa de mercado e motivando o setor industrial e o próprio varejo a investir e a procurar entender e se ajustar melhor às necessidades, desejos e expectativas dos consumidores.

Nesse contexto, o estudo da política de preços no varejo assume um caráter estratégico fundamental, voltando-se diretamente para a relação 'resultado *versus* satisfação' sob uma perspectiva 'empresa *versus* consumidor'. As empresas buscam o equilíbrio de suas margens de lucro, e os consumidores escolhem os varejistas que lhes oferecem o melhor negócio, com base nos seus conceitos de valor. Percebe-se que, apesar do apelo estratégico, poucos estudos têm sido realizados sobre o tema, particularmente no âmbito nacional.

Os varejistas competem entre si com base em suas estratégias individuais – ou seja, planejamentos para ganhar vantagem competitiva por meio de determinada configuração do composto varejista, com o objetivo de conquistar a preferência de seus mercados-alvos. Os conceitos de segmentos de mercado, diferenciação, posicionamento, e alternativas estratégicas desempenham papel fundamental no desenvolvimento do planejamento estratégico varejista. (PARENTE, 2000)

Assim como o setor supermercadista, o varejo de material de construção recorre muito ao apelo preço para levar o consumidor até a loja, apesar de não ser o único aspecto decisório importante.

O texto apresenta, inicialmente, uma revisão de literatura, abordando, em especial, três aspectos basilares do ponto de vista de uma política de preços: (i) estratégia de posicionamento e segmentação de mercado; (ii) uma sistemática para estabelecimento de preços pelas empresas varejistas; (iii) a importância do aspecto preço na tomada de decisão do consumidor. O entendimento dessas questões é primordial, pois influencia diretamente o desenvolvimento de toda a estratégia de marketing de uma organização. Fundamentado na revisão da literatura, foi realizado, ainda, um estudo exploratório com o propósito de identificar as políticas de preço adotadas por expressivas redes nacionais e estrangeiras atuantes em diferentes setores do comércio varejista: C&C, Leo Madeiras e Rede Construir.

2 – Fundamentação Teórica

2.1 – Segmentação de Mercado e Posicionamento Estratégico

Uma correta segmentação de mercado é o primeiro passo, quase um pré-requisito, para a elaboração de um eficiente Plano de Marketing. A segmentação de mercado permite que a empresa direcione seus esforços para seu público-alvo, focalizando os atributos que os consumidores consideram mais importantes. A segmentação permite que se responda a questões como:

- Quem são os meus consumidores?
- Quais são os seus hábitos de consumo?

Kotler (2000) ressalta a importância da segmentação para que a empresa identifique os segmentos que compõem um mercado e defina os critérios a utilizar para escolher os mercados-alvos mais atraentes. O ponto de partida para uma discussão sobre segmentação é o marketing de massa, pois nele o vendedor se dedica à produção, distribuição e promoção em massa de um produto para todos os compradores, indiscriminadamente.

O marketing de massa pode não ser adequado para todas as empresas, pois a segmentação de mercado permite que a empresa direcione seus esforços para seu público-alvo, focalizando os atributos que os consumidores consideram mais importantes. Quando se pratica o marketing de massa, considera-se que os consumidores são semelhantes, passam por processos de compra semelhantes e adotam comportamentos semelhantes, o que nem sempre é verdade.

Segmentos de mercado são grupos de clientes cujas necessidades são satisfeitas por meio do mesmo composto mercadológico, porque possuem necessidades semelhantes e passam por processos de compra similares. Por exemplo, no setor de materiais de construção, supõe-se que o consumidor que esteja reformando sua casa apresente necessidades diferentes de alguém que esteja construindo. Enquanto o primeiro focará sua procura em acabamentos, por exemplo, o segundo buscará materiais básicos. Todo o mix de marketing pode ser definido em função destas diferentes situações: o produto, o preço, a promoção, a praça ou localização, a ambientação do ponto de venda e a equipe de atendimento.

Ainda segundo Kotler, a segmentação é uma abordagem que se posiciona entre o marketing de massa e o marketing individual; já o marketing de nicho — um grupo definido mais estritamente — atende a um mercado pequeno cujas necessidades não estão sendo totalmente satisfeitas. Enquanto os segmentos são grandes e atraem vários concorrentes, os nichos são pequenos e atraem apenas um ou dois concorrentes. As empresas que praticam marketing de nicho entendem tão bem as necessidades de seus clientes que eles concordam em pagar um preço *premium*.

Um nicho atraente tem as seguintes características:

◆ os clientes têm um conjunto de necessidades distintas;
◆ os clientes concordam em pagar um preço mais alto à empresa que melhor suprir essas necessidades;
◆ o nicho não costuma atrair outros concorrentes;
◆ o nicho gera receitas por meio da especialização e tem potencial para crescer e produzir lucros maiores.

Engel, Warshaw e Kinnear (1994) descrevem três passos para uma segmentação de mercado eficaz:

a) A identificação das bases ou variáveis adequadas de segmentação

Para identificar segmentos de mercado, a empresa deve selecionar as características que utilizará como base, entre as quais:

Segmentação demográfica. Processo de identificar segmentos de mercado com base nas características da população. Contempla as variáveis mais comuns de segmentação, como faixa etária; sexo; escolaridade, religião, raça e nacionalidade; tamanho médio das famílias e ciclo de vida familiar. Essa última é especialmente importante no setor de materiais de construção.

Segmentação socioeconômica. Identifica segmentos de mercado com base nas características sociais e econômicas da população, como renda, posse de bens, escolaridade, classe social e ocupação profissional.

Segmentação psicográfica. Identifica segmentos de mercado com base no modo como as pessoas pensam e levam suas vidas. Shimp (2002) destaca a importância da segmentação psicográfica a partir dos anos 70, quando os profissionais de marketing voltaram-se para as características desse tipo de segmentação como uma maneira de obter um melhor entendimento das dinâmicas do mercado e das diferenças no comportamento do consumidor. Em geral, a psicografia representa uma combinação de atividades, interesses e opiniões do consumidor (AIO). Diversas empresas de pesquisa de marketing conduzem estudos psicográficos para clientes. Esses normalmente são feitos sob medida para a categoria de produto específica do cliente. Empresas varejistas no ramo de moda como a Zara e as Lojas Marisa trabalham utilizando a variável estilo de vida; elas classificam suas consumidoras como, por exemplo, clássicas, contemporâneas, esportivas etc.

Toledo e Hemzo (1994) abordam essa forma de segmentação como uma estratégia de posicionamento por categoria de usuário, associando o produto a uma determinada categoria, com base em características, como estilo de vida, traços de personalidade, história de vida etc.

Segmentação geográfica. Identifica segmentos de mercado com base em critérios geográficos, como localização e densidade populacional. Muitas empresas utilizam-se da segmentação geográfica no momento de definir sua estratégia de expansão, estabelecendo como critério de seleção dos municípios de interesse um número mínimo de habitantes. Empresas varejistas como as Casas Bahia, por exemplo, implantam unidades em municípios com, no mínimo, 100 mil habitantes. Shimp (2002) cita ainda o direcionamento geodemográfico, cuja premissa é que as pessoas que moram em áreas similares, como bairros ou zonas de código postal, também compartilham similaridades demográficas e de estilo de vida.

Segmentação por benefícios. Identifica segmentos de mercado com base nos benefícios procurados pelos clientes. O que um consumidor busca quando vai comprar um automóvel? Conforto, economia, design, status? Da mesma forma, é de supor que alguns clientes que visitam lojas de material de construção busquem prioritariamente preço baixo, enquanto outros buscam conveniência, atendimento ou variedade.

Segmentação por grau de utilização. Identifica segmentos de mercado com base no nível de consumo. Esta é uma forma de segmentação muito útil, tanto na indústria quanto no varejo, pois identifica os clientes mais fiéis ou os *heavy users* e que produzem maior valor para a empresa, valendo aplicar a regra: 'dê o melhor aos seus melhores clientes'. Para uma indústria farmacêutica, um *heavy user* pode ser uma mãe que compra o antigripal de sua marca sempre que o filho tem gripe. Para uma rede de academias de ginástica, um *heavy user* pode ser aquele que freqüenta a academia mais de três vezes por semana.

Quando se fala no varejo de material de construção, muitas vezes a impressão é que o consumidor de hoje, que está construindo a sua casa, só voltará daqui dez anos, para reformá-la. A experiência tem mostrado, porém, que os consumidores têm finalizado suas obras ou reformas aos poucos, sempre retornando ao ponto-de-venda para mais uma comprinha.

b) A seleção de mercados-alvo

Uma vez definidos os segmentos de mercado, a empresa seleciona aqueles que pretende atender. A idéia é que é muito difícil atender a todos de maneira satisfatória, uma vez que cada um apresenta necessidades tão distintas.

Para decidir os segmentos que serão atendidos, deve-se analisar a verdadeira competência da empresa e sua vocação. A Leroy Merlin, por exemplo, diferencia-se pelo foco na bricolagem ou no conceito *do it yourself* e oferece uma linha de molduras diferenciada.

c) **desenvolvimento de um posicionamento competitivo do produto ou serviço naquele segmento**

Concluída a fase de segmentação, a empresa deve então desenvolver uma estratégia de posicionamento, que, segundo Engel, Warhhaw e Kinner (1994) segue um processo de sete etapas:

1. identificar oos competidores relevantes;
2. determinar como os competidores são percebidos e avaliados;
3. compreender o posicionamento dos competidores;
4. analisar os consumidores com relação às suas necessidades;
5. selecionar o posicionamento desejado;
6. implementar um programa de marketing para estabelecer o posicionamento desejado;
7. monitorar a percepção dos consumidores com relação ao posicionamento.

Para Berry (1978), posicionamento de mercado significa identificar – e então ocupar – uma posição disponível no mercado. Para se identificar a posição, é necessário examinar a presença competitiva dentro dos vários segmentos de mercado e então procurar responder às seguintes questões: que segmentos estão mais disponíveis? Em que segmentos ainda existe espaço? Ocupar uma certa posição no mercado significa não apenas vender produtos, mas também vender a loja. É a loja que se torna a marca, com todas as variáveis de marketing – linha de produtos, ambientação, pessoal, propaganda e preço –, tudo isso integrado para reforçar o significado da empresa no mercado, a razão de sua existência. Uma estratégia clara de posicionamento pode contribuir fortemente para o sucesso de um varejista. Em um mercado já congestionado de lojas, um varejista bem posicionado torna-se distinto na mente dos consumidores; esse é um pré-requisito para o sucesso.

Para Toledo e Hemzo (1994), o processo de posicionamento é uma seqüência natural do processo estratégico de segmentação de mercado, que parte do reconhecimento, pela empresa, de que normalmente não lhe será viável atender todos os consumidores de determinado mercado. Os mercados de massa, em conseqüência, estão se diluindo em centenas de minimercados caracterizados por uma variedade de perfis e diversidade de interesses, em termos de produtos e canais de distribuição. As empresas vêem-se, assim, compelidas a adotar o marketing direcionado como meio de identificar melhor as oportunidades de mercado e de desenvolver compostos de marketing mais ajustados a cada segmento, concentrando seus esforços nos compradores que elas apresentem melhores condições de atender.

Os autores ressaltam a importância do posicionamento psicológico, pelo qual procura-se traduzir os valores identificados no mercado com o auxílio de uma linguagem clara e específica e transmiti-los mediante imagens simbólicas, para inserir o produto em um nicho próprio na mente do consumidor. Cada segmento requer da empresa o desenvolvimento de uma estratégia específica de posicionamento psicológico.

No varejo, muitas vezes a segmentação resulta no desenvolvimento de diferentes bandeiras que tem por finalidade trabalhar públicos diferentes. A C&C lançou no Shopping Center Ibirapuera uma C&C Express, para atender a um público que procura conveniência. A Telha Norte, por sua vez, lançou a Telha Norte Pro, com atendimento diferenciado e especializado para profissionais do setor.

Outros varejistas optam por manter a mesma marca para quaisquer segmentos, a fim de otimizar seus esforços de marketing. Assim, o McDonald´s trabalha com a mesma marca no Shopping Iguatemi (público A) e no Aricanduva (público C / D).

Para Parente (2000), a classificação estratégica em quadrantes ajuda os varejistas a ampliar suas percepções para desenvolver estratégias de posicionamento e para avaliar oportunidades de mercado. Na figura a seguir, os quadrantes dois e três apresentam estratégias muito utilizadas nos diferentes setores varejistas. Pode-se dizer que a estratégia do quadrante três é adotada por muitos *homecenters* que praticam preços competitivos, porém minimizam os serviços oferecidos. Lojas especiais, como a Portobello Shop, com uma gama maior de serviços que praticam preços mais altos, encontram-se no quadrante dois. No quadrante quatro, estão situadas as lojas decadentes, que ainda conseguem sobreviver graças à escassez de concorrentes ou devido a alguma vantagem em termos de localização. O quadrante um é o ideal que vem sendo perseguido por muitos concorrentes: praticar preços baixos e oferecer grande gama de serviços e benefícios. Quanto mais próximo do quadrante um as empresas conseguirem chegar, maiores chances terão de sucesso.

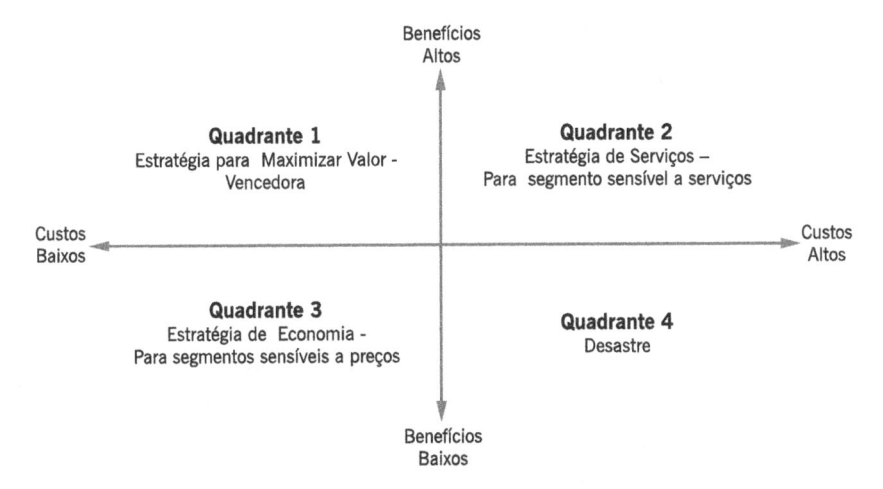

```
                        Benefícios
                          Altos
                            ▲
                            │
      Quadrante 1           │       Quadrante 2
Estratégia para Maximizar   │   Estratégia de Serviços –
    Valor - Vencedora       │   Para segmento sensível a serviços
                            │
  Custos                    │                        Custos
  Baixos ◄─────────────────┼─────────────────────► Altos
                            │
      Quadrante 3           │       Quadrante 4
Estratégia de Economia -    │          Desastre
Para segmentos sensíveis    │
     a preços               │
                            ▼
                        Benefícios
                          Baixos
```

Figura 2.1 – Posicionamento Estratégico ao longo das dimensões benefícios e custos.

O consumidor opta pelo local de compra em função da comodidade. No setor de materiais de construção, o primeiro fator de escolha é a proximidade da loja. O atendimento 24 horas ainda é inexpressivo (apenas uma loja oferece esse serviço).

2.2 – Precificação no Varejo – Estratégias e Políticas

"De todas as variáveis do marketing *mix*, a decisão de preço é aquela que mais rapidamente afeta a competitividade, o volume de vendas, as margens e a lucratividade das empresas varejistas". Essa afirmação de Parente (2000) evidencia que, diferentemente de outras decisões, como localização, apresentação, promoção, *mix* de produtos e atendimento, as políticas de preços dos varejistas podem ser alteradas em curtíssimo prazo, até mesmo de um dia para o outro. Devido à facilidade na implementação dessas alterações, muitos varejistas assumem uma postura fortemente competitiva, respondendo de maneira vigorosa e enérgica às alterações de preço da concorrência.

Em conseqüência disso, as empresas varejistas em vez de adotar uma política consistente, acabam estabelecendo seus preços como reação automática a situações específicas, geralmente de curto prazo, sem planejamento prévio nem análise das conseqüências para o mercado e das expectativas do consumidor final.

Entretanto, uma política adequada deveria contemplar a avaliação dos benefícios esperados pelo consumidor.

Parente (2000) salienta que, no varejo, o consumidor, ao avaliar os benefícios, considera aspectos, como variedade, qualidade, apresentação, ambientação, e, na avaliação dos custos, ele leva em conta os preços e as ofertas apresentadas pela loja. Os clientes estão procurando um bom valor no que compram, ressaltam Levy e Weitz (2000). Para algumas pessoas, um bom valor significa preço baixo. Muitos consumidores manifestam-se bem mais sensíveis a preço; outros estão dispostos a pagar mais, contanto que acreditem que obterão valor com seu dinheiro em termos de qualidade ou de serviço. Observa-se que os varejistas optam entre oferecer um alto nível de serviços e preços altos e focar no diferencial de preço baixo.

Independentemente da política adotada, é fundamental estabelecer preços de maneira coerente com o composto de marketing, ou seja, deve haver integração com as demais decisões que compõem o esforço de marketing da empresa. A propaganda varejista, por exemplo, está fortemente apoiada nas ofertas de preço, levando parte dos consumidores a só concretizar uma compra quando o produto está em promoção de preço.

Em um contexto turbulento e altamente competitivo, com consumidores extremamente exigentes, evidencia-se a importância de uma abordagem estratégica e planejada do fator preço no varejo. Os executivos do varejo devem ter em mente que o aspecto essencial é a percepção de valor dos consumidores e o seu nível de satisfação. Essa avaliação levará em conta benefícios e custos obtidos em cada experiência de compra.

2.3 – A Estratégia de Preços no Varejo

Ao estabelecer o preço de venda ao consumidor, o varejista toma uma série de decisões estratégicas. A seguir é apresentado um modelo de decisões voltadas para o estabelecimento de preços, sendo tecidas, ainda, algumas considerações sobre as políticas comumente adotadas pelos varejistas.

2.3.1 – Estabelecimento da Política de Determinação de Preços no Varejo

Kotler (2000) descreve as etapas em geral seguidas por uma empresa para o estabelecimento de preços. O esquema apresentado na Figura 2.2 toma por base a proposta de Kotler, com adaptações referentes exclusivamente ao modelo do varejo.

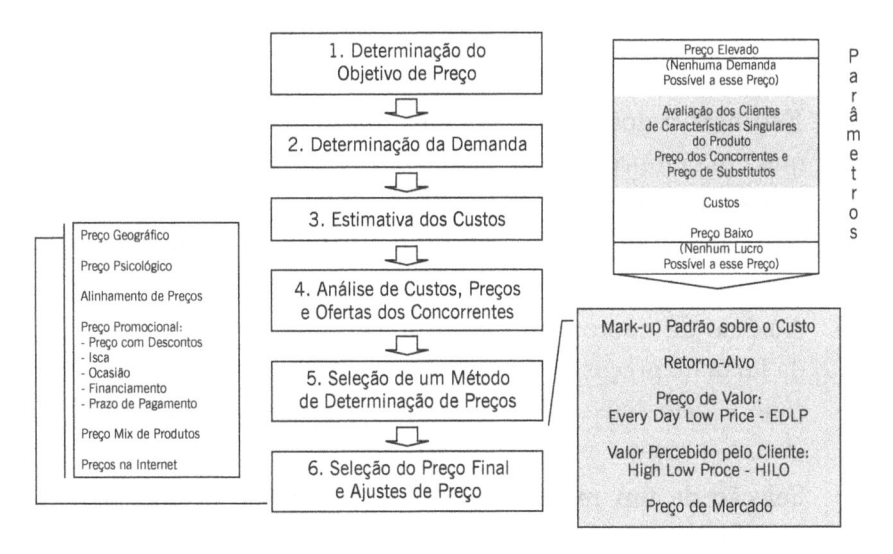

Figura 2.2 – Estabelecimento de preços: um modelo para o varejo.

A seguir será feita uma breve descrição de cada uma das etapas da sistemática sugerida, tendo por foco uma organização varejista.

1. **Determinação do objetivo de preço.** A empresa decide onde deseja posicionar sua oferta, em função do seu posicionamento

de mercado. Com relação ao posicionamento, Parente (2000) observa que o varejista pode buscar como estratégias:

- *preços acima do mercado:* o varejista não concorre em preço, evitando que a marcação de seus valores esteja baseada na concorrência;
- *preços médios de mercado:* os varejistas buscam a diferenciação em outros componentes do composto de marketing, como localização, serviços ou linha de produtos;
- *preços abaixo do mercado:* varejistas que têm no preço sua arma competitiva mais forte, geralmente associado a uma estrutura de baixos custos com avançada tecnologia e modernos métodos de gestão.

2. **Determinação da demanda.** Cada preço levará a um nível de demanda e terá um impacto diferente nos objetivos de marketing da empresa. Demanda e preço são inversamente relacionados: quanto mais alto o preço, menor a quantidade demandada.

3. **Estimativa dos custos.** A demanda estabelece um teto no preço que uma empresa pode cobrar por seu produto. Os custos determinam o piso. A empresa deseja cobrar um preço que cubra seu custo de produção, distribuição e venda do produto, incluindo um retorno justo por seu esforço e risco.

4. **Análise de custos, preços e ofertas dos concorrentes.** Dentro da faixa de preços possíveis, determinados pela demanda de mercado e pelos custos da empresa, essa deverá levar em conta os custos, preços e possíveis reações de preços dos concorrentes.

5. **Seleção de um método de determinação de preços.** São considerados parâmetros como os custos, a concorrência, a avaliação dos clientes e o preço máximo a ser cobrado. Os métodos mais utilizados no varejo são:

- *Mark-up* **padrão sobre o custo.** Aplica-se um multiplicador no custo do produto ou do *mix*. Levy e Weitz (2000) argumentam que muitos varejistas adotam esse método por ser mais rápido, mecânico e relativamente simples de ser usado.

- **Retorno-alvo.** Preço que proporcionaria atingir sua taxa-alvo de retorno, ROI (*Return Over Investment*).
- **Preço de valor.** Preço baixo para oferta de alta quantidade. O preço deve representar uma oferta de alto valor para os consumidores. No varejo, o preço de valor traduz-se na política de fixar preços baixos todos os dias (*Everyday Low Price* – EDLP). Um varejista que siga essa prática estabelece um preço baixo constantemente, todos os dias, sem descontos temporários nos preços. Esses preços constantes eliminam a incerteza de uma semana para a outra. A política EDLP tem sido adotada pelos mais diversos setores, mas o exemplo mais representativo é o Wal-Mart, que praticamente definiu o termo. Excetuando-se poucos artigos em oferta a cada mês, o Wal-Mart promete preços baixos todos os dias. Os varejistas adotam o esquema EDLP por várias razões, a mais importante delas é que descontos e promoções constantes são dispendiosos e têm minado a confiança do consumidor de que encontrará bons preços.
- **Valor percebido pelo cliente.** Considera as percepções dos clientes e não os custos do vendedor como chave para determinar preço. Como analogia no varejo, tem-se a estratégia de preço alto/baixo (*High Low Price* - HILO), em que o varejista cobra preços mais altos, mas realiza promoções freqüentes, nas quais os preços caem temporariamente abaixo do nível da política EDLP. As promoções criam entusiasmo e atraem compradores. Por esse motivo, a EDLP não constitui garantia de sucesso. Muitos varejistas utilizam uma combinação de estratégias de determinação de preços altos/baixos e de preços baixos todos os dias, com um aumento de propaganda e de promoções.
- **Preço de mercado.** Estabelece preços com base nos concorrentes. Essa é uma prática comum entre varejistas, havendo até mesmo entendimento entre os concorrentes para realização de 'shopping de preços' em suas lojas. Parente (2000) apresenta um estudo no setor de supermercados, realizado pela Nielsen em parceria com a PriceWaterHouseCoopers, em

que se detectou que a principal ação competitiva de 95% dos supermercadistas, para acompanhar as mudanças da concorrência, é a pesquisa de preços na concorrência.

6. **Seleção do preço final.** Ajuste do preço em função da percepção de qualidade, por parte dos consumidores, e da influência de outros elementos do composto de marketing, levando em consideração questões como serviços prestados, localização etc. As táticas mais freqüentemente utilizadas pelos varejistas são apresentadas na Tabela 2.1; essas não são mutuamente exclusivas, podendo ser utilizadas simultaneamente.

TÁTICA		DESCRIÇÃO
Preço geográfico		Atribuir diferentes preços para diferentes localidades.
Preço psicológico		Uso de números ímpares para precificar o produto. Em vez de R$ 30,00, o preço psicológico sugere o valor de R$ 29,95.
Alinhamento de preços		O varejista determina, para mercadorias de certa categoria de produtos, diferentes níveis de preço (por exemplo, R$ 45, R$ 55 e R$ 75).
Preço promocional		Utiliza as técnicas a seguir.
T É C N I C A	Preço com descontos	Para estimular compras em situações específicas.
	Isca	Redução do preço de marcas conhecidas, para estimular um movimento maior nas lojas.
	Ocasião	Preços especiais em certas épocas, para atrair mais clientes.
	Financiamento a juros baixos	Em vez de cortar preços, a empresa pode oferecer aos clientes financiamentos a juros baixos.
Composto de Produtos		Preços diferenciados de um produto em função do composto.
Internet		Preços e condições comerciais alternativas no canal internet.

Tabela 2.1 – Táticas de Determinação de Preços e Técnicas Promocionais.

Vale observar que a tática de prazos de pagamento mais longos é muito comumente utilizada por varejistas que têm por público-alvo as classes C e D, já que, para elas, o importante é que as prestações ajustem-se aos seus orçamentos, e que possam adquirir o bem. Para Churchill e Peter (2003):

o crédito para os consumidores de baixa renda, que inclui cartões de lojas de departamentos, eletrodomésticos e supermercados, emprega taxas de juros mais altas do que as praticadas pelo mercado. Mas, os clientes ainda percebem tais formas de preços promocionais como tendo valor, porque essas empresas são as únicas que lhes proporcionam o crédito necessário. Assim, os clientes que têm menos renda acabam pagando mais pelos produtos porque dão valor ao crédito.

Quando um produto faz parte de um *mix*, a lógica de determinação de preços deve ser modificada. Nesse caso, a empresa busca um conjunto de preços que maximize o lucro total. A determinação de preços é difícil porque os produtos possuem custo e demanda inter-relacionados, e estão sujeitos a diferentes graus de concorrência. Isso abre espaço para o surgimento de técnicas modernas de gestão, como o gerenciamento por categorias.

Neste texto, a análise dos casos enfocará as fases 5 (Seleção do Método de Determinação de Preços) e 6 (Seleção Final e Ajustes de Preço) do modelo de determinação de preços no varejo, por constituírem as etapas mais tangíveis para avaliação, e refletirem, na prática, as decisões anteriores do modelo.

2.3.2 – Considerações Sobre as Políticas EDLP e HILO

As políticas EDLP e HILO são as mais discutidas no varejo. Sobre elas, um grande número de pesquisas, análises e considerações vem sendo realizado por especialistas e acadêmicos. Muitos desses trabalhos atribuem ao Wal-Mart, o maior varejista do mundo, com faturamento de US$ 218 bilhões em 2002[1], o início da EDLP.

A seguir, um quadro que resume as principais características e diferenças entre as duas estratégias:

---

[1] Wal-Mart Stores, Inc. Dísponível em <http:/www.wal-mart.com/news/annualreports.html>. Acessado em 15 jul. 2003.

INDICADORES	HILO	EDLP
Margens	alta	baixa
Giro de estoque	baixo	alto
Volume de vendas	alto	alto
Nível de serviço	alto	baixo
Volume de propaganda	alto	baixo
Preços promocionais	sim	não
Preços psicológicos	sim	não
Ticket médio	baixo	alto
Custo operacional	alto	baixo

Vale tecer alguns comentários sobre os indicadores do quadro anterior:

2.3.2.1 – Margens

Enquanto na estratégia EDLP o varejo esforça-se para praticar o preço mais baixo possível em todo o mix, com margens baixas, atraindo a confiança do consumidor, na HILO as margens são altas, porém temporariamente podem ficar mais baixas do que a EDLP para certos produtos durante determinado prazo.

2.3.2.2 – Nível de serviço e custo operacional

Como o objetivo dos varejistas que trabalham com EDLP é oferecer o preço mais baixo ao consumidor, o nível de serviço fornecido é baixo, buscando a redução do custo operacional da loja para viabilizar os baixos preços.

2.3.2.3 – Volume de propaganda nas políticas EDLP e HILO

Para Rajiv, Dutta e Dhar (2002), sob o ponto de vista competitivo, a propaganda no varejo pode ser ofensiva, com objetivo precípuo de gerar tráfego na loja, ou defensiva, com o objetivo de reter consumidores. Os autores mostram que nas lojas com alto nível de serviço – tipicamente HILO –, a freqüência das propagandas é maior, motivada principalmente pela necessidade de gerar tráfego na loja. Por sua vez, os estabelecimentos de baixo serviço querem reter consumidores em razão do preço baixo. O estudo demonstra a importância da propaganda associada à estratégia predominantemente promocional HILO.

2.3.2.4 – Preços promocionais

Um estudo de Vanhuele e Drezev (2002) constata que, ao examinar promoções, o consumidor presta mais atenção ao preço normal do produto, a fim de apurar o benefício obtido, e acaba memorizando mais os preços de produtos que são freqüentemente promovidos. Muito embora o público não perceba uma alteração no preço normal, ele é bastante sensível a promoções. Portanto, em estratégias HILO, um aumento de preços não afetará as vendas, contanto que o preço não suba a um ponto que o consumidor interprete como ruim. Como resultado, duas lojas que adotem a estratégia HILO acabam por competir realizando promoções e mantendo os demais preços em níveis de margem atraentes. Em compensação, em estratégias EDLP, o consumidor vai lembrar menos dos preços e perceber menos a vantagem na compra, já que poucos são os preços promocionais.

2.3.2.5 – *Ticket* médio

Um estudo realizado por Tang, Bell e Ho (2001) contemplou cinco mercados de Chicago, sendo dois praticantes da EDLP e três da HILO, e revelou que a média de preços de uma cesta de produtos é menor nos mercados EDLP, mas o desvio padrão da cesta é maior nos HILO. A conseqüência é que se encontram produtos mais baratos nas praticantes da HILO, permitindo flexibilidade ao consumidor, que pode estocar quando os preços estiverem baixos.

2.3.2.6 – Preço psicológico

De acordo com Churchill e Peter (2003), os consumidores de hoje se acostumaram a freqüentes reduções de preços. Conseguir um bom negócio comprando em lojas com desconto é motivo de orgulho, o que favorece políticas HILO. Os autores citam o comentário de uma consumidora: "sinto-me constrangida quando pago o preço normal".

Vale citar o exemplo da extinta Castorama, que no início de suas atividades no Brasil, colocou em prática a política de preços EDLP. Essa estratégia mostrou-se frágil, porque os principais concorrentes praticavam e ainda praticam a política de preços conhecida como HILO. Diante dessa constatação, a Castorama procurou 'tropicalizar', implementando na sua política de preços o conceito HILO, definindo previamente seus concorrentes-alvo e rebatendo todo e qualquer preço promocional praticado. Como concorrência, a Castorama definiu quatro redes (Casa&Construção, Telha Norte, Leroy Merlin e Center Líder), e classificou cerca de mil itens a serem monitorados como rotina, os quais são pesquisados semanalmente na concorrência, pois tratam-se de 'produtos altamente identificáveis', dos quais o consumidor têm uma lembrança de preço e marca muito fortes.

2.4 – O Preço e o Comportamento do Consumidor

O comportamento do mercado consumidor é um dos principais determinantes que o varejista deve considerar ao definir suas políticas de preço. A importância do preço é reforçada por Rojo (Professores do Departamento de Mercadologia da FGV-EAESP e Convidados, 2003), o qual salienta que, em inúmeras pesquisas com consumidores, o preço é o principal atributo considerado para a escolha da loja onde fará suas compras. Mesmo para consumidores de renda mais elevada, a escolha entre lojas do mesmo padrão e que atendam às suas expectativas recai, muitas vezes, sobre o preço. Naturalmente, quanto mais diferenciada for a linha de produtos da loja, menor tenderá a ser a importância dada ao preço. Alguns fatores importantes relativos ao comportamento do consumidor serão considerados a seguir.

Todo o processo de marketing tem início respondendo claramente à questão: quem é o meu consumidor? Para que a estratégia seja bem definida, é preciso estabelecer as bases da segmentação de mercado (tema apresentado anteriormente) e então conhecer profundamente o consumidor do segmento-alvo. Afinal, o que ele quer? Como ele se comporta?

Como ele compra e como consome? O comportamento do consumidor tornou-se alvo de estudo obrigatório em toda a literatura que trata de marketing, pois constitui o ponto de partida.

Para Gade (1980), o conhecimento de variáveis comportamentais e psicológicas permite ao homem de marketing o desenvolvimento adequado, tanto do produto como da sua propaganda. O consumidor vai atribuir ao produto um valor representado pelo que ele oferece em relação ao seu preço.

Segundo Gade (1980), cabe ao consumidor aprender a hierarquizar os seus desejos, analisar se são reais ou criados, se necessários ou supérfluos. Cada indivíduo tem uma atitude, uma predisposição interna para avaliar determinado objeto, ou aspecto, de maneira favorável ou desfavorável, o que poderá ser uma das variáveis a decidir o consumo.

Para que se mude a atitude de um indivíduo, é necessário persuadir de forma eficiente, observando alguns itens:

- Quais os atributos relevantes para o indivíduo em relação ao produto?
- Os atributos da marca são percebidos de forma favorável, condizente com os aspectos relevantes enumerados?
- Caso não haja percepção favorável, deve-se buscar salientar os atributos positivos.

Por fim, é importante compreender o processo decisório do consumidor conforme Figura 2.3. Especial atenção deve ser dispensada aos processos pós-compra, quando pode ocorrer a dissonância pós-decisória, na qual surgem dúvidas sobre a validade da aquisição, que serão resolvidas pela desvalorização dos artigos desprezados.

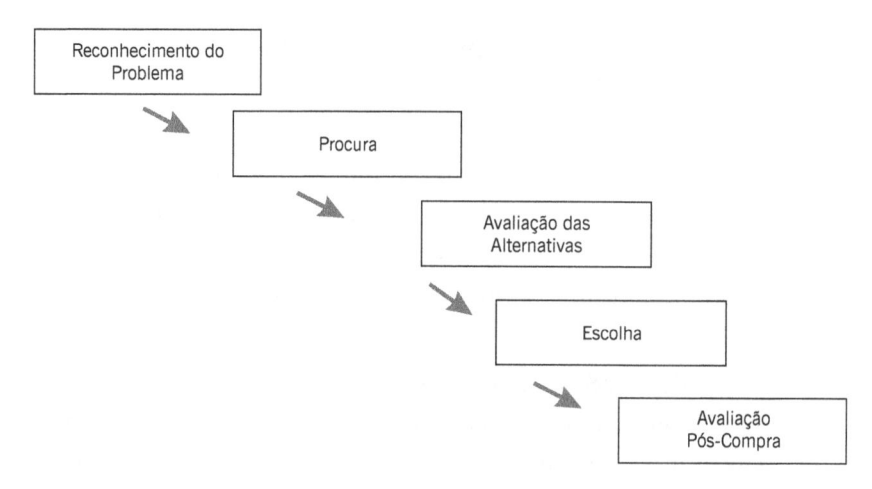

```
                    Reconhecimento do
                        Problema
                            │
                            ▼
                         Procura
                            │
                            ▼
                    Avaliação das
                     Alternativas
                            │
                            ▼
                         Escolha
                            │
                            ▼
                        Avaliação
                        Pós-Compra
```

Figura 2.3

O modelo estímulo-resposta do comportamento de compra exposto na Figura 2.4 resume os principais pontos:

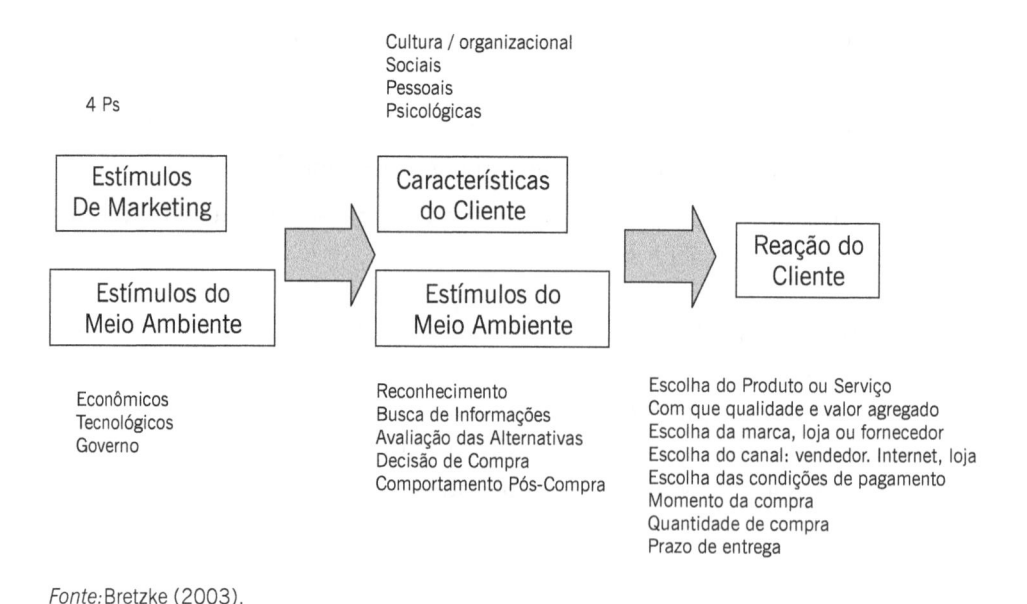

```
                        Cultura / organizacional
                        Sociais
                        Pessoais
    4 Ps                Psicológicas

  Estímulos            Características                    Reação do
  De Marketing         do Cliente                         Cliente

  Estímulos do         Estímulos do
  Meio Ambiente        Meio Ambiente

  Econômicos           Reconhecimento          Escolha do Produto ou Serviço
  Tecnológicos         Busca de Informações    Com que qualidade e valor agregado
  Governo              Avaliação das Alternativas   Escolha da marca, loja ou fornecedor
                       Decisão de Compra       Escolha do canal: vendedor. Internet, loja
                       Comportamento Pós-Compra  Escolha das condições de pagamento
                                               Momento da compra
                                               Quantidade de compra
                                               Prazo de entrega
```

Fonte: Bretzke (2003).

Figura 2.4

2.4.1 – Elasticidade

A elasticidade reflete a sensibilidade dos clientes às alterações de preço. Uma alta elasticidade ocorre quando o consumidor mostra grande sensibilidade a variações de preço, ou seja, pequena variação percentual no preço redunda em grande variação nas vendas de um produto. A alta elasticidade existe em situações nas quais o consumidor percebe o alto grau de substitutibilidade entre os produtos oferecidos, especialmente quando a variação de preços ocorre em apenas uma das alternativas de compra disponíveis. A inelasticidade (menor sensibilidade a variações de preço) existe em situações em que o consumidor tem urgência na compra e/ou quando se trata de alternativas de lojas com baixo grau de substituibilidade.

Outro conceito importante é o de elasticidade cruzada (variação percentual da quantidade demandada do produto *a* em relação à variação de preço do produto *b*), sendo necessário estimar quanto a menos ou a mais os produtos substitutos vão vender. A intensa utilização da exposição denominada *crossmerchandising,* segundo a qual produtos que se complementam são expostos próximos uns dos outros (por exemplo, fita veda rosca próximo aos metais sanitários), reflete a utilidade prática do conceito de elasticidade cruzada ou de produtos complementares. Outros exemplos são tintas e acessórios para pintura (pincel, trincha, rolos, lixas). Ainda muito importante no setor é a produção do que se costuma chamar de showroom, ambientes criados (banheiros, cozinhas, jardins etc.) com a finalidade de exibir toda uma série de produtos instalados, compondo sugestão para aqueles clientes que tem dificuldade em imaginar todo o conjunto.

2.4.2 – Gerenciamento por Categorias, o Cenário Brasileiro e o Papel dos Produtos

O gerenciamento por categorias é uma das ferramentas do sistema ECR (*Efficient Consumer Response* – resposta eficiente ao consumidor), que tem por objetivo definir o sortimento, os preços, as ofertas e promoções para atender aos diferentes públicos de consumidores e obter uma coerência no modo de apresentação dos produtos no ponto-de-venda por afinidade de consumo, o que facilita a venda ao cliente e gera aumento de vendas (*Gazeta Mercantil*, 2002). Um exemplo é a banheira de bebê, normalmente comercializada na seção de plásticos. A sua disposição ao lado de fraldas, chupetas e sabonetes pode elevar as vendas em várias vezes.

As decisões de preço para um produto afetarão o restante do *mix*, reforçando a importância do gerenciamento por categorias. Uma estrutura de categoria é um mapa da "árvore de decisão do consumidor" (ECR BRASIL, 1998). A questão-chave em sua definição é que ela reflita o modo como o consumidor toma decisão quando compra.

A seguir, algumas considerações do ECR Brasil acerca do gerenciamento por categorias e o atual cenário brasileiro:

O Gerenciamento por Categorias surge como a resposta para o crescente desafio que varejistas e fornecedores têm no que diz respeito à satisfação do consumidor. Inseridos em um ambiente altamente competitivo e pressionados por uma dinâmica mudança de atitude do consumidor, as empresas reconhecem que muitas práticas tradicionais de gerenciamento não têm produzido os efeitos esperados. A visão de competição acaba impedindo o foco no aumento de valor para o consumidor como base final de rentabilidade e vantagem competitiva.

Para esclarecer melhor este desafio e as condições de negócio nas quais as empresas se encontram, descrevemos a seguir o ambiente atual do mercado brasileiro, que nada mais é do que uma combinação de oportunidades, para que as empresas reconheçam e ajam rapidamente quanto à necessidade de mudar sua organização, tornando-se líderes.

No cenário brasileiro até 1994, a economia brasileira estava ambientada em um cenário bastante diferente do atual. Com taxas de inflação que beiravam 30%, a atenção de todos os segmentos de nossa economia estava voltada para a administração eficiente do Fluxo de Caixa. Os ganhos provenientes da aplicação dos recursos disponíveis no mercado financeiro, mesmo que a curtíssimo prazo, representavam receita suficiente para saldar os custos operacionais

– incluindo todas as ineficiências – e ainda garantir altas margens de lucro para o comércio e indústria. Para o consumidor, no entanto, trocar seu papel-moeda por produtos de consumo era uma corrida contra o tempo, pior do que ser obrigado a adquirir produtos de qualidade apenas razoável, de tecnologia muitas vezes ultrapassada, a preços muito acima do que poderia ser considerado justo, era ver seu poder de compra diminuindo pela remarcação de preços em velocidade muito superior ao aumento de seu salário.

Enquanto todos discutiam como ganhar mais, o consumidor levava a pior, descrente e sem ação ele se via frente a frente com o quadro de hiperinflação, estagnação e descontrole financeiro, porém esta realidade sofreu grandes transformações com a chegada do Plano Real onde passamos a viver em um novo cenário. Os processos simultâneos de estabilização da economia, de queda da inflação e de globalização estimulam ainda mais o consumo de produtos, especialmente nas classes de renda mais baixa.

A partir da introdução do Real, os brasileiros têm maior noção dos preços, com isso os consumidores conseguem comparar mais facilmente os preços de produtos e de serviços.

O Gerenciamento por Categorias começa e termina no consumidor. Entender suas preferências, comportamento e necessidades é fator-chave para alinhar as categorias e garantir um melhor desempenho sendo que o principal desafio é acompanhar as mudanças no estilo de vida dos consumidores.

A sofisticação do cliente e a sua sensibilidade ao preço estão em franca ascensão, bem como a sua compreensão do mercado. Os consumidores estão dispostos a pagar um pouco mais por serviços de excelência e de conveniência, sendo que as principais características do consumidor atual são:

Importância do lar: *As entregas em domicílio, os escritórios domésticos, a decoração da casa, a segurança passam a ter maior prioridade.*

O consumidor vigilante: *Exige empresas mais responsáveis perante a sociedade. As empresas serão julgadas pela maneira como tra-*

tam o ambiente; a ética empresarial e a responsabilidade social são um imperativo.

Recessão: Em períodos de recessão os consumidores reduzem as suas expectivas em termos de qualidade, recuperando-as quando os melhores dias regressam.

Nova cultura: A sociedade brasileira está envelhecendo e tende a ser conduzida por uma cultura da meia-idade, as crianças dos anos 60, que têm um grande poder de compra e um estilo de vida bem diferente.

Busca de idéias e soluções: Você não precisa competir tanto em preços e pode ganhar mais introduzindo produtos de maior valor agregado. Falta de tempo, mulher atuante no mercado de trabalho e falta de experiência e tempo para a cozinha (homens e mulheres) fazem com que a procura de uma solução de refeição para o dia, ou fim-de-semana, fique bem maior.

Freqüência: Antes, ia-se uma vez por mês ao supermercado para a compra mensal, geralmente no dia do pagamento e, assim, perdia-se menos com a inflação. O consumidor corria para o supermercado entre os dias 5 e 10, acarretando uma concentração de vendas no início do mês. Hoje, grande parte visita um supermercado a cada semana.

O Gerenciamento por Categorias representa, hoje, a ferramenta disponível no mercado capaz de adequar varejistas e fornecedores às mudanças que estão ocorrendo nas necessidades dos consumidores e no seu comportamento de compra. Este processo é a porta de entrada para garantir e focalizar no entendimento exato do que o consumidor de hoje quer e qual a melhor maneira de entregar-lhe isso loja a loja. É por meio dessa ferramenta que poderemos alinhar a visão do varejista e do fornecedor à vista de compra do consumidor.

O conceito da elasticidade cruzada reforça a importância do gerenciamento por categorias, já que as decisões de preço para um produto afetarão o restante do *mix*. A Figura 2.5 apresenta uma visão geral do processo de definição de categoria, fase inicial do gerenciamento por categorias, com ilustração para produtos de lavagem de louça.

Uma estrutura de categoria é um mapa da "árvore de decisão do consumidor". A questão-chave em sua definição é que ela reflita o modo como o consumidor toma decisão quando compra dentro da categoria. Nesse processo, a atribuição de papéis para as categorias é uma das mais importantes decisões a serem tomadas pelo varejista, pois fornece a base para a diferenciação competitiva e conseqüente alocação de recursos entre as unidades estratégicas de negócio, por categoria do varejista, de acordo com a classificação:

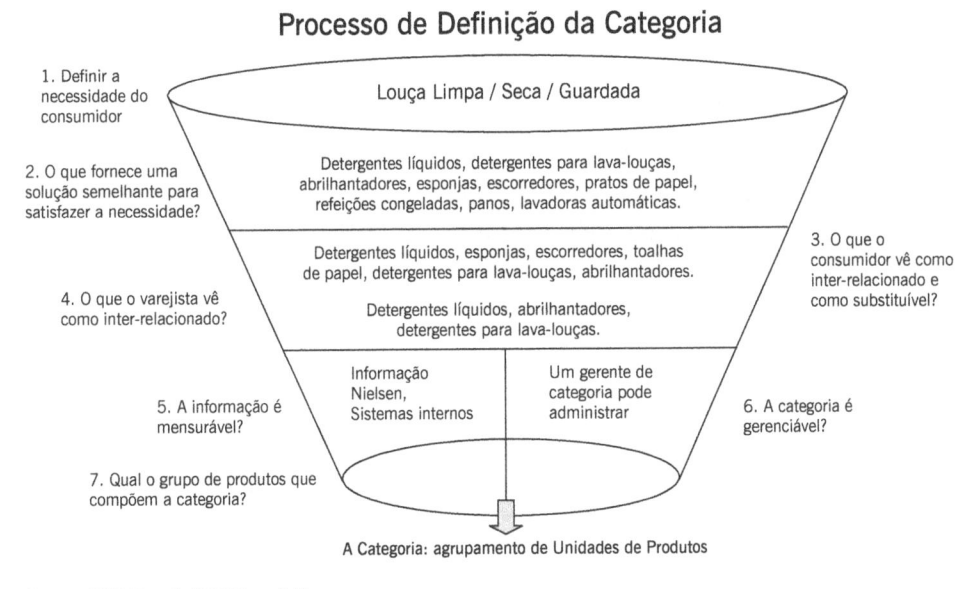

Processo de Definição da Categoria

1. Definir a necessidade do consumidor — Louça Limpa / Seca / Guardada

2. O que fornece uma solução semelhante para satisfazer a necessidade? — Detergentes líquidos, detergentes para lava-louças, abrilhantadores, esponjas, escorredores, pratos de papel, refeições congeladas, panos, lavadoras automáticas.

3. O que o consumidor vê como inter-relacionado e como substituível? — Detergentes líquidos, esponjas, escorredores, toalhas de papel, detergentes para lava-louças, abrilhantadores.

4. O que o varejista vê como inter-relacionado? — Detergentes líquidos, abrilhantadores, detergentes para lava-louças.

5. A informação é mensurável? — Informação Nielsen, Sistemas internos

6. A categoria é gerenciável? — Um gerente de categoria pode administrar

7. Qual o grupo de produtos que compõem a categoria? — A Categoria: agrupamento de Unidades de Produtos

Fonte: ECR Brasil (1998, p.54).

Figura 2.5 – Gerenciamento por Categoria.

Dominantes Destino. Famílias de produtos que possuem como característica uma grande variedade de artigos igual ou superior à média do mercado, e o varejista busca uma notoriedade e reconhecimento por parte dos seus clientes, no sentido de que sua oferta de variedade seja a melhor do mercado. Os produtos desta categoria têm a característica ímpar de atrair os consumidores às lojas. Exemplo: material básico (cimento).

Competitivas Rotina. Famílias de produtos que possuem como característica uma variedade de produtos igual à média do mercado, e o varejista posiciona-se 'corretamente' no que tange à oferta de variedade de produtos. Essas famílias são compostas de produtos que também têm característica de atrair os consumidores às lojas em razão da necessidade e periodicidade de compras. Exemplo: acabamentos.

Convenientes Bandeira. Famílias que apresentam como característica uma variedade de produtos limitada, ou seja, igual à oferta dos demais concorrentes do mesmo segmento, porém inferior à variedade ofertada pelos varejistas especialistas. Exemplo: automotivos.

Sazonais. Famílias que possuem como característica uma grande variedade de produtos, em razão única e exclusiva de ocorrência de um evento sazonal. Exemplo: ventiladores e aquecedores.

Papel da Categoria	Sortimento	Preços	Merchandising	Promoção
Destino	- Variedade Completa - Melhor variedade do mercado	- Liderança - Melhor valor - Categoria inteira	- Melhor localização na loja - Alto tráfego - Alto tempo de exposição - Alta alocação de espaço cúbico	- Alto nível de atividade, alta freqüência e múltiplos veículos - Adaptados ao uso específico.
Rotina	- Ampla variedade - competitiva no mercado	- Competitiva e consistente - Igual à concorrência	- Localização na loja de nível médio. - Alta freqüência - Alta alocação de espaço cúbico	- Nível médio de atividade - Média freqüência - Duração média - Veículos múltiplos
Sazonal	- Variedade sazonal	- Competitividade e sazonalidade - Próximo à concorrência	- Boa localização na loja - Alto tráfego - Alocação média de espaço cúbico	- Atividade sazonal e no tempo certo - Veículos múltiplos
Conveniência	- Selecionar variedade - Principais marcas e SKUs	- Aceitável - Dentro de 15% da concorrência	- Disponível - Baixa alocação de espaço cúbico	- Baixo nível de atividade - Veículos selecionados

Fonte: ECR Brasil

Tabela 2.2 – Resumo das Táticas por Categoria.

O papel da categoria freqüentemente fornece diretrizes para a alocação de recursos do varejista, desde estoques, espaço nas prateleiras e investimentos promocionais/publicitários a gastos de capital e tempos de gerenciamento. Por exemplo, categorias com o papel **destino** podem ter preços mais competitivos, com o objetivo de atrair os consumidores e tornar a loja a preferida nas compras da categoria. Nas demais, os preços podem ser menos competitivos.

Para exemplificar a aplicabilidade do conceito no setor de materiais de construção, citaremos o caso da C&C com a 3M, conforme palestra do diretor geral da C&C, Jorge Gonçalves, no 1º Fórum de Varejo de Materiais de Construção, na FAAP.

A C&C implantou o gerenciamento para uma categoria dentro de Acessórios para Pintura, que engloba produtos como lixas, fitas de proteção e segurança. Na categoria lixas, tem-se produtos como encarteladas, avulsas e kit de lixamento. A lixa, especificamente, tem como papel de rotina gerar tráfego na loja, assim decidiu-se aumentar o espaço para as unidades mais vendidas e definir um sortimento competitivo.

Na análise de venda *versus* margem (análise 80/20) apurou-se que o total de SKUs vendidas era 16, porém 6 eram responsáveis por 80% das vendas. Desenvolveu-se um planograma vertical por utilização do produto. Os resultados foram medidos por meio do Score Card, e comparado à proposta inicial:

	Proposta	Atingido
Número de Itens	-26%	-22%
Vendas Totais	+10%	+19%
Lucro	+20%	+33%
Margem %	+8,5%	+11,5%
Dias de Inventário	-63%	-30%
Custo de Inventário	-49%	-27%
Giro	+6%	+3%

A arrumação das gôndolas também se torna fundamental nesse processo. Além das prateleiras, são usadas gancheiras, na maioria das vezes para produtos com embalagens encarteladas. A exposição segue duas linhas de arrumação – horizontal e vertical. Dessa forma, o cliente acompanha uma seqüência lógica para encontrar mais facilmente o item que procura. Um exemplo típico é o caso do grupo fixação (parafusos, pregos, rebites, buchas etc), em que existe uma ordenação, em geral disposta verticalmente, começando do menor tamanho para o maior, de cima para baixo.

Vale ressaltar ainda a importância da existência do produto na gôndola, ou seja, a não-ocorrência de rupturas. Para o setor de materiais de construção, no caso da falta de alguns tamanhos, a frustração do cliente chega a ponto de ele desistir de toda a compra, que pode ter demorado várias horas, e afirmar que nunca mais volta naquela loja.

Uma última consideração com relação ao gerenciamento por categoria diz respeito à marca própria. Levy e Weitz (2001) conceituam marcas próprias como produtos criados por um varejista, os quais levam a sua marca. Para Chintagunta (2002), a marca própria desempenha um papel importante para a loja, pois gera fidelidade do consumidor, o qual, se tiver uma experiência positiva, provavelmente comprará outras marcas do varejista. Então, no gerenciamento de determinada categoria, o objetivo do varejista pode ser maximizar o lucro ou maximizar a participação da marca própria. Portanto, o fator 'objetivo de marca própria' influencia as regras de formação de preço da loja.

A C&C iniciou o desenvolvimento da marca própria Casanova, que apresenta o seguinte panorama:

- 250 produtos.
- Parceria Tigre (acessórios para pintura), Scherwin Williams (tintas) e Bronzeart (luminárias).
- Produtos de boa qualidade: fixação de imagem e diferenciação.
- Não são mercadorias de 1º Preço (baixa qualidade).
- Linha de produtos exclusivos C&C (pratos, copos e velas).

Antes de chegar ao mercado, todos os itens da marca Casanova passam por rigorosos testes de qualidade. Os produtos são acompanhados desde o momento que entram na linha da fabricação até as gôndolas da C&C.

2.4.3 – Lembrança e Conhecimento de Preços

Os clientes formulam em sua mente um preço ou faixa de preços para quanto algo deve custar. Churchill e Peter (2003) conceituam preço de referência como aquele que os compradores assumem para comparar com o preço proposto de um produto ou serviço. Os compradores tendem a achar que o preço é um bom valor se for menor que o seu preço de referência. A compreensão da lembrança e do conhecimento do preço do produto pelos consumidores é importante para o varejista, o qual terá maior ou menor flexibilidade para trabalhar preços de itens, de acordo com a memorização.

Uma pesquisa realizada na França por Vanhuele e Drezev (2002), com 400 consumidores de um supermercado, concluiu que a maioria dos consumidores tem um conhecimento de preço dos produtos freqüentemente comprados não pelo último preço de compra, mas por um senso de magnitude. Como os consumidores têm centenas de decisões de compra toda a semana, desenvolvem um mecanismo para lidar com tantas informações e trabalhar com o conhecimento necessário para tomar as decisões adequadas. Não é surpresa que a lembrança de preço é maior em relação às marcas às quais os consumidores são mais fiéis e para as categorias mais adquiridas. Preços de referência são gerados ao longo do tempo, e não apenas pela última compra. Os autores concluem que, embora não tenham o conhecimento preciso, os consumidores têm a capacidade de identificar preços atrativos ou não.

3 – Método do Estudo Empírico

No desenvolvimento do estudo de casos adotou-se o método de pesquisa participante, também conhecida como pesquisa-ação aplicada em ciências sociais, que, segundo Demo (1995), consiste em trilhar um caminho inverso ao que costumeiramente se adota. Em vez de estabelecer-se o primado do método sobre a realidade, procura-se construir a realidade na sua complexidade, na sua totalidade quantitativa e qualitativa, na sua dimensão histórica, dotada até mesmo de horizontes subjetivos, para aí, então, se estabelecer um referencial de métodos adequados para captação e transformação da realidade. Dessa maneira, é inadequado pretender definir *a priori* os instrumentos de pesquisa a serem utilizados.

Trata-se enfim, de uma adaptação do método aplicado à pesquisa social, direcionado às circunstâncias das empresas em situações de definições de políticas de preços. Em termos práticos, são estudadas formas de levantamento, análise e reflexão sobre o assunto, em conjunto com os executivos das empresas pesquisadas, em vez de usar instrumentos tradicionais como questionários e levantamentos estruturados.

As empresas, objetos do estudo de casos, foram escolhidas por terem alta representatividade em termos de participação de mercado nos setores de comércio em que atuam: C&C, Leo Madeiras e Rede Construir.

4 – Estudo de Casos

4.1 – C&C

A C&C Casa&Construção é o maior grupo de varejo de materiais para construção, reforma e decoração do Cone Sul. No total, a rede conta com 28 home-centers padronizados em termos de visual, atendimento, serviços aos clientes e administração, espalhados pelos Estados de São Paulo (Grande São Paulo, Sorocaba, São José dos Campos, Campinas, Ribeirão Preto, São José do Rio Preto e Jundiaí) e Rio de Janeiro (Grande Rio), mais uma central de televendas, um departamento de vendas exclusivo para pessoa jurídica e construtoras, além da loja virtual (www.c-cnet.com.br). No total, a C&C dispõe de um mix superior a 40 mil produtos, inclusive produtos de marca própria, e pode ser considerada a maior rede de home-centers do País. Para o diretor-executivo da rede, Jorge Gonçalves, o preço é apenas um dos componentes da estratégia da empresa e não pode ser um fator fundamental e determinante, a não ser que seja o único atributo de vantagem competitiva da organização. No caso particular do segmento de materiais de construção, o executivo ressalta a importância de praticar preços competitivos nos produtos básicos (por, exemplo, cimento, areia, ferro, tijolo etc.). Isso porque eles estão associados ao estágio inicial da obra. Na medida em que o consumidor se sinta seguro com relação a preço, condição de pagamento, e satisfeito com o atendimento, ele acabará retornando à loja para prosseguir e concluir a sua obra.

A política adotada pela rede é a HILO. Para que se pratique a política EDLP, é necessário ter custo operacional baixo com nível de serviço muito baixo. Ou seja, a política adotada está diretamente relacionada com a estrutura da empresa. Como exemplo, o executivo citou o conceito da rede de supermercados Econ, que oferece pouca variedade, trabalha com seis a sete pessoas na equipe e lojas extremamente simples.

Uma técnica amplamente utilizada atualmente pelo segmento é chamada de 'boi de piranha', que tem por finalidade aumentar o fluxo de clientes na loja (trazendo maior visibilidade a ela e aumentando por conseguinte a venda por impulso e a complementar), por meio de anúncios, veiculados nas diferentes formas de mídia, com o atrativo do preço baixo. Realmente os produtos em destaque têm seus preços drasticamente reduzidos, comprometendo muitas vezes a própria margem, pois o objetivo aqui é trazer o cliente para a loja e praticar a venda correlata ou complementar. Desse modo, quando se anuncia um piso com um preço muito abaixo do mercado, o que interessa ao varejista é vender a argamassa, o rejunte, a areia, pedra, enfim toda a gama de produtos necessários à instalação daquele piso e que irão completar o pedido do cliente e recompor a margem do produto em destaque.

O prazo de pagamento e a condição de financiamento são estratégicos na política de preços de um home-center. As redes concorrentes costumam valer-se dessa tática para fomentar as vendas e melhorar a compra média por consumidor, oferecendo promoções de financiamento: *dez vezes sem juros, oito vezes sem juros e sem entrada, seis vezes sem juros no cartão de crédito* etc. Da mesma forma que o financiamento, outro tema importante é o frete, o qual acaba influenciando a decisão de compra dos consumidores. Isso porque, dependendo do valor da compra (por exemplo, R$ 5.000), algumas redes cobram um valor percentual sobre o total da compra, e outras optam por cobrar uma taxa em função do local de entrega. Em ambos os casos, independentemente do critério utilizado, o frete acaba influenciando diretamente no preço final do produto.

4.2 – Leo Madeiras

A Leo Madeiras faz parte do grupo Ligna, um conglomerado de empresas que atuam em diversos segmentos do mercado. Atualmente a Leo Madeiras possui 22 lojas espalhadas nos Estados de São Paulo, Rio de Janeiro, Paraná e futuramente na Bahia, e a sua operação caracteriza-se pela comercialização no segmento do varejo profissional voltado aos profissionais principalmente aos marceneiros. Ou seja, não vende para o consumidor final, e sim para prestadores de serviço, transformadores, como o eletricista, o encanador e o serralheiro, que compram para entregar o móvel pronto ao seu cliente. A Leo Madeiras diferencia-se por oferecer a maior variedade de produtos para o segmento, com estoque para pronta entrega, flexibilidade no pagamento e um atendimento personalizado.

De acordo com o diretor Comercial do grupo, Paulo Henrique Farjoni, o varejo profissional (como é chamado e definido pela Leo Madeiras) é o tipo de varejo predominantemente composto por lojas especializadas na comercialização de madeiras e de produtos afins, como ferramentais e ferragens, para profissionais – principalmente os marceneiros. Particularmente no caso da Leo Madeiras, a política de preços praticada é a High Low Price (HILO), porém existem critérios diferentes para cada tipo de canal de vendas, ou seja:

a) *Vendas por atacado:* existe uma base de dados e um *credit-score* por clientes os quais os habilitam a obter diferentes tipos de descontos em função do tempo de relacionamento e da capacidade de compras de cada um.

b) *Vendas por varejo:* existe um preço de venda preestabelecido para a venda varejista, e esses são comunicados por meio de cartazes e etiquetas de preços, porém, dependendo do volume de compras, pode haver também uma negociação especial com descontos particulares.

Em ambos os casos, há um monitoramento dos preços de mercado bastante rígido possibilitando assim a Leo Madeiras trabalhar com preços competitivos. Como rotina, existe um grupo de produtos da curva A (altamente identificáveis), que são monitorados com uma periodicidade semanal, e um grupo de produtos da curva B (identificáveis), que são monitorados mensalmente. O meio de comunicação mais utilizado é o tablóide distribuído nas lojas e encaminhado para os clientes cadastrados.

No caso particular do varejo profissional, a ação dos concorrentes diretos da Leo Madeiras (principalmente aqueles situados na região do Gazômetro na cidade de São Paulo) focaliza principalmente o atributo preço, pois o público-alvo é composto de profissionais transformadores e prestadores de serviço para quem a variável 'preço' é determinante para a execução e a busca de novos clientes. Não obstante o fator preço adquirir um caráter importantíssimo na comercialização, a gama de produtos e sua qualidade também são determinantes para a escolha de uma loja especializada. Portanto, nesse caso, a Leo Madeiras procura compatibilizar uma oferta de preços adequada a uma média de mercado, porém uma oferta de variedade de produtos e qualidade bem acima da média do mercado porque se trata da principal matéria-prima da prestação de serviço feita pelos marceneiros, além disso propicia aos profissionais linhas de financiamento próprias – essas são também importantíssimas na composição do custo dos serviços.

A Leo Madeiras busca, portanto, diferenciar-se em outros quesitos que não preço, considerando principalmente:

- Condição de pagamento.
- Variedade.
- Pronta entrega.
- Serviços.
- Comodidade.
- Atendimento personalizado.

4.3 – Rede Construir

A Rede Construir é o resultado da somatória dos esforços de vários empresários do segmento varejista de materiais de construção com o intuito de, por meio de uma transformação de departamentos, poder competir em condições de igualdade com grandes redes nacionais e internacionais. O estudo da padronização das lojas busca o crescimento e o desenvolvimento em um mercado altamente competitivo, podendo assim proporcionar opções vantajosas para o consumidor final.

Criada em 1997, a Rede Construir já está presente em seis Estados brasileiros (São Paulo, Rio de Janeiro, Paraná, Rio Grande do Sul, Espírito Santo e Pernambuco) por intermédio de associações de lojas independentes de materiais para construção, formadas por estabelecimentos de grande tradição no mercado e com tempos não inferiores a sete anos de constituição. A primeira loja foi fundada em 1979 por Antônio Fappi, hoje presidente da rede, que comentou a política de preços adotada pela empresa.

A competitividade de uma rede como a Construir inicia-se pela capacidade de oferecer preços atraentes ao consumidor. A idéia é justamente otimizar os recursos de várias pequenas revendas de material de construção focando não apenas as compras, mas em toda a forma de operação e em uma marca comum, reduzindo os custos das operações de maneira autônoma. Para se fazer um tablóide, por exemplo, são investidos cerca de R$ 3 mil a R$ 4 mil para a produção de 10 mil unidades, o que é muito caro para uma loja. Em compensação, pode-se fazer de 20 mil a 30 mil unidades e ratear os custos entre todas as lojas.

Na definição do preço, alguns procedimentos são fundamentais:

- ◆ Visitas à concorrência local/*shopping* de preços.
- ◆ Identificação dos produtos com maior índice de comparação diante da concorrência, na hora do orçamento, e os produtos menos comparados, com o propósito de acertar as margens aplicadas, tornando-as atrativas em produtos que são comparados e propiciar as compras por impulso e de outros produtos não com-

parados. O objetivo é atrair um número maior de clientes para as lojas.

- A definição dos papéis dos produtos é muito mais empírica do que metodologicamente definida. Percebe-se que o cliente vem à loja à procura de areia, cimento, ferro, tijolo, torneira etc. Com o auto-serviço, a venda dos demais itens aumentou significativamente.
- Neste processo, o tablóide é a principal ferramenta de vendas, pois gera tráfego. Nele, são anunciados os produtos mais procurados nas lojas, podendo haver alguma variação entre uma loja e outra em função do perfil da região em que se encontra. Muitas vezes, os materiais são desenvolvidos em conjunto com os fornecedores, mas, o foco é a necessidade apresentada pelo consumidor.
- O sistema gerencial oferece uma sugestão de preço, com margem linear para todos os produtos de uma categoria, de forma que seja obtido o ponto de equilíbrio.
- Nas diferentes lojas os preços não são iguais, mas as ofertas sim, inclusive o preço promocional é inserido no sistema e tem data para voltar ao normal, ou seja, validade.
- O cartão é uma ferramenta que ajuda na definição da política comercial, apesar de ainda não ter sido bem trabalhado nas lojas. Quando lançado, utilizou o apelo da venda em dez vezes sem juros e obteve bons resultados.
- O giro do estoque torna-se fundamental na composição dos preços. Por isso, a parceria com os vendedores da indústria deve ser muito forte, cujo foco não deve ser cumprir metas, mas sim trabalhar em conjunto com o varejo.

Na realidade, a loja trabalha a política HILO, mas de uma forma muito menos acentuada do que os concorrentes, pois o seu objetivo é fidelizar o consumidor. Desta forma, as margens médias aplicadas sobre os produtos tendem a ser mais baixas, assim como os descontos temporários característicos desta política.

5 – Análise Consolidada dos Resultados

Constatou-se, no estudo empírico realizado com as empresas C&C, Leo Madeiras e Rede Construir, a utilização da mesma política de preços (*High Low Price* – HILO), diferenciando-se apenas pelo grau de importância e pela periodicidade das pesquisas determinada pelo perfil estratégico das categorias dos produtos. Na Tabela 2.3 são apresentadas as táticas mais usadas pelas empresas na definição final de seus preços, tendo em vista o contexto brasileiro.

Táticas	Geográfico		Desconto		Isca		Ocasião		Financiamento		Prazo		Psicológico		Mix		Internet		Alinhamento	
Categorias	EDLP	HILO	EDLP	HILO	EDLP	HILO	EDLP	HILO	EDLP	HILO	EDLP	HILO	EDLP	HILO	EDLP	HILO	EDLP	HILO	EDLP	HILO
Dominantes	S	S	N	S	S	S	N	S	S	S	S	S	N	S	N	S	N	S	S	S
Competitivas	S	S	N	S	N	S	N	S	S	S	S	S	N	S	N	S	N	S	N	S
Convenientes	S	S	N	S	N	S	N	S	S	S	S	S	N	S	S	S	N	S	N	S
Sazonais	S	S	N	S	S	S	S	S	S	S	S	S	N	S	N	S	N	S	N	S
	Política de Preços e Táticas Mais Usadas e Classificação da Categoria de Produtos																			

Tabela 2.3

Para os varejistas que praticam a política de preços *EDLP*, as táticas estão adaptadas a cada característica das categorias, em razão dos seus posicionamentos estratégicos e das necessidades de resultado. Portanto, as táticas *Geográfico*, *Financiamento* e *Prazo* representam a verdadeira e correta aplicação dessa política, e a estratégia *Desconto* vai contra a teoria do EDLP, e as demais são aplicadas em função do papel das categorias.

Para os varejistas que aplicam a política *HILO*, todas as táticas de preços são flexíveis e adaptáveis a toda e qualquer necessidade de formação de preços, independentemente das características das categorias. Isso proporciona uma agilidade maior na tomada de decisões das empresas, as quais, para manter e conquistar novos clientes, estabelecem valores baixos nas categorias ou nos produtos dos quais os consumidores têm uma forte lembrança de preço.

Apesar de os preços representarem uma importante vantagem competitiva, as empresas estudadas costumam desenvolver outras variáveis do composto de marketing, a fim de atrair novos consumidores e aumentar o volume de faturamento e a própria rentabilidade. Os outros diferenciais competitivos que deverão ser construídos e percebidos pelo mercado nas empresas estudadas são os seguintes:

	FOCO DE DIFERENCIAÇÃO
C&C	qualidade no atendimento e maior variedade
LEO MADEIRAS	serviços para os profissionais
CONSTRUIR	atendimento personalizado

Tabela 2.4

Conclusões

As empresas varejistas atuantes no mercado brasileiro precisam escolher corretamente suas políticas de preços, em conformidade com seus posicionamentos estratégicos e as necessidades dos consumidores.

Como examinado neste trabalho, a política de preços mais praticada atualmente é HILO (*High Low Price*). Ambas as propostas (HILO ou EDLP) são fundamentais para o sucesso das empresas, desde que conceituem corretamente os grupos de produtos, determinados pelas táticas de precificação escolhida:

(i) **produtos altamente identificáveis**: produtos e marcas com lembrança de preço notadamente por parte dos consumidores, dos quais as empresas costumam monitorar semanalmente ou quinzenalmente o mercado, por meio de pesquisas, posicionando os preços num patamar menor do que o menor preço praticado pela concorrência;

(ii) **produtos identificáveis**: produtos e marcas com alguma lembrança de preço por parte dos consumidores, dos quais as empresas costumam monitorar quinzenalmente ou mensalmente o mercado, por meio de pesquisas, posicionando os preços num patamar médio de preço praticado pela concorrência;

(iii) outros produtos: produtos e marcas sem lembrança de preço por parte dos consumidores, dos quais as empresas costumam formar seus preços em virtude de seu objetivo de margem.

Essas táticas estão presentes em todas as empresas estudadas, com pequenas variações de periodicidade das pesquisas ou das categorias dos produtos. Entretanto, de modo geral, não obstante o segmento (varejista ou atacadista), as empresas colocam em prática a mesma estratégia, ou seja, monitoram os preços dos produtos altamente identificáveis, a fim de conquistar uma boa imagem em relação a esse atributo, e compensam nos demais produtos as eventuais quebras de margens.

A política de preços mais utilizada é a HILO, em razão do fato de o consumidor brasileiro ser muito mais suscetível a promoções do que a uma promessa ou ao compromisso de preços baixos todos os dias. As últimas décadas de inflação alta fizeram com que fosse criada uma cultura inflacionária forte na mente dos consumidores, elevando o grau de desconfiança em relação à política de preços EDLP. Por outro lado, a simpatia e a confiança pela política de preços HILO aumentaram.

Caberá às empresas repensar suas políticas de preços, tendo em vista as perspectivas do cenário macroeconômico brasileiro, mais estável e favorável à comercialização. Nesse contexto, os executivos de marketing, conforme atesta Fasti (Professores do Departamento de Mercadologia da FGV-EAESP e Convidados, 2003), deverão sempre ter em mente que a guerra de preços prejudica todos os concorrentes. Por esse motivo, eles deverão empreender o máximo esforço para investir em outras variáveis do composto de marketing, capazes de gerar uma vantagem competitiva, mediante uma diferenciação mais acentuada (comunicação mais eficaz, melhor distribuição, melhor nível de serviços etc). É recomendável e oportuno considerar essas variáveis visando a posicionar psicologicamente a empresa na mente do consumidor, em conjugação com a variável preço.

* **Maria Cristina de Araújo Proença**
Doutoranda da FEA / USP (Administração / Marketing).
Mestre e Bacharel em Administração de Empresas pela FGV.
Consultora de Negócios com foco em Marketing, Varejo e Franchising, em projetos de consultoria, treinamento e palestras.
Experiência na gerência e direção de Marketing em empresas como Procter&Gamble e rede de academias Runner e Reebok Sports Club SP.
Professora da disciplina "Business to Consumer" para os cursos de Pós-graduação de Marketing da FAAP.

* **Sérgio Bandeira de Mello Jr.**
Mestre em Administração de Empresas (PUC-SP).
Pós-graduado em Gestão Empresarial e Marketing (PUC-RS).
Bacharel em Administração de Empresas (PUC-RS).
Experiência profissional como diretor executivo de empresas de grande porte do setor de Material de Construção.
Professor em cursos de Pós-graduação na FAAP.

Referências Bibliográficas

BRETZKE, M. *Gestão de Marketing*. São Paulo: Ed. Saraiva, 2003

CHINTAGUNTA, P. K. *Investigating category pricing behaviour at a retail chain*. Journal of Marketing Research, v. XXXIX, p. 141-154, May 2002.

CHURCHILL JUNIOR, G. A.; PETER, J. P.. *Marketing criando valor para os clientes*. 2. ed. SP: Ed. Saraiva, 2003.

DEMO, P. *Metodologia científica em ciências sociais*. 3. ed. São Paulo: Ed. Atlas, 1995, p. 95-156.

ECR BRASIL. *Gerenciamento por categoria*. São Paulo, col.1, l. 6, 1998, p. 46-60.

ENGEL, J. P.; WARSHAW, M. R.; KINNEAR, T. C. *Promotional strategy:* managing the marketing communication process. EUA, Richard D. Irwin, 1994.

GADE, C. *Psicologia do consumidor*. São Paulo: EPU, 1980.

GAZETA MERCANTIL. O especialista na equação de consumo. São Paulo, 2 dez. 2002. Carreiras.

KOTLER, P. *Administração de marketing*. São Paulo: Prentice Hall, 2000.

LEVY, Michael; WEITZ Barton. *Administração de varejo*. São Paulo: Atlas, 2000.

MASON, J. Barry; MAYER, Morris L.; WILLKINSON, J. B. *Modern retailing:* theory and practice. 6rd. ed. Richard D. Irwin, 1978.

PARENTE, Juracy. *Varejo no Brasil gestão e estratégia.* 1. ed. São Paulo: Atlas, 2000.

PROFESSORES DO DEPARTAMENTO DE MERCADOLOGIA DA FGV-EAESP E CONVIDADOS. *Gestão de marketing.* São Paulo: Saraiva, 2003.

RAJIV, S.; DUTTA, S.; DHAR, S. *Assymmetric store positioning and promotional advertising strategies: theory and evidence. Marketing Science,* v. 21, n.1, p.74-96, 2002.

SHIMP, T. *Propaganda e promoção.* Porto Alegre: Bookman, 2003.

TANG, C.; BELL, D.; HUA/HO, T. *Shopping choice and shopping behaviour:* How price format works. *California Management Review,* v. 43, no.2, p56-74, 2001.

TOLEDO, G. L.; HEMZO, M. A. *O processo do posicionamento e o marketing estratégico.* São Paulo: FEA/USP, 1994.

VANHUELE, M.; DREZE, X.. *Measuring the price knowledge shoppers bring to the store. Journal of Marketing,* v. 66, p. 72-85, Oct. 2002.

WAL-MART STORES, Inc. Disponível em: <http:/www.wal-mart.com/news/annualreports.html>. Acesso em: 15 jul. 2003.

Capítulo 3

A Nova Visão do Ser Humano nas Organizações

*Claudia Aparecida Serrano**

O Histórico da Gestão de Recursos Humanos nas Organizações

Na Escola da Administração Científica de Taylor, Fayol e Ford, a única preocupação era garantir que a 'máquina' da empresa não parasse. Os líderes dessa época, mais apropriadamente chamados de 'chefes', tinham como principal objetivo fazer acontecer o trabalho de acordo com as normas, métodos e procedimentos da organização e eram dissociados das questões da 'natureza humana'. Deslizes no que se refere ao desempenho do trabalho ou ao não-cumprimento do estabelecido eram motivos de punição.

Embora Ford tenha usado as idéias de Taylor para implementar recompensa financeira associada à produtividade, a idéia imperante é que a necessidade da empresa se resumia a um par de braços para realizar o trabalho. Registros relatam dizeres de Ford quanto à visão do ser humano como força de trabalho, em que ele afirmava que não entendia porque ao contratar um par de braços para o trabalho tinha de receber um cérebro junto. Os funcionários eram vistos como instrumentos de uma máquina, e não como pessoas.

Surge então o embrião da área de Recursos Humanos – o Departamento Pessoal – organizado unicamente para atender às demandas de registro e de legalidade da relação entre trabalhador e empresa. Um passado que se restringia a ser um 'arquivo de gente', a busca de pessoas que se enquadrassem no perfil necessário para o adequado cumprimento das tarefas.

Com uma estrutura restrita a poucas pessoas que cumpriam atividades de cunho meramente burocrático e operacional, o atendimento das necessidades da organização em manter a produção fez com que novos perfis fossem agregados ao DP: um psicólogo, estudioso do comportamento, para ajustar oferta de trabalho à demanda de trabalhadores e garantir que a seleção das habilidades importantes para a realização do trabalho fosse feita corretamente; uma assistente social, para atender a eventuais necessidades como saúde, alimentação, locomoção casa/trabalho, etc. Tudo para que a grande máquina chamada empresa não parasse de produzir.

O Departamento Pessoal evoluiu para Departamento de Relações Industrias e Departamento de RH, respectivamente, em que a organização funcional – tal como Taylor concebeu para as atividades produtivas – continuou em alta. Recrutamento e Seleção, Treinamento e Desenvolvimento, Administração de Cargos e Salários, Avaliação de Desempenho, Administração de Pessoal, Relações Sindicais, Serviço Social, todos processos estruturados para funcionar como um relógio, geridos por profissionais especializados em cada um dos subsistemas.

Contudo, os avanços tecnológicos exerceram forte efeito nesse cenário produtivo, aparentemente bem organizado, exigindo ajustes nas estruturas. Operações repetitivas foram sendo substituídas pela automação, o gesto desprovido de pensamento foi reduzindo-se, e o homem transfere sua capacidade dos braços para o cérebro. Os avanços tecnológicos em geral levaram à necessidade de tomadas de decisão mais rápidas, de comunicação mais ágil, portanto, à necessidade de informações 'em tempo' igualmente cada vez menor. Uma mudança sentida mundialmente.

Dentro desse contexto, os dirigentes brasileiros também foram instigados a buscar realinhamento de suas práticas de gestão. Modelos tradicionais de gestão, até então eficientes, mostraram toda sua inadequação num contexto caracterizado pela economia globalizada, que estimulou o fortalecimento da competitividade. A abertura do mercado brasileiro às exportações, a estabilização da moeda e o aumento da concorrência tornaram transparentes a ineficácia das práticas de gestão e a ineficiência dos processos nos quais ela se apóia.

1 – Novo Modelo de Gestão de Pessoas

As mudanças das práticas de gestão começaram com a definição clara do *core business* (atividade principal) da empresa, a definição das competências fundamentais para a eficácia do negócio, revisão das estruturas organizacionais, revisão do modelo de gestão de pessoas, maior preocupação com o conhecimento disponível na empresa.

No final da década de 70 e início da de 80, os programas de Desenvolvimento Organizacional ancorados no Planejamento Estratégico foram amplamente adotados no Brasil. A possibilidade de participação foi o maior ganho para as pessoas. A revisão das estratégias da organização levou os dirigentes de empresa e equipes a realizar um trabalho compartilhado, o que culminou em um salto qualitativo na maneira de gerenciar pessoas.

Ainda na década de 80, o movimento da Qualidade, iniciado principalmente nas indústrias como 'círculos de controle da qualidade' (CCQ), trouxe a visão de que o ser humano fazia a diferença, uma vez que podia, por meio de um trabalho estruturado, melhorar produtos, processos e aumentar a capacidade produtiva. As pessoas tiveram espaço para contribuir.

A década de 90 no Brasil passa a ser reconhecida como a era dos serviços e das competências. Num mercado mais competitivo, que exigia maior flexibilidade nas operações, respostas mais rápidas, inovações para atender à demanda do mercado, associadas à qualidade e preço, a mobilização das pessoas passa a ser fator determinante. A reengenharia, modelo adotado por algumas empresas para realizar mudanças culturais, estruturais e nos indivíduos, não trouxe frutos satisfatórios, devido à forma radical como o modelo foi implementado. O resultado foi perda de conhecimentos e talentos importantes para a organização.

Certamente esses foram importantes movimentos que influenciaram as organizações brasileiras nas suas práticas de gestão, incluindo as de Recursos Humanos. Tecnologia, recursos financeiros e materiais deixam de ser diferenciais competitivos para a empresa. Hoje, o maior diferencial está na capacidade de seu pessoal em aplicar e disseminar o conhecimento existente, adequando-o ao contexto no qual a empresa está inserida.

A necessidade de descentralização das responsabilidades da área de Recursos Humanos para os gestores mostra-se premente para que os processos se tornem eficazes. Hoje podemos dizer que o mais importante indicador de desempenho empresarial é a capacidade da organização em atrair, desenvolver e reter pessoas talentosas, além de identificar, no seu próprio quadro, profissionais que atendam às demandas de competências exigidas pelo mercado.

2 – Gestão de Recursos Humanos ou Gestão de Pessoas?

Pessoas são mais que recursos. É o único diferencial competitivo que uma organização pode ter. Os dirigentes das empresas precisam definir, claramente, qual é sua visão sobre o processo de gestão de pessoas. Pessoas não são elementos permutáveis na equação empresarial. A pergunta a ser respondida é: como a minha empresa vê as pessoas? Como recursos ou como parceiras?

A resposta, aparentemente óbvia, de que pessoas são parceiras, tende a não ser sustentada pelas práticas de gestão vigentes. Pessoas como parceiras são fornecedoras de conhecimentos, habilidades, capacidades e, o mais importante, da inteligência, que permite que as empresas atinjam da maneira mais eficaz seus objetivos.

Pessoas vistas como recursos são consideradas sujeitos passivos na equação organizacional. Elas precisam ser administradas e controladas para obter delas o melhor rendimento possível e passam quase a fazer parte do patrimônio físico da organização. A Tabela 3.1 ilustra os diferentes paradigmas dessas visões.

PESSOAS COMO RECURSOS	PESSOAS COMO PARCEIRAS
• Empregados isolados nos cargos	• Colaboradores agrupados em equipes
• Horário rigidamente estabelecido	• Metas negociadas e compartilhadas
• Preocupação com normas e regras	• Preocupação com resultados
• Subordinação ao chefe	• Atendimento e satisfação do cliente
• Fidelidade à organização	• Vinculação à missão e à visão
• Dependência da chefia	• Interdependência entre colegas e equipes
• Alienação em relação à organização	• Participação e comprometimento
• Ênfase na especialização/destreza manual	• Ênfase na ética e na responsabilidade
• Executoras de tarefas	• Fornecedoras de atividade
• Mão-de-obra	• Ênfase no conhecimento
	• Inteligência e talento

Fonte: Chiavenato (1999).

Tabela 3.1

Investir em pessoas é fundamental. São elas que podem fazer o sucesso ou o fracasso de uma organização. Para isso é necessário que encontrem um ambiente que permita que seus talentos sejam colocados a favor da empresa. Além de atender suas expectativas pessoais e profissionais, as pessoas gostam de empresas que oferecem oportunidades, as respeitem e reconheçam suas contribuições.

> Criar um bom ambiente de trabalho, atraindo os melhores profissionais, é praticamente uma obrigação das empresas que querem tornar-se ou manter-se competitivas. **"Hoje você não compete apenas com produtos e serviços, mas principalmente com talentos".**
>
> *José Tolovi, presidente do Great Place*
> *to Work Institute no Brasil*

Por que ser a melhor? Quais as práticas de gestão que fazem da empresa um bom lugar para trabalhar? O que a empresa precisa fazer para ser a melhor? É necessário refletir sobre o que efetivamente atrai bons profissionais para as organizações. Segundo a pesquisa realizada pela revista *Exame* (2003), as melhores empresas para se trabalhar não se preocupam apenas com plano de benefícios abrangente ou a possibilidade de trabalhar em uma grande corporação. Aspectos como delegação de responsabilidade, ética nas relações e negócios, produto, serviços, ambiente e oportunidades de carreira, dentre outros, compõem o conjunto de condições que atraem e mantém profissionais que fazem a diferença.

Oportuno esclarecer que a empresa pode ter profissionais talentosos, que fazem a diferença em qualquer nível. São aqueles que fazem o melhor uso de seus conhecimentos, numa dada situação, independent do posto que ocupem. São focados em resultados, apresentam visão abrangente, foco no cliente.

A gestão de pessoas precisa estar alinhada à estratégia empresarial, de forma que todas as atividades que a compõem representem valor agregado. Não basta operacionalizar adequadamente um processo seletivo ou um treinamento, mas saber que valor aquela atividade agrega ao negócio, à satisfação do cliente, à atividade desenvolvida. Nesse ponto chegamos ao conceito de gestão focada em competências.

Embora cada subsistema de gestão de pessoas tenha suas atividades e objetivos específicos, não se pode esquecer que estão intimamente relacionados. Qualquer ação desenvolvida em um deles deverá repercutir, em maior ou menor grau, nos demais. Uma contratação inadequada causará problemas de desempenho, necessidade de treinamento e assim por diante.

A seguir faremos uma breve explanação sobre a importância de cada subsistema de gestão de pessoas.

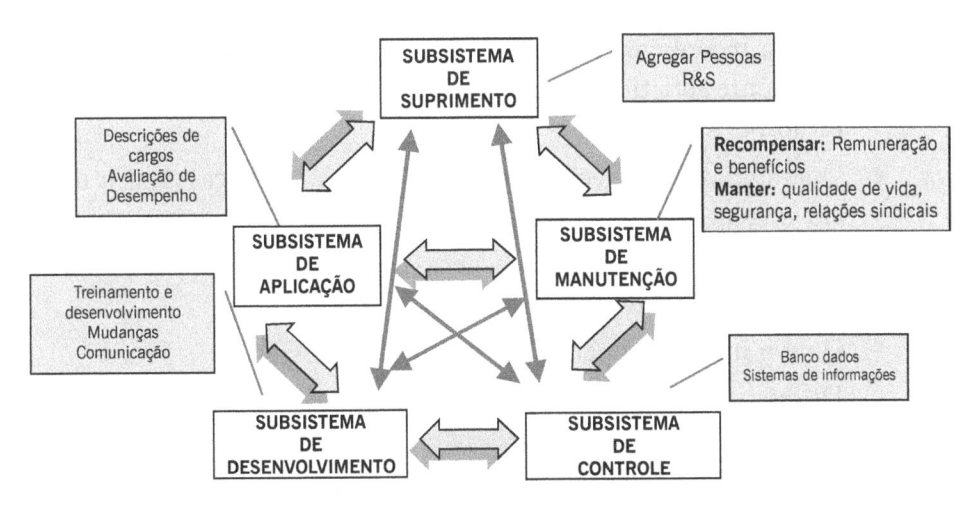

Capítulo 3 ◆ A Nova Visão do Ser Humano nas Organizações 99

Figura 3.1 – Os subsistemas de gestão de pessoas e sua inter-relação.

2.1 – Os Subsistemas de Gestão de Pessoas

1. **Agregar Pessoas** – Planejamento, Recrutamento e Seleção de Pessoal

   Mais do que simplesmente contratar pessoas, se faz necessário à empresa desenvolver seu Planejamento Estratégico de Pessoal. Essa atividade é um processo gerencial de identificação e análise das necessidades organizacionais de pessoal e o conseqüente desenvolvimento de políticas, programas, sistemas e atividades que satisfaçam essas necessidades a curto, médio e longo prazos, visando a assegurar a realização das estratégias do negócio, dos objetivos da empresa e de sua continuidade sob condições de mudança.

   Esse planejamento, integrado com o planejamento estratégico da empresa, permite *dimensionar a quantidade e a qualidade de pessoal exigida*, como e quando isso pode ser assegurado, a fim de que os profissionais que, no futuro, substituirão aqueles que hoje definem o destino da empresa, apresentem a competência e o desempenho necessários.

   Dessa forma, as questões básicas que devem ser analisadas são:

- Qual a tecnologia utilizada pela empresa? Ela utiliza tecnologia altamente sofisticada e em constante processo de mudança e evolução?
- Qual o grau de especialização que as características de seu negócio exigem?
- Encontra-se a mão-de-obra necessária no mercado ou é preciso desenvolvê-la internamente?
- Qual o nível de capacitação gerencial necessária?
- De quanto em quanto tempo a empresa precisa formar ocupantes de cargos-chave e críticos?
- Quanto a empresa se preocupa com identificação de potencial, planos de sucessão e planos de desenvolvimento?
- Qual o interesse da empresa em criar seu patrimônio de pessoal, motivá-los, desenvolvê-los e mantê-los?
- Que stendências e mudanças do ambiente socioeconômico e político e da empresa afetarão os profissionais que nela atuam?

De acordo com Cheavenatto (1999), a visão do planejamento de pessoal é a visão do futuro, tendo em vista as necessidades requeridas pela missão, estratégias do negócio e objetivos empresariais, eliminando-se a ação reativa de esperar um cargo ficar vago, para depois pensar em preenchê-lo.

Na ausência de um planejamento de pessoal, a ação imediatista para preenchimento de um cargo pode trazer conseqüências negativas para a organização, tais como:

- busca apressada no mercado;
- negociações não condizentes com as políticas da empresa, dependendo das exigências de capacitação profissional;
- desmotivação do grupo, pelo não-aproveitamento de um bom potencial da empresa;
- queda de produção e de produtividade pela ausência do ocupante do cargo.

Todo esse trabalho implica a participação dos gestores, o que configura a *área de Gestão de Pessoas e todos os seus subsistemas, como prestadora de serviços e de assessoria desses gestores da organização*, envolvendo todas as suas atividades tendo em vista responder, com qualidade e pontualidade, suas necessidades por meio de programas, atividades e informações.

- ◆ Com base nesse planejamento, pode-se sistematizar toda a atividade de contratação, incluindo: quais etapas serão realizadas e quais as pessoas estarão envolvidas em cada uma, em qual seqüência deverão ser realizadas, quais são os procedimentos e formulários necessários. O fluxo básico da atividade pode ser assim representado:

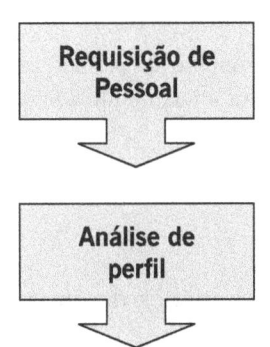

Requisição de Pessoal

- Documento com as informações básicas sobre a posição: pré-requisitos do cargo (escolaridade, tempo de experiência, conhecimentos indispensáveis, conhecimentos desejáveis, habilidades e comportamentos para ter um bom desempenho nas atividades).

Análise de perfil

- Informações sobre o dimensionamento dos objetivos do cargo, o tipo de contribuição esperada, expressa nos resultados desejados. Esses indicadores orientarão a identificação das responsabilidades, conhecimentos, qualificações, experiências, habilidades e aptidões requeridos pelos objetivos do cargo. A *Descrição de Cargo* e o *Perfil Profissional* subsidiarão diversos estudos, como cargos-chave e críticos, linhas de sucessão, treinamento e desenvolvimento e dará suporte ao processo de colocação (recrutamento, seleção e movimentação interna).

Recrutamento

- Como a organização divulga e oferece ao mercado pessoal oportunidades de emprego que pretende preencher (interna e externamente). Para ser eficaz, o recrutamento deve atrair um contingente suficiente para abastecer adequadamente o processo de seleção. Como existem inúmeras e interligadas fontes supridoras de recursos humanos, uma das fases mais importantes do recrutamento é a *identificação*, *seleção* e manutenção daquelas mais adequadas a fornecer candidatos que tenham probabilidade de atender aos requisitos preestabelecidos pela organização

Seleção

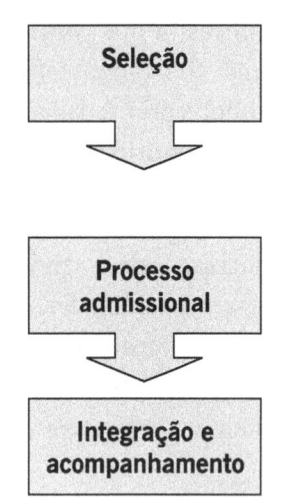

- Uma vez definidos os prognosticadores do cargo (descrição de cargo + perfil de competências do cargo), a seleção pode estabelecer as técnicas mais adequadas para cada caso (entrevistas, testes teóricos e práticos, dinâmicas de grupo etc), que deverão representar o *melhor preditor* para bom desempenho futuro na posição em questão.

Processo admissional

- Exame médico, referências, documentação necessária, data de início e demais procedimentos administrativos necessários para a contratação.

Integração e acompanhamento

- Fornecer ao novo funcionário informações essenciais à sua adaptação à atividade e à empresa. Mostrar o que é esperado dele e o que ele pode esperar da organização. Definir claramente o papel das lideranças nesse processo.
- Definir sistemática de acompanhamento de período experimental de maneira que garanta a adaptabilidade do novo funcionário.

2. Aplicar Pessoas
   - **Desenhos de Cargos**

   O cargo é uma composição de todas as atividades desempenhadas por uma pessoa. Cada cargo está incluído em uma parte da estrutura organizacional (departamentos) e deve estar estruturado dentro de uma hierarquia. Também permite visualizar claramente quais os critérios de acesso àquela posição e definir o plano de carreira.

O desenho de cargos constitui a maneira como cada cargo é estruturado e dimensionado, definindo:

◆ Conteúdo do cargo – tarefas e atribuições que deverão ser desempenhadas.

◆ Métodos e processos de trabalho – como as tarefas e atribuições deverão ser desempenhadas.

- Responsabilidade – a quem o ocupante do cargo irá se reportar (superior imediato).
- Nível de autoridade – quem o ocupante do cargo irá supervisionar (subordinados).
  - **Avaliação de desempenho**

    A avaliação de desempenho não deve ser vista como um procedimento referenciado por um formulário a ser preenchido ao final de determinado período. Essa visão rasa impede que os gestores façam a verdadeira gestão de desempenho, na qual mais do que preencher formulários e atender procedimentos o foco dessa atividade agrega desempenho, resultados e potencial.

A avaliação de desempenho traz importantes informações para as lideranças tomarem decisões sobre promoções, planos para correção de deficiências, reforço para os pontos positivos, planejamento de carreira e também para administrar a remuneração e recompensas.

Critérios de desempenho claramente definidos facilitam a negociação entre líderes e liderados sobre o que é deles esperado, quais são seus pontos fortes, quais pontos devem ser desenvolvidos e de que maneira poderão atender essa necessidade, quais pontos superam as expectativas

A sistematização desse processo responde, objetivamente, as seguintes questões:

- Quais os fatores críticos de sucesso para que o processo seja bem-sucedido (cultura organizacional, perfil das lideranças, etc.)?
- Quem avalia quem?
- O que vai ser avaliado (resultados, habilidades, conhecimentos esforços)?
- Qual método utilizaremos para fazer a avaliação?
- Qual a periodicidade da avaliação?
- Os objetivos declarados coincidem com os efetivamente atingidos?
- Quais as ações a ser implementadas após cada período de avaliação?

Para que possamos construir um bom sistema de gestão de pessoas, devemos ter uma base de competências como referencial único para todas as atividades.

3. **Manter Pessoas** – Planejamento, Recrutamento e Seleção de Pessoal
   - **Recompensar: remuneração e benefícios**

     O mundo do trabalho mudou e com ele o perfil exigido para funcionários. Exige-se compreensão das necessidades dos clientes, tolerância às adversidades, atuação e pensamento estratégico, além de habilidades interpessoais e trabalho em equipe.

Os cargos, em conseqüência, passam a ser delineados sem fronteiras bem delimitadas. O cargo restrito cede lugar ao cargo mais amplo, enriquecido. A gestão dos cargos precisa estar em sintonia com os novos valores e processos empresariais.

Contudo, apesar das mudanças do ambiente organizacional, o mesmo não ocorreu com os sistemas de remuneração, que ficaram defasados.

Salários não podem ser associados como mais um item das despesas, e sim vistos como um investimento relacionado ao sucesso da organização.

Se antes as pessoas trocavam lealdade por estabilidade, os profissionais de hoje produzem resultados e querem compartilhar desses resultados. Sistemas de remuneração restritos ao cargo tornam-se insuficientes para compor a equação de sucesso de uma empresa.

Sistemas de remuneração devem ser montados levando-se em consideração um conjunto de fatores socioeconômicos, culturais, históricos e conjunturais que vão nortear a decisão a ser tomada.

Sistemas de remuneração devem impulsionar os processos de melhoria e aumento de produtividade de uma empresa. As pessoas devem ser recompensadas de acordo com sua contribuição para o sucesso do negócio.

Aspectos como competência e desempenho são pontos que merecem atenção nesse sistema que, além da remuneração tradicional (fixa), atrelada ao cargo, incluem remuneração variável, por habilidades, benefícios indiretos e outras formas de recompensa que sejam adequadas ao contexto organizacional.

A empresa deve montar uma estrutura de carreira que facilite o crescimento e a motivação individual, além de valorizar a qualidade de vida. Remunerar estrategicamente deve ser o foco da organização

Mas, para isso, é importante que a organização desenvolva o trabalho estrutural para suportar o sistema: escrever e analisar cargos, definir a política salarial e outros procedimentos e metodologias de gestão. A remuneração fixa deverá estar atrelada à performance, enquanto a variável a resultados.

Fatores determinantes para definição do sistema de remuneração estratégica:

◆ Gestão sistêmica dos recursos que irão compor os sistemas.
◆ Análise do comportamento organizacional, identificação de fatores críticos de sucesso para a implantação do sistema.
◆ Definição de metas e objetivos.
◆ Definição de indicadores de desempenho: quantitativos, qualitativos e comportamentais.
◆ Definição das formas de recompensa.

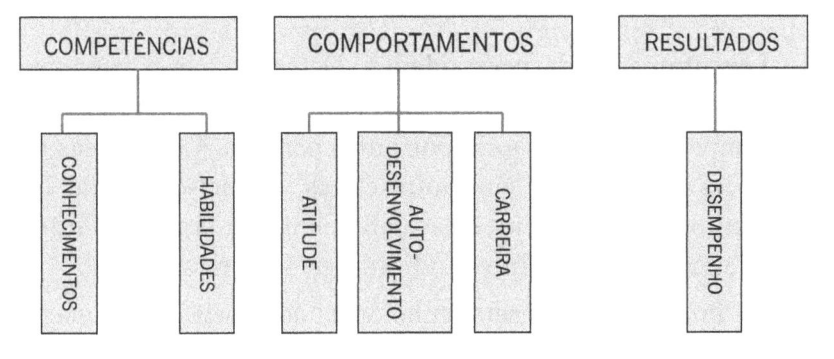

```
COMPETÊNCIAS          COMPORTAMENTOS              RESULTADOS
   │                         │                         │
 ┌─┴─┐              ┌────────┼────────┐                │
CONHE-  HABILI-   ATITUDE  AUTO-    CARREIRA       DESEMPENHO
CIMENTOS DADES            DESENVOL-
                          VIMENTO
```

Figura 3.2 – Componentes da remuneração estratégica.

4. **Desenvolver Pessoas** – Treinamento e Desenvolvimento de Pessoal

   Segundo Chiavenato, em tempos não tão distantes, os especialistas da área de Recursos Humanos consideravam o treinamento um meio para adequar cada pessoa ao seu cargo e desenvolver a força de trabalho da organização aos cargos ocupados. Nessa visão, o treinamento é entendido, quase sempre como um processo pelo qual a pessoa é preparada para ter desempenho excelente às tarefas específicas do cargo que ocupa.

No novo contexto, o treinamento deve ser encarado como uma maneira de desenvolver competências para que as pessoas se tornem, além de mais produtivas, inovadoras para que possam contribuir de modo mais efetivo para a organização. Valor agregado é a palavra-chave, uma vez que quanto mais competência uma pessoa tem, ela encontra em si mais condições de fazer a diferença na organização. Ganha a organização, as pessoas que nela trabalham e os clientes.

É importante ressaltar que treinamento e desenvolvimento são duas coisas distintas. Enquanto o treinamento é orientado para o presente, o desenvolvimento é um processo de longo prazo, visando a aperfeiçoar as capacidades e motivações dos funcionários para prepará-los na ocupação de posições futuras.

São quatro os passos do processo de treinamento e desenvolvimento:

1. **Levantamento de necessidades.** Determina se o treinamento é necessário e deve estar atrelado aos objetivos da organização e as competências que são importantes para ela. Como essas necessidades nem sempre são muito claras, é preciso realizar levantamentos e pesquisas internas para identificá-las. Para tanto, deve-se atentar aos seguintes indicadores de necessidades:

   a) Problemas de desempenho originados pela existência de *gap's* de habilidades requeridas pelo cargo e as apresentadas pelo funcionário.

b) Mudanças no contexto de trabalho que exijam preparo, como, por exemplo, mudança de metodologia de trabalho ou aquisição de novos equipamentos.

c) Novos produtos ou serviços.

d) Mudanças na estrutura (substituição de pessoas, aumento de quadro, expansão da empresa).

e) Comunicações deficientes.

f) Problemas de relacionamento.

g) Pouca versatilidade dos funcionários.

h) Reclamações de clientes.

2. **Elaboração do projeto institucional.** Elaboração do desenho do treinamento e decisão quanto à estratégia a ser utilizada para viabilizá-lo. As seguintes perguntas deverão ser respondidas nessa etapa:

a) Quem vamos treinar?

b) Como iremos treinar?

c) Em que treinar?

d) Quando treinar?

e) Onde treinar?

3. **Implementação do treinamento.** É a condução e aplicação do programa de treinamento. Existem várias técnicas para transmitir as informações necessárias para desenvolver as habilidades requeridas no programa de treinamento, sendo as mais usuais:

a) Instrução em sala de aula

b) Leitura dirigida

c) Treinamento no local de trabalho

As técnicas deverão ser escolhidas levando-se em consideração o tempo e locais disponíveis, além de privilegiar o processo vivencial de aprendizagem (MOSCOVICCI, 2003), visto que o ser humano adulto deve ser encarado como elemento ativo no seu processo de aprendizagem.

4. **Avaliação dos resultados.** Análise do sucesso do programa de acordo com:

   a) Reações imediatas das pessoas ao treinamento.

   b) Aprendizado: aferir o que realmente as pessoas aprenderam.

   c) Comportamento: reações dos supervisores ao desempenho das pessoas após o fim do treinamento. Irá medir em que grau as pessoas que passaram pelo programa aplicam as habilidades e conhecimentos ao seu trabalho.

   d) Resultados: determina o nível de melhora no desempenho do trabalho e permite calcular a atualização necessária.

O treinamento, portanto, deve ser encarado como uma fonte de lucratividade porque aumenta o capital por meio do enriquecimento das pessoas.

Quanto a empresa na qual atuamos se preocupa com isso?

2.2 – Atrelando os Subsistemas de Gestão de Pessoas por meio da Competência

Desde o início deste capítulo abordamos o tema *competência*. Embora esse termo tenha sido muito empregado ultimamente, as organizações precisam ter clareza do seu significado.

2.2.1 – Afinal, o Que é Competência?

O conceito de competência existe desde o fim da Idade Média, restrito à linguagem jurídica, que reputava como *competente* uma corte, um tribunal ou uma pessoa para realizar dado julgamento. Posteriormente, o termo passou a ser utilizado também para designar alguém capaz de pronunciar-se sobre certos assuntos. Com o tempo, começou-se a utilizar a expressão para qualificar pessoas capazes de realizar um trabalho bem feito.

Na época de Taylor, o conceito de competência estava ligado à necessidade das empresas em terem 'trabalhadores eficientes'. O princípio taylorista de seleção e treinamento de pessoas enfatizava o *aperfeiçoamento das habilidades técnicas e específicas ao desempenho das tarefas operacionais do cargo*.

Com a eclosão de pressões sociais, que buscavam melhores condições do ambiente de trabalho, passou-se a considerar nas relações de trabalho outros aspectos de maior complexidade e pertinentes às dimensões sociais e comportamentais.

A conceituação de competência passou a ter uma abrangência maior, englobando conhecimentos, habilidades e experiências voltadas para o exercício de uma função na empresa.

Na atualidade, surge um conceito mais dinâmico, gerado pela evolução do mundo do trabalho. Aspectos como a transitoriedade do contexto e suas incertezas à necessidade das empresas serem mais flexíveis em suas operações fazem com que o componente afetivo e o caráter individualizante se incorporem ao conjunto de elementos que compõem a natureza da competência. Observa-se uma tendência convergente entre as diferentes abordagens, que aponta para noção de competência, compreendendo-se as dimensões *cognitiva*, *profissional* e *individual*.

Le Bortef (1994) vincula a competência ao fazer, ao realizar, à habilidade de concretizar uma ação. Para Rabaglio (p.3, 2001), competência é o "conjunto de conhecimentos, habilidades e atitudes que permitem ao indivíduo desempenhar com eficácia determinadas tarefas, em qualquer situação".

Esse mesmo conceito é trabalhado por Fleury (2001), que associa a competência à capacidade de entrega do indivíduo, ou seja, o que o indivíduo é capaz de fazer com o conhecimento que possui. Não basta conhecer, é necessário saber aplicá-lo nas mais variadas situações e contextos. Quanto maior essa capacidade, mais competente é um indivíduo.

2.3 – Sistema de Gestão de Pessoas com Foco em Competências

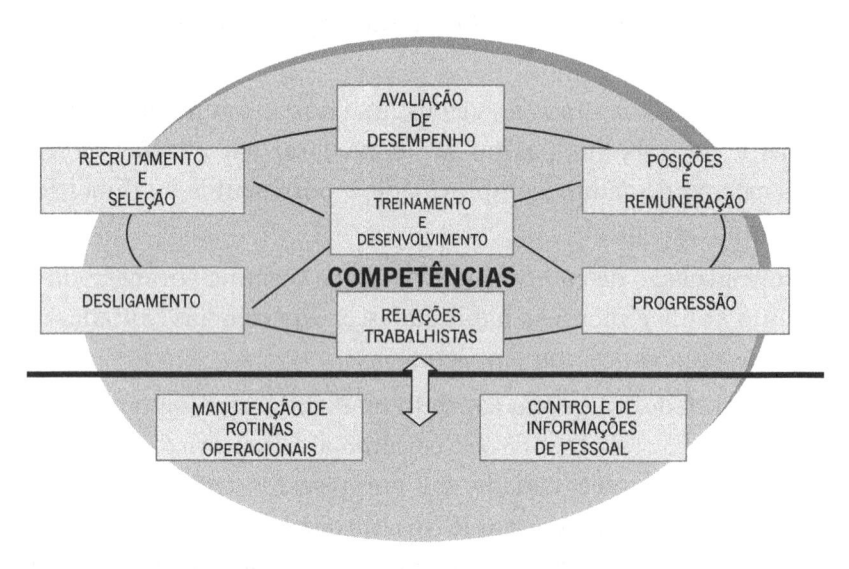

Figura 3.3 – Os subsistemas de gestão de pessoas integrados pelas competências.

Podemos começar a implantação do sistema pelo subsistema *agregar*. O primeiro passo é analisar cada posição e identificar quais as competências necessárias para o bom desempenho naquela função. O perfil de um cargo apresenta competências técnicas e competências comportamentais.

2.3.1 – Levantamento e avaliação do perfil com base nas competências

Para uma melhor análise do perfil do cargo, é necessário identificar quais as competências fundamentais para aquela posição.

Competências são as habilidades, os conhecimentos e as características pessoais que distinguem os profissionais em termos de desempenho e valor agregado para uma organização. Tomaremos como base os seguintes conceitos:

Conhecimentos. Informações que a pessoa detém em áreas de conteúdo específico e o grau de profundidade delas.

Habilidades. Aptidão para desempenhar determinada tarefa física ou mental. O conhecimento por si só não garante um bom desempenho, o importante é a capacidade da pessoa de colocar em prática esse conhecimento. Conhecimento de Matemática Financeira de nada adiantará se a pessoa não tiver habilidade analítica (processamento e organização dos dados, determinação de causa e efeito).

Características Pessoais. Ligadas aos valores, atitudes e autoimagem, geram respostas consistentes para situações ou informações. Predizem o que a pessoa irá fazer no curto prazo. Por exemplo, autocontrole e iniciativa são 'respostas' (mais complexas) consistentes.

As competências dependem do tipo de função a ser exercida e do nível hierárquico ocupado na estrutura organizacional. Distinguem as pessoas de alto desempenho das de médio desempenho, focalizando as competências essenciais da complexa teia de funções, responsabilidades, metas, habilidades e conhecimentos dos funcionários, aquelas que são determinantes da eficácia profissional e que contribuirão para a empresa seguir sua direção estratégica.

Levando-se em consideração a natureza holística do ser humano, podemos afirmar que conhecimentos, habilidades e características pessoais irão se complementar, permitindo levantar um prognóstico mais sólido quanto ao valor que a pessoa irá agregar à organização, e não simplesmente qual será sua capacidade de executar tarefas.

O modelo ou ferramentas adotados para o levantamento das competências não deverão tentar incluir todas as atividades e habilidades. Uma boa opção é criar um modelo ou um conjunto de competências para cada grupo organizacional principal.

Outra possibilidade é trabalhar com diferentes níveis de detalhe dentro de uma estrutura geral simples. Isso consistiria nos seguintes elementos:

- uma relação geral das competências potenciais para a organização como um todo;
- subconjuntos de tal relação com seis a oito competências para cada categoria de cargos;
- de quatro a seis frases que definam cada competência quanto ao comportamento.

Algumas competências típicas:
- Conhecimento técnico da função.
- Liderança de equipes.
- Espírito de equipe.
- Solução de problemas.
- Comunicação oral.
- Capacidade de inovação.
- Capacidade de aprendizagem.
- Capacidade analítica.
- Planejamento e organização.

Por meio de um rol predeterminado, pode-se elencar aquelas que serão essenciais à função. A análise, feita em conjunto com o gestor da área, deve levar em consideração o que realmente é necessário para a posição, e que poderá determinar um desempenho dentro do esperado ou um desempenho superior.

A análise das competências deverá ainda levar em consideração as metas estratégicas do negócio/área.

Rabaglio (2001) sugere algumas perguntas para ajudar a definir as competências.

- Quais os conhecimentos, as habilidades e as atitudes necessárias para fazer esse trabalho?
- O que faz que um candidato seja perfeito para esse cargo? O que o torna inadequado?

◆ Qual a parte mais difícil desse trabalho e quais habilidades o tornarão mais fácil?

As respostas a essas perguntas permitirão não somente definir de forma mais criteriosa o perfil, como também analisar quais ferramentas serão mais adequadas para encontrar a pessoa certa para aquela posição. Após coletar os dados por meio de entrevistas ou observação de pessoas consideradas como as melhores naquela posição, teremos os dados necessários para formar os indicadores de competências.

Uma pessoa que atue no atendimento ao cliente em uma loja, por exemplo, deverá ter como pontos relevantes em seu perfil, dentre outras competências:

◆ Conhecimento dos produtos.
◆ Iniciativa.
◆ Flexibilidade.
◆ Negociação.
◆ Habilidade de relacionamento.

Após definir esses atributos, faz-se necessário conceituá-los. Essa conceituação é imprescindível, pois servirá de parâmetro para todos os que fizerem uso daquela competência. Se perguntarmos a pessoas diferentes o que é Flexibilidade, certamente teremos mais de um conceito, ambos coerentes, embora diferentes. Para uma pessoa, pode estar relacionado à flexibilidade de pensamento, ausência de rigidez de idéias. Para outra, pode estar relacionado a ter flexibilidade para adaptar-se a várias situações. O importante é que haja um conceito único, validado pela organização e de conhecimento de todos. Esse conceito deverá permitir que aquela competência seja visualizada nas ações realizadas pela pessoa. A única evidência que permite avaliar se uma pessoa é competente ou não são as ações que ela efetivamente realizou na sua vida profissional.

A presmissa da avaliação com foco na competência é *o melhor preditor do comportamento futuro é o comportamento passado*. Isso porque o comportamento é algo que se pode ver, descrever e mensurar. As definições devem mostrar exatamente o que pode ser visto ou ouvido quando uma competência está sendo utilizada. Isso reduz muito o grau de subjetividade da avaliação, principalmente quando a competência for do tipo comportamental.

Uma vez definido os prognosticadores do cargo (descrição de cargo + perfil de competências do cargo), a seleção pode estabelecer as técnicas mais adequadas para cada caso, que deverão representar o melhor preditor para bom desempenho futuro na posição em questão.

Essas mesmas competências serão utilizadas para subsidiar os demais subsistemas. Treinamento, Desempenho e outras atividades serão norteadas pelas competências identificadas como essenciais para cada posição. Isso ajuda a criar uma unidade coerente, converge esforços, otimiza tempo e recursos. A interligação entre os subsistemas de gestão de pessoas é mais fácil quando a organização utiliza, consistentemente, as competências, pois elas criam um vínculo entre os sistemas e a visão, missão e valores da empresa como um todo.

Além de tudo, permite que cada pessoa que trabalha na organização saiba exatamente o que é esperado dela naquela posição, quais as competências necessárias para uma posição-alvo, quais seus pontos fortes, quais deve melhorar.

Para as lideranças, estabelece um padrão confiável e de baixa subjetividade, facilitando o *feedback* de desempenho, o planejamento do desenvolvimento individual ou da equipe, análise de possibilidade de movimentações dentro da estrutura organizacional, desenvolvimento do plano de treinamento e estabelecimento de critérios de recompensa com base no conceito de 'capacidade de entrega' citado anteriormente.

2.3.2 – A competência Liderança

Há muito se prega que a gestão de pessoas é responsabilidade das lideranças. Mas até onde esse discurso é convergente com a prática?

Segundo o artigo "Desenvolvendo liderança eficaz"[1], a organização deve oferecer certas condições para desenvolver a liderança. Uma delas é

---

1 *Coletânea Liderança*. Idéias Amana, ano II, n. 3, 1989.

fornecer meios para identificar e acompanhar pessoas em todas as áreas e níveis hierárquicos da empresa. Para isso deve contar com um sistema atualizado e flexível, que mantenha os executivos responsáveis pelas decisões sobre alocação de pessoas informados sobre os candidatos potenciais disponíveis em todos os segmentos da empresa. Outra condição é constituída pelas posturas, atitudes práticas que gestores que almejam tornar-se líderes devem adotar.

Essas posturas devem se traduzir:

- No compromisso autêntico com a missão de liderar pessoas, pois somente ele trará a energia necessária para viabilizar as transformações.
- No assegurar uma forte visão do que se busca construir a médio e longo prazos.
- Na capacidade de formar equipe de pessoas que se sintam co-responsáveis pelo atingimento da visão.
- No saber e querer envolver-se ativamente em todos os estágios de formação da equipe.
- Na preocupação em comunicar continuamente a visão, valores e diretrizes.
- Na sensibilidade sobre a necessidade de se criar clima para o diálogo autêntico.
- Na capacidade de motivar as pessoas ajudando-as a mover-se em direção a seus ideais.

Essas atitudes do gestor dependem, por outro lado, de profunda autoavaliação e autoconhecimento.

Todas as pessoas têm certos comportamentos que às vezes não compreendem bem. As pessoas *criam um clima psicológico* do qual nem sempre se dão conta, isto é, não se apercebem e isso impede que possam agir da maneira mais adequada. Refletir sobre as ações implementadas e seus resultados, no que se refere à gestão da equipe irá ajudar para que se identifique pontos que alavancam o papel do líder e aqueles que restringem sua eficácia.

Refletir sobre o impacto do comportamento do gestor, no seu ambiente e nos outros, é fundamental. Algumas pessoas, por exemplo, não aceitam críticas; quando as recebem, armam-se de defesas para fugir às ameaças e não enfrentá-las. Outras se frustram com facilidade e passam a recriminar-se ao menor insucesso.

Se as pessoas descobrem como agem, por que agem e tentam *trabalhar* esses comportamentos, isso as ajudará a agir com maior eficácia na compreensão intrapessoal, resultando em maior eficácia como gestores de pessoas.

A liderança atinge seus objetivos através do trabalho de sua equipe, e assim podemos dizer que *todo aquele que exerce esse papel deve desenvolver sua habilidade de liderar e gerir sua equipe*. E isso implica delegar tarefas, acompanhar desempenho, treinar e desenvolver potenciais e integrar a equipe.

A eficácia da liderança não será medida apenas pela competência com que administra os recursos colocados à sua disposição mas, principalmente, pelos resultados que atinge com e por intermédio de sua equipe.

3 – Considerações Finais Sobre a Gestão de Pessoas

Apesar de toda a mudança no cenário em que as organizações estão inseridas, como abordado anteriormente, muitas refletem as percepções errôneas sobre a gestão de pessoas.

Nos muitos cursos e trabalhos realizados nos mais diferentes segmentos, ouço, com freqüência, que o fato de a empresa não ter uma área de Recursos Humanos impede que a gestão de pessoas seja feita adequadamente. Embora com um fundo de verdade – ter uma área estruturada, que desenvolva processos e mecanismos, auxilia os gestores a administrarem melhor sua equipe –, a empresa que visualiza seus funcionários como força competitiva desenvolve mecanismos, mesmo que ainda primários, que permitam incentivar e motivar as pessoas a pensar e usar o que têm de mais sofisticado: sua inteligência. Essas são organizações que procuram identificar qual o perfil ideal do profissional que vai atender sua estratégia organizacional – sim, elas têm uma estratégia claramente definida! Com base nessa definição, desenvolvem uma estratégia própria para admitir, treinar, avaliar recompensar e manter pessoas. E caminham naturalmente para uma estrutura de apoio aos gestores.

Muitas organizações têm áreas de RH estruturadas, sendo, porém, uma área que centraliza as decisões e ações relacionadas com pessoas – essas vistas como meros coadjuvantes de um *script* marcado por regulamentos rígidos. O perfil do funcionário ideal é tão rígido quanto seus regulamentos. Descrições de cargos que limitam as pessoas, avaliações que priorizam apenas aspectos como assiduidade e pontualidade, treinamentos que inserem cada vez mais as pessoas em um único papel. Nelas, é necessário transformar rapidamente o RH em uma atividade que possa agregar valor aos funcionários, à empresa e ao cliente. A maior verdade, nos dias atuais, é que a gestão de pessoas deve ser descentralizada em direção aos gestores e suas equipes. *Administrar juntamente com as pessoas e não apenas administrar pessoas.*

Outro aspecto que freqüentemente abordam é que, com a necessidade tão grande de controlar custos, não sobra dinheiro para investir em treinamentos ou outras atividades que permitam estruturar a gestão de pessoas. Para essas empresas a dica é: só se faz uma caminhada de mil quilômetros dando o primeiro passo. Existe uma diferença entre o ideal e o possível, que precisa ser visualizada como um ponto a ser ultrapassado, e não como um obstáculo à realização de qualquer atividade, por mais simples que seja.

A liderança também é um aspecto apontado como dificultador da gestão de pessoas. Lideranças que embora possam ser excelentes tecnicamente falando, não estão preparadas para lidar com pessoas, mesmo que a empresa tenha toda uma estrutura de apoio. Uma verdade alarmante nos dias de hoje, principalmente quando se observa que essa dificuldade não é um privilégio das pequenas organizações. Muitas das grandes empresas, com tradição em usar sistemas de gestão de pessoas, também sofrem desse mal. Sensibilizar, treinar e, se necessário, renovar o quadro. Não se faz gestão de pessoas sem o apoio incondicional dos gestores.

Os dirigentes de uma empresa, seja ela de qual segmento for, devem estar preocupados em preparar suas empresas e gestores para o futuro, adotando uma postura proativa, antecipando-se às demandas e necessidades da organização.

Como esse ponto é tratado no segmento de material de construção? Muitas empresas já caminham a passos largos para o inconformismo que as leva a repensar, todos os dias, sua filosofia e gestão. A situação atual é vista como provisória, considerando que tudo pode ser melhorado, mesmo quando a organização tem vantagem competitiva em relação aos seus concorrentes.

Embora não exista uma fórmula que possa ser reproduzida em todas as empresas, o *benchmarking* pode ser uma estratégia usada para se identificar o que pode ser melhorado nos processos e serviços, incluindo os processos de gestão de pessoas. Tudo isso não deve ocorrer por acaso, mas sim refletir a necessidade de competitividade e de contar com o apoio incondicional dos parceiros internos da organização, para que ela possa alcançar seus objetivos.

Que tipo de empresa queremos construir? Como as pessoas estarão inseridas nesse contexto? O que precisamos fazer para criarmos uma boa empresa para se trabalhar? Com base nas respostas a essas perguntas, mãos à obra! A parte técnica da gestão pode ser facilmente aprendida. Uma atitude positiva em relação à gestão das pessoas não... e é ela que vai fazer toda a diferença!

* **Cláudia Aparecida Serrano**
Especialista em Tecnologia Educacional (FAAP).
Psicóloga (Instituto Metodista de Ensino Superior).
Consultora em recrutamento e seleção, análise de potencial, treinamento gerencial e comportamental.

Referências Bibliográficas

BOHLANDER, George; SNELL, Scott; SHERMAN, Arthur. *Administração de Recursos Humanos*. São Paulo: Thomson, 2003.

CHIAVENATO, Idalberto. *Gestão de pessoas*. O novo papel dos recursos humanos nas organizações. São Paulo: Campus, 1999.

DESSLER, Gary. *Administração de recursos humanos*. São Paulo: Pearson Education, 2003.

FLEURY, Afonso; FLEURY, Maria T. L. *Estratégias empresariais e formação de competências*. São Paulo: Atlas, 2001.

GRAMIGNA, Maria Rita. *Modelo de competências e gestão de pessoas*. São Paulo: Person Education, 2002.

GREEN, Paul, C. *Desenvolvendo competências consistentes*. Rio de Janeiro: Qualitymark, 2000.

JOHANN, Sílvio L. *Gestão da cultura corporativa*. São Paulo: Saraiva, 2004.

LE BORTEF, G. *De la compétence*. Paris: Les Editions d'Organization - 1994

MOSCOVICCI, Fela. *Desenvolvimento interpessoal*. Rio de Janeiro: José Olympio, 2003.

RABAGLIO, Maria O. *Seleção por competências*. São Paulo: Educator, 2001.

ROBBINS, Stephen. *Comportamento organizacional*. São Paulo: Prentice Hall, 2002.

SPECTOR, Paul E. *Psicologia nas organizações*. São Paulo: Saraiva, 2002.

http://notitia.truenet.com.br/desafio21/newstorm.notitia.apresentacao.ServletDeNoticia?codigoDaNoticia=1167&dataDoJornal=atual As melhores empresas para se trabalhar. Publicado em Desafio 21. São Paulo : 2004

Capítulo 4

Logística e Canais de Distribuição

Osvaldo de Salles Guerra Cervi*

Dedicatória

À minha esposa, Sandra, presença insubstituível em minha vida, por todo o amor que sempre foi capaz de me oferecer, apesar de toda a minha ausência.

Introdução

A melhor maneira de prever o futuro é inventá-lo.

Dennis Gabor

Quando recebi o convite para participar deste livro – uma das iniciativas que integram um projeto maior, de informar o segmento de varejo de materiais de construção —, confesso que fiquei entusiasmado, pois se tanto já se fez no setor, sem sequer investir na conscientização e preparo em maior escala dos prestadores de serviço deste sistema, logo imaginei a revolução que referido projeto poderá trazer para o setor.

Nesse sentido, você, leitor que começa a me acompanhar nos conceitos que serão debatidos a seguir, tem uma grande importância.

Você é o verdadeiro indutor da mudança. Quando acessamos novas informações, especialmente se alinhadas com nossa realidade, engrandecemos o conhecimento e, nesse processo de conscientização, somos transformadores da realidade, simplesmente por ampliarmos nossos horizontes e percebermos que somos capazes de inovar, de mudar a realidade que, até então, nos parecia imutável.

Assim, quero convidá-lo a participar comigo das reflexões que se seguem e pensar no que é possível fazer para ter a preferência e reconhecimento do cliente e, por consequência, nosso valor percebido por nossos superiores e organizações.

Estudar é um processo árido, porém prazeroso, quando percebemos que podemos crescer e nos fazer melhor durante o processo.

Não é possível mudar de uma hora para outra, revolucionar nosso comportamento simplesmente porque decidimos. Mas é possível a definição de processos capazes de disciplinar alguns de nossos comportamentos e apoiar o nosso crescimento por meio do estudo.

Proponho, então, um acordo: faça da leitura um hábito. Encontre quinze minutos do seu dia para ler os nossos capítulos e ao final de um ano, sem perceber, você terá feito uma pós-graduação, de forma constante e consistente. Com toda a certeza não será mais o mesmo profissional, a mesma pessoa.

Somos todos assim. Permeados pela informação, vamos aprendendo, mudando nossos conceitos e propondo coisas novas e boas. Propor coisas novas e boas é fundamental para que façamos a diferença enquanto pessoas, para que descobertas possam existir e favorecer o desenvolvimento humano. Precisamos, porém, tomar cuidado para não proporrmos coisas boas que não são novas e novas que não são boas.

Espero que você tenha uma boa leitura e, ao final, após muita reflexão, esteja disposto a propor mudanças no seu trabalho, no seu ponto-de-venda, mudanças capazes de satisfazer o seu cliente e trazê-lo de volta na sua próxima decisão de compra.

A princípio algumas palavras podem parecer um tanto quanto sofisticadas (você diria distante da sua realidade, talvez), mas não desista. Encare como mais uma chance de aprendizado e siga em frente.

Boa leitura!

Um Pouco de História

Até poucos anos atrás, a logística parecia ser alguma área segregada do negócio da organização com a qual não era preciso se preocupar, pois havia alguns profissionais, considerados um tanto distantes da realidade organizacional, que cuidavam daquela área operacional.

Após os anos do milagre econômico, na década de 70, o Brasil enfrenta um momento de muita dificuldade, culminando no *default* da dívida externa do País.

Com o início dessa difícil crise, o País foi percebendo que sem estabilidade econômica não era possível haver crescimento. Sem crescimento não há geração de empregos, não há demanda, enfim, não há qualidade de vida. Depois da primeira tentativa frustrada, em 1986, o Plano Cruzado gerou uma crença em muitos empresários de que era impossível o controle da inflação e a política de investimentos em estoques, com a certeza dos constantes aumentos provocados pelo cenário de hiperinflação, foi consolidada, fazendo com que muitas empresas ignorassem a emergência de uma mudança no cenário econômico. O segmento de varejo de materiais de construção se beneficiava, de certa maneira, desta possibilidade: o constante aumento dos preços. Nessas circunstâncias ter estoques era um grande investimento e oportunidade de ganhos.

Porém, o fim da inflação era apenas questão de tempo.

Vieram os Planos Bresser em 1998 e o Plano Collor em 1990. A evolução do cenário democrático, pós-ditadura militar que durou até meados da década de 80, foi favorecendo a abertura dos canais de telecomunicações, esclarecendo e estimulando para o consumo os consumidores brasileiros que viram na abertura de mercado, promovida pelo governo Collor, a grande oportunidade de acesso a produtos de maior qualidade com menores preços que os fabricados no País.

Nesse momento davámos um passo em direção à competitividade que não teria volta.

Em paralelo se consolidava a competitividade japonesa iniciada em meados da década de 80, fortalecendo a globalização dos mercados de consumo.

O Brasil passa a buscar, incessantemente, o controle inflacionário, e em julho de 1994, no governo presidido por Itamar Franco, tendo como ministro da Fazenda o sr. Fernando Henrique Cardoso, que conduziria o Plano Real à partir de então, foi revolucionada a realidade empresarial e de consumo brasileira.

De imediato, cerca de 20 milhões de brasileiros tiveram sua capacidade de consumo ampliada, fruto do novo cenário de estabilidade monetária.

As empresas, acostumadas a ver sua ineficiência coberta pelos aumentos mensais da ordem de 30%, passam a enfrentar a competitividade internacional, sem a possibilidade de aumento de preços, cultura comum entre os empresários brasileiros até então.

Sem poder aumentar seus preços e sofrendo a forte concorrência dos produtos estrangeiros, as empresas brasileiras se deparam com uma realidade que os americanos haviam enfrentado há mais de 10 anos diante da concorrência do Japão, de redução de custos, especialmente quanto à manutenção de estoques e logística propriamente dita.

Para entender melhor a questão da logística, imagine a corrida do ouro, ocorrida no Brasil na região que ficou conhecida como Serra Pelada. Centenas, talvez milhares de brasileiros tentaram a sorte à procura do ouro na região. Muito poucos encontraram a sonhada riqueza, mas, com toda a certeza, todos aqueles que proveram esses sonhadores com as ferramentas necessárias, como alimento, roupas, enfim, tudo aquilo que era imprescindível para a busca de tal sonho, foram os que mais se beneficiaram com a atividade.

Assim é a logística. Não importa se um novo empreendimento dará certo ou não, será necessária a movimentação/armazenagem/embalagem de mercadorias, informações, de recursos.

Muitas empresas e setores brasileiros entraram em dificuldades naquele momento.

Alguns não suportaram tamanha mudança e acabaram em crises insolúveis como o caso da indústria têxtil e de autopeças. Outras, como algumas das indústrias de cerâmicas, por exemplo, até hoje vêm procurando se recuperar desse impacto.

A necessidade de redução de custos contínua, fruto da sensível ampliação da competitividade mundial, trouxe à tona a questão da logística nas organizações pelo simples fato de estar nesta área a grande oportunidade de sinergias operacionais nas cadeias de suprimentos, fruto do forte reflexo de redução dos custos que oferece.

Assim, após essa introdução que objetiva contextualizar o porquê da questão logística ser tão debatida nos fóruns organizacionais, este capítulo tem por meta procurar esclarecer estes pontos, contextualizando de onde saímos, onde estamos e para onde queremos ir e as oportunidades que todas essas mudanças podem representar para o varejo brasileiro de materiais de construção.

Vamos começar com uma reflexão da evolução da administração empresarial. Depois passaremos pela estrutura e características dos canais de marketing, sugerindo os caminhos para formação de um sistema de canais e chegando ao discutido conceito de SCM (*Supply Chain Management* – gerenciamento da cadeia de suprimentos), atualmente uma realidade teórica, mas com pouca assimilação pelas cadeias empresariais, que ainda se confrontam em processos autofágicos à procura de rentabilidade. Por fim, faremos uma reflexão sobre o futuro do comportamento dos consumidores e, conseqüentemente, dos novos sistemas de distribuição demandados.

1 – Tecnologia, Informação e Demanda

A história da humanidade se confunde com a história da comunicação.

Pense no seu ídolo profissional e avalie: é um grande comunicador ou não?

Assim, a necessidade de se comunicar, informando e sendo informado, fez o ser humano buscar, de forma incansável, tecnologias capazes de superar os obstáculos existentes no processo de transmissão de informações. Surgiram, então, os desenhos, os sinais, a fala, a escrita, a impressa, o telégrafo, o telefone, o rádio, mais recentemente, a televisão e, finalmente, a internet.

Vivemos atualmente a *era da informação*. Uma realidade que, em razão da alta tecnologia empreendida (tecnologia que conferiu uma velocidade à informação jamais imaginada nos tempos passados), inseriu a humanidade em uma nova economia, uma economia baseada nos canais de telecomunicações.

A velocidade com que se propaga a informação oferece estímulos para o consumo e aumenta a oportunidade de desenvolvimento, ampliando, porém, em contrapartida, a complexidade e, portanto, o risco percebido neste contexto.

Tanto acesso 'comoditizou' a tecnologia, tornando-a disponível para qualquer organização que perceba seu valor e possa pagar por isso. O diferencial competitivo, que no passado estava fora das organizações, está sendo transferido para dentro delas, possibilitando a sustentabilidade das vantagens competitivas adquiridas graças ao 'k' intelectual desenvolvido. Esse novo recurso, o capital intelectual, pode ser traduzido pelos processos singulares, de difícil identificação e, por conseqüência, difíceis de copiar.

A formação do capital intelectual exige a troca de conhecimentos (tácito e explícito) entre os profissionais, conhecimentos que acabam por qualificá-los de maneira informal, mediante a sua multiplicação, conhecido por conhecimento informal.

Imagine uma dificuldade enfrentada por um vendedor em uma loja. Se o relacionamento internamente é bom e as pessoas se dispõem a ajudar umas as outras, pode ser que em um contato informal, o vendedor, ao expor a dificuldade que vem enfrentando, possa receber do colega a solução, já encontrada por ele, para o problema identificado.

Por isso, se o desenvolvimento do capital intelectual das organizações depende da transferência de conhecimentos entre os indivíduos, esse processo depende, por sua vez, do capital social, ou seja, das oportunidades criadas pelas organizações para que seus profissionais possam interagir, se conhecer e iniciar o processo de desenvolvimento da confiança, vital para o sucesso do ciclo virtuoso proposto.

Quantas vezes, ao fumar um cigarro ou no bate-papo no cafezinho, você não teve uma idéia revolucionária ao saber de uma experiência vivida por um colega de trabalho?

Porém, para que seu colega esteja disposto a lhe contar algo, é fundamental que haja algum tipo de confiança entre vocês.

Assim, o desenvolvimento da confiança favorece a integração, e no processo de integração, fruto da ampliação da visão oferecida aos participantes sobre os elos entre suas áreas/funções, otimiza-se a capacidade criativa, amplia-se a velocidade de sua implementação, com a concomitante redução dos processos burocráticos, normalmente criados para proteger os indivíduos dos riscos de exposição em caso de falha.

Criatividade, em ambiente favorável, beneficia o *empreender*, essencial à inovação e, por conseqüência, à criação e sustentação de diferencial competitivo, imprescindível na nossa realidade competitiva global.

Este é o cenário atual, adequado para a aplicação do conceito de SCM que veremos mais a frente.

2 – Gestão

A Revolução Industrial, representada pela máquina a vapor, que, como vimos, foi a grande responsável pela forte ampliação ao acesso a informações pelas pessoas e, por conseqüência, geradora de uma forte explosão da demanda, exigiu mudanças na maneira como os produtos, até então produzidos artesanalmente, eram desenvolvidos.

Naquela época as comunidades viam sua capacidade de consumo limitada à população existente.

Com a chegada da máquina a vapor, os horizontes foram ampliados e, com eles, potenciais mercados consumidores foram criados pela necessidade despertada por meio de informações/produtos/serviços transportados pela máquina que impulsionou tal revolução e ofereceu aos homens a possibilidade de dominar a distância.

Imagine, por exemplo, um novo piso ou azulejo desenvolvido com características revolucionárias (não risca, não suja, pode ser substituído com facilidade etc). Esse material pode ser desejado, desde que os consumidores tomem ciência de sua existência e dos benefícios oferecidos. Até o surgimento do trem, os seres humanos acessavam de forma restrita as informações, o que restringia seu interesse para aquisição de novos produtos, fruto do seu desconhecimento sobre estes.

Assim, no novo contexto, resultado do surgimento da máquina a vapor e multiplicação de informações que oferecia, novos obstáculos foram criados, mas nenhum deles mais desafiador que o de encontrar meios eficientes de produzir para atender ao grande mercado consumidor que era formado.

Nesse instante o maior gargalo a ser superado pelos administradores era a produtividade. E foi com esse foco que processos foram estudados e desenvolvidos, encontrando-se na produção em série e organizada a melhor estrutura para ampliar a capacidade competitiva das empresas, formadas a reboque da oportunidade de consumo criada.

Os gargalos foram sendo superados ao longo do tempo e, a cada passo, novos desafios eram criados.

Com o aumento da eficiência no processo produtivo, a oferta e a procura foram se equilibrando e, com isso, novas formas de gestão exigidas, já que, fruto de equilíbrio entre oferta e procura, a escolha do consumidor pelo produto não dependia mais apenas da oferta, mas agora de algo diferenciado, capaz de fazer o consumidor perceber a agregação de valor ao processo produtivo.

Não bastava, por exemplo, produzir o piso para colocar no chão de casa, pois outros tantos já o faziam. Era necessário oferecer algum diferencial para o piso produzido por sua empresa para que o consumidor resolvesse comprá-lo.

Assim nasceram as estratégias que viram na oferta de produtos diferentes, nas cores, assessórios e características, a oportunidade de capturar o interesse dos consumidores, até então conhecedores de mercados monopolizados e pouco desenvolvidos.

É comum ouvir de meus alunos, neste ponto de minhas aulas, a indagação: "Professor, o que isto tudo tem a ver com logística e distribuição?". Como toda boa resposta, a minha está na pergunta: *tudo*. Como pretendemos demonstrar, a logística envolve o manuseio, armazenamento e distribuição de insumos, produtos/serviços e, hoje mais do que nunca, de informações.

A oferta de novas opções aos consumidores fez com que seu interesse fosse despertado, alterando assim seu comportamento de consumo até ali.

Essa nova estratégia comunicou valor na diferenciação percebida pelos consumidores, os quais, com as novas informações apreendidas, passaram a ter um comportamento mais crítico e exigente quanto às novidades oferecidas.

A partir desse momento a busca das empresas, por entender as mudanças capazes de comunicar valor aos seus mercados consumidores, foi exigindo a transmissão de informações cada vez mais refinadas e voltadas às características desses consumidores, processo que acabou por estimular uma grande competitividade entre essas mesmas empresas.

Quais diferenças existem, por exemplo, entre a loja que você trabalha e a do seu concorrente? Com certeza os produtos e preços oferecidos são muito parecidos, portanto a diferença está na qualidade do atendimento, dos serviços que vocês prestam, qualidade que deve ser atestada pelo consumidor, quando decide comprar de você, e não de seu concorrente.

Assim se desenvolveram as tecnologias hoje conhecidas, alternativas produzidas à medida que velhos obstáculos eram superados e novos acabavam surgindo.

Toda a competitividade resultante do processo não oferece mais espaço para a criação e gerenciamento de empresas de forma amadora.

2.1 – Planejamento

A orientação estratégica das organizações no atual cenário exige a busca de informações refinadas, normalmente oferecidas após a clara definição das características dos consumidores/mercado-alvo a ser perseguidos.

Para tanto, pesquisas mercadológicas de qualidade, representativas e precisas são necessárias. Ouvir todas as áreas da empresa, capturando suas percepções e somando às retiradas do ambiente externo à organização.

Com as informações capturadas e tratadas, depois de analisadas as oportunidades e ameaças oferecidas e alinhadas aos pontos fortes e aqueles a serem desenvolvidos pelas organizações, objetivos claros precisam ser definidos e, fruto da escassez cada vez maior de recursos, prioridades, necessariamente, determinadas para toda a organização e seus profissionais.

Só, então, tais estratégias podem ser implementadas, ao encontro das metas definidas, as quais deverão ser monitoradas, revistas e corrigidas periodicamente, porque o contexto mercadológico sofre mudanças rápidas e, por isso mesmo, exige adaptações constantes nos planos traçados.

2.2 – Identidade – O *Core Business* (Atividade Principal) da Organização

Com toda a velocidade inserida no contexto organizacional das empresas, gerir com eficiência deixou de ser uma neurose de executivos revolucionários para se transformar na única opção de sobrevivência para as organizações participantes de mercados competitivos.

O foco cada vez mais voltado para os mercados de expertise, na incessante busca por aprimoramento e identificação de vantagens competitivas, passou a orientar as empresas na definição clara de suas vocações, impedindo diversificações, ramificações e desenvolvimento de negócios fragmentados, e não afins.

Não é possível a distribuição de energia/recursos da organização. Produzir muitas coisas boas já não é sinônimo de sobrevivência, é preciso ser o melhor ou estar entre eles no mercado em que se compete.

As vantagens competitivas, concentradas anteriormente nos custos ou diferenciação, passam a ser estabelecidas na comparação de produtos similares ou singularidade de produtos/serviços únicos.

A pergunta é: no que você é bom? É nisso que você deve investir, procurando ser o melhor naquilo que faz, e não um dos bons em tantas coisas que pode saber fazer.

Lembro-me de um aluno do curso de pós-graduação da Anamaco que me questionava dizendo que seu pai não havia feito faculdade e era um comerciante bem-sucedido. Lembro-me de seu comentário, ao afirmar que acreditava que, talvez, não teria tido tanto sucesso se tivesse estudado mais.

Lembro que vivemos uma outra época, uma outra realidade. Por melhor que você seja, o risco de falhar sem a informação e preparo adequados é grande, pois enfrentamos uma realidade competitiva jamais imaginada.

Pense em quantos concorrentes você tinha há dez anos em relação a hoje. Com toda a certeza essa relação cresceu substancialmente, por isso não há mais espaço para competir sem o uso de profissionalismo em seus negócios.

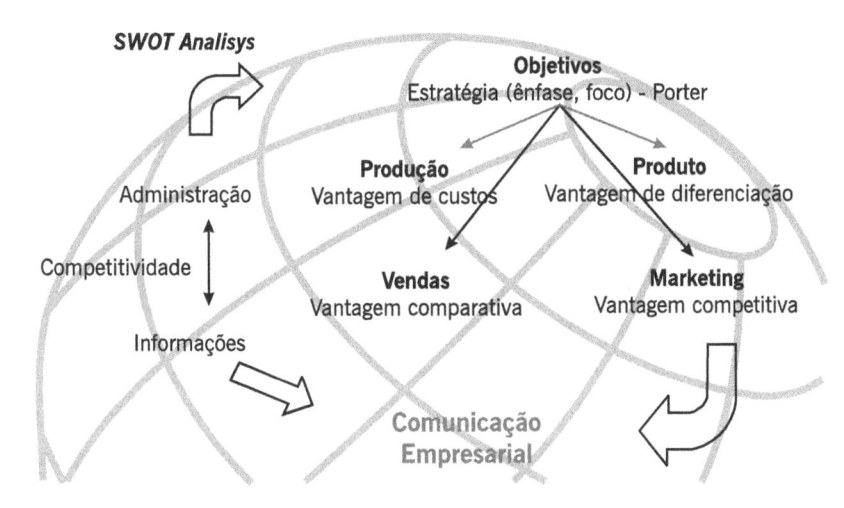

Figura 4.1 – O fluxo do planejamento.

2.3 – Inteligência Competitiva

A gestão da informação, perante a todo o contexto apresentado, é fator decisivo para o sucesso de uma empresa.

A busca constante por novidades, tratando as informações colhidas e permeando, com tais estímulos, toda a organização, colhendo e gerindo os *insights* ou sugestões criados pelo processo, é a nova atitude desejada no ambiente profissional, atitude que faz a real diferença para o desenvolvimento e sustentação da vantagem competitiva.

Só empresas inteligentes, que são capazes de se redescobrir dia após dia, estarão preparadas para o novo mercado consumidor que amadurece rapidamente e se prepara para uma consolidação por acontecer.

Pare de reclamar que seu chefe não lhe ouve, não o entende, que seus funcionários não estão preocupados com o negócio, proponha mudanças, invista na formação de seu pessoal. Somente assim será possível a criação de um ambiente de inovação.

2.4 – Cultura

Nunca foi tão importante a criação e renovação do processo inovativo.

Se a tecnologia se tornou um recurso comum, o diferencial a ser perseguido está nos processos, na maneira como as inovações são construídas e na capacidade que a organização possui de desenvolvê-las.

O fator humano neste contexto é mola condutora da inovação e, para tanto, precisa de acesso à informação de qualidade, de forma contínua, preferencialmente mediante a aplicação de programas educativos, acadêmicos ou não, capazes de aprimorar a consciência e, assim, a consistência crítica de seus profissionais.

Só desse modo, incentivando valores comuns, ao encontro do processo educativo, é possível a formação de um ambiente criativo, que estimule e favoreça a troca de conhecimentos e o despertar da inovação.

Está na eficiência desses processos a capacidade de geração e sustentação de vantagens competitivas.

Apesar da forte similaridade entre os produtos desenvolvidos, os serviços oferecidos aos clientes farão toda a diferença, dificultando, porém, sobremaneira, a cópia de tais processos criativos, dada a sua complexidade, singularidade e abstração.

Vivi uma experiência em uma loja de material de construção que acredito exemplificar bem o conceito, quando pedi a um vendedor que me reduzisse o frete de uma compra, pois havia feito outra compra, na mesma loja, dias antes, e já tinha pago por um frete maior (o valor do frete era o mesmo de R$ 400,00 a R$ 800,00 e eu havia gasto pouco mais de R$ 400,00). Confesso que não acreditava que ele iria atender a meu pedido e qual não foi minha surpresa ao saber que o gerente havia isentado por completo o frete da nova compra.

Esse é um exemplo simples do tipo de atitude que pode agregar valor para o cliente. Nesse caso, o ponto não teve qualquer prejuízo, já que as duas compras não superavam os R$ 800,00 e a entrega era para o mesmo endereço.

O desenvolvimento de uma cultura baseada na confiança pode oferecer processos mais ágeis, fundamentais para a percepção de valor dos consumidores, cada vez mais ávidos por soluções e respostas tempestivas. No caso apresentado, certamente o gerente confiava no vendedor e sabia que o atendimento ao seu pedido seria importante para 'encantar' o cliente, fato que o fez atender ao pedido e, confesso, fidelizou-me ao ponto-de-venda e ao vendedor em questão.

A criação de comitês vêm ao encontro dessa necessidade, por oferecerem celeridade aos processos de decisão, uma vez que a decisão é descentralizada, sem, porém, ampliar sobremaneira o risco organizacional, pois, apesar do risco que tal descentralização representa, as decisões colegiadas reduzem os riscos pela obtenção de consenso na equipe e dão mais velocidade à empresa, diferencial competitivo importante, ao se considerar que o tempo é um recurso ainda mais valioso.

Uma mudança que deixa de ser esporádica e concentrada para se apresentar cotidianamente e em pequenas alterações.

2.4.1 – Confiança e Risco

O ser humano é sociável por essência e busca nos relacionamentos que estabelece a realização de suas expectativas e interesses criados.

Quando observada a organização, não basta a análise de como são estabelecidas as relações entre os seus profissionais, mas entre esses e seus clientes, acionistas, fornecedores, enfim, entre todos aqueles que colaboram para a ampliação do valor percebido pelo consumidor final, impactando, portanto, sua decisão pelo produto/serviço dessa ou daquela organização.

As relações de confiança se desenvolvem de acordo com o nível de dependência e profundidade com a qual as relações são estabelecidas.

Os relacionamentos mais simples, a exemplo dos que envolvem a comercialização de um imóvel, não exigem e nem podem exigir grande nível de confiança, por isso mesmo demandam, normalmente, a entrega de um cheque administrativo ou visado no momento em que se escritura o registro para a realização da operação.

Já os relacionamentos mais profundos e desejados envolvem, ou deveriam envolver, uma interdependência entre as partes, por oferecer oportunidades para os dois lados na medida em que o relacionamento se desenvolve e a confiança se aprofunda.

Segurança Ontológica - "o desvio não acontecerá"

Tipologia em relação ao nível de dependência e profundidade - 4 tipos

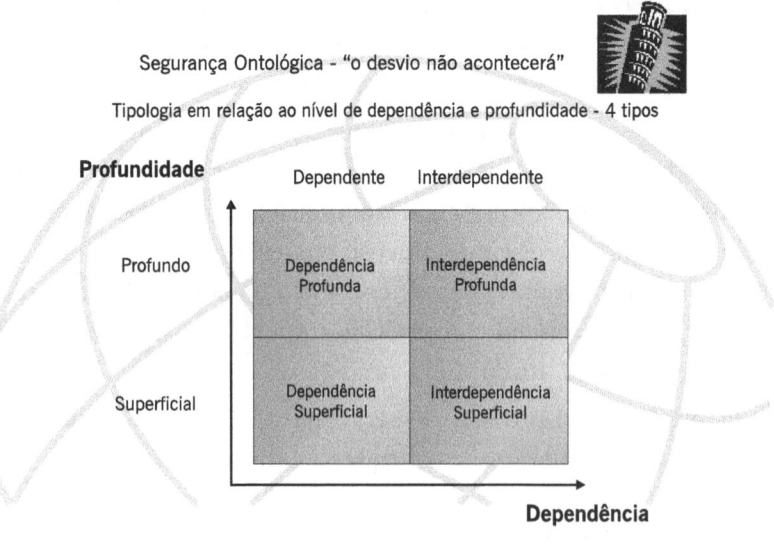

	Dependente	Interdependente
Profundo	Dependência Profunda	Interdependência Profunda
Superficial	Dependência Superficial	Interdependência Superficial

Figura 4.2 – Relações de confiança.

Assim, a viabilidade de toda essa rede complexa de relacionamentos está diretamente ligada, como visto anteriormente, ao desenvolvimento da confiança entre os seus participantes e, então, da disposição desses por assumir riscos, já que toda ação, decisão, por essência, envolve a possibilidade de resultados inesperados e, até, indesejados.

O conceito de risco difundido, principalmente, entre os estudiosos das áreas econômicas e financeiras está presente em todas as situações cotidianas das pessoas e, portanto, das organizações.

Sua contextualização considera invariavelmente uma relação entre o retorno pretendido e incertezas oferecidas para sua realização. Comumente é apresentada uma relação que considera uma ampliação, proporcional ou não, dos riscos, em razão das oportunidades de retornos que as situações oferecem.

Quanto mais volátil, oscilante e dinâmica for a realidade social, maior as oportunidades e, por conseqüência, riscos oferecidos para as organizações e pessoas que as integram.

A sociedade brasileira desenvolveu, ao longo dos últimos 30 anos, uma cultura que tem privilegiado as vantagens unilaterais, aumentando a percepção de risco por parte das pessoas e dificultando sua disposição em assumir posições de risco e tomar ações neste contexto.

Quem não conhece a cultura de "o negócio é levar vantagem em tudo, certo?".

Ela fez com que, em vez de aprendermos com a prudência que as experiências podem nos oferecer e aprimorar os processos decisivos, as pessoas assimilassem risco como sinônimo de perda, cultura que torna o aprofundamento dos relacionamentos mais lento, dificultando a integração de conhecimentos de forma dinâmica e contínua, atrasando o desenvolvimento competitivo de nossa sociedade de modo geral. Uma sociedade que desenvolveu sua economia apoiada substancialmente pela intervenção governamental, esgotada, de maneira reconhecida, na sua capacidade de investimento na grande maioria dos países modernos.

A procura de culpados torna-se prioridade, desviando a atenção da iniciativa privada e das pessoas que a compõem do principal objetivo que é o desenvolvimentos de iniciativas capazes de oferecer eficiência ao processo produtivo da sociedade como um todo. Aí, mais uma vez, a questão da logística é estrutural, já que tal eficiência depende do desenvolvimento de infra-estrutura – portos, estradas, aeroportos, inovação tecnológica oferecida pela educação, e investimentos em universidades e pesquisas –, reconhecidamente um gargalo competitivo brasileiro, amplamente difundido como o 'custo Brasil'.

Todos nós, em algum momento, já vivemos a experiência de ser o elo mais fraco dessa corrente (tal como a história de a corda sempre estourar do lado mais fraco...), mas já fizemos o mesmo com outras pessoas. Pense bem como você **age** com aqueles que dependem de você. Quantas vezes você não lhes imputou a culpa por algo em vez de procurar corrigir o acontecido para que não voltasse a ocorrer, sem dizer que, em muitas das vezes, você mesmo havia sido o responsável pela falha.

Os ambientes acadêmicos estão impregnados de questões de ordem do momento, as quais envolvem a capacidade de desenvolvimento da criatividade e de uma cultura de empreendedorismo no nosso país.

Toda esta realidade está contaminada com riscos, mas, ao contrário do que muitos imaginam, oferece, na ação, riscos muito menores do que a crença de que ao não agirmos não assumiremos riscos.

Assumir risco é fator preponderante para o desenvolvimento da competitividade no universo competitivo globalizado.

Não é coerente criticar esta realidade, uma vez que somos todos responsáveis por ela, ao exigirmos preços menores e produtos/serviços melhores enquanto consumidores.

A redução de toda essa percepção de risco está ligada diretamente à redução do nível de exigência por parte dos consumidores, possível pela consciência de que tanta exigência é prejudicial à sua qualidade de vida, condição que parece difícil de ocorrer, ou pela redução do nível de competitividade entre as empresas e, por conseqüência, do poder de barganha dos consumidores, estratégia que, aí sim, em razão dos constantes processos de fusões, incorporações e aquisições ocorridos nos últimos anos, parece estar sendo perseguida, principalmente pelas maiores organizações do mundo, em seus respectivos setores.

Se em vez de centenas de concorrentes, tivéssemos apenas três ou quatro no varejo de material de construção, certamente eles poderiam acordar os preços que desejariam trabalhar (haveria consumidores suficientes para todos eles), defendendo margens de lucros polpudas, sem riscos. Observe a sua volta e veja o que está acontecendo.

Se não é possível evitar o risco, está na capacidade de aprender a lidar com ele o verdadeiro diferencial para as pessoas e organizações do futuro.

3 – O *Mix* de Marketing

Observar todas essas variáveis, num processo que envolva a organização, clientes e fornecedores, pode oferecer oportunidades de amadurecimento da *cadeia de valor* e ampliação dos benefícios fornecidos aos seus participantes.

Se está claro para todos que não é possível oferecer tudo o que os clientes desejam ao preço que esperam pagar, porque os recursos são limitados e, portanto, caros, é fundamental entender quais as características do produto, as condições de preço, informações que valorizam e conveniências de acesso que esperam para estabelecer a melhor relação de equilíbrio entre as variáveis, objetivando conquistar a preferência do mercado consumidor em que se insere a organização.

A questão logística e de distribuição está diretamente relacionada a todas essas questões, porém, o enfoque do capítulo se limita a oferecer uma reflexão especificamente quanto à acessibilidade e, em conseqüência, estratégias de distribuição que possam oferecer maior conveniência na busca pelos consumidores por produtos/serviços.

Apesar da importância de um planejamento/alinhamento entre produtos, preços, promoções e pontos de distribuição de uma organização com seu planejamento estratégico, objetivos e estratégias definidas, parece importante ressaltar que o escopo desta discussão diz respeito exclusivamente à questão da distribuição ou da acessibilidade do mercado de consumo aos bens e serviços produzidos para consumo ou uso, por isso mesmo envolve diretamente, no caso do segmento de materiais de construção, as lojas de varejo, entre as diversas maneiras existentes de acesso a esses produtos e serviços.

3.1 – Canal de Distribuição

Os canais de distribuição têm por objetivo tornar os produtos e/ou serviços disponíveis para consumo e/ou uso.

Muitos são os benefícios oferecidos pelos canais ou intermediários.

Entre os principais se destaca a eficiência. Imagine o número de produtos e clientes que envolve as relações comerciais. Como seria se as pessoas tivessem de buscar todos os produtos de que necessitam para a construção de sua casa, por exemplo, nas indústrias que os fabricam? E a complexidade para as indústrias que seria entregar produto a produto, cliente a cliente?

Toda a facilidade que os canais de distribuição agregam ao processo de comercialização favorece, ainda, o abastecimento, pois muitos dos fabricantes não teriam demanda suficiente para que fosse possível a realização de entregas em alguns lugares, especialmente os mais distantes. Isso, certamente, criaria sérias restrições na disponibilização de determinados produtos ou serviços.

O fato de o consumidor poder ter todos, ou quase todos, os produtos e serviços à sua disposição para escolher amplia seu poder de barganha, já que tem opções para se decidir pela mais adequada. Este contexto, no qual a competitividade é estimulada, é produtor de inovação, eficiência, produtividade e, por conseqüência, ampliação da capacidade de consumo do mercado em questão, quer seja pela redução de preços, quer seja pela melhora nos serviços que a referida competitividade tende a produzir.

Não fosse todos os benefícios oferecidos pelos intermediários, ainda se destaca o poder de padronização que confere ao processo de comercialização, no qual, na grande maioria das vezes, os consumidores se comportam da mesma maneira, no acesso, na escolha e na forma de pagamento, ressalte-se em época na qual a criticidade e a exigência de personalização nunca foram tão elevadas com o público consumidor.

A capacidade de atingir os lugares mais longínquos, aumentando a oferta e encontrando novos mercados, é incrementada ao proporcionar a padronização da *forma* de comprar, reduzindo significativamente os custos de aquisição e favorecendo, por conseguinte, a eficiência de todo o processo de distribuição, no qual empresas e consumidores são favorecidos, ampliando a capacidade de consumo, interesse de novos investimentos, fruto da demanda existente, oferta de novos empregos, produzindo um ciclo virtuoso de geração de riqueza.

Mas não é simples a conquista de tanta eficiência. Por detrás das estruturas distributivas (subsistemas comerciais), há muita complexidade. São questões que envolvem a posse e propriedade dos produtos comercializados, os processos que vão da promoção, com toda a estruturação de comunicação que isso envolve, da realização dos pedidos, oferta de financiamentos e entrega dos bens negociados.

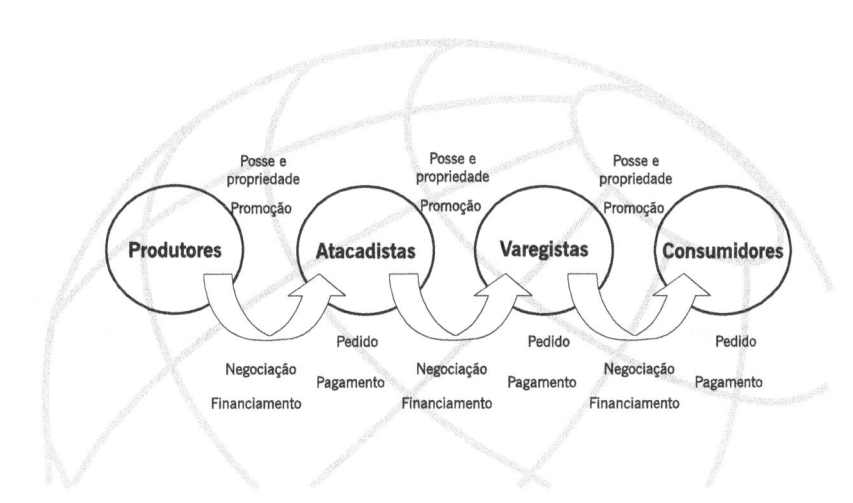

Figura 4.3 – Fluxos nos canais de marketing.

Neste momento tomamos consciência do quanto a logística está impregnada em nossas vidas. Desde o instante em que levantamos da cama (aí incluiem-se lençóis, travesseiros etc), a pasta de dentes, escova, o café da manhã, o jornal, o transporte para o trabalho, até a grande parafernalha de produtos e serviços disponibilizados para tornar possível toda a organização de nossas vidas pessoal e profissional.

Fica o desafio proposto pelo futuro para a distribuição, especialmente com o surgimento da internet e facilidade gerada por este novo canal para o consumo, mas este assunto será tratado mais detalhadamente adiante.

3.1.1 – Logística

3.1.1.1 – Evolução

A depressão enfrentada pelos americanos com o *crash* da Bolsa de Valores norte-americana, em 1929, tornou ociosa a capacidade industrial desenvolvida no final do século XIX, início do século XX.

O desemprego gerado, com conseqüências desastrosas como a queda abrupta no consumo e ambiente de risco majorado, exigia do governo americano providências para tentar reaquecer a economia.

O início da Segunda Guerra Mundial, em meados da década de 30, surge como grande oportunidade para os americanos que passam a direcionar seu parque industrial à produção de armamentos e suprimentos para atender à demanda oferecida pela guerra.

Os Estados Unidos entram na guerra, movimentando volumes expressivos de insumos, como armas e munições, alimentos, homens e vestimentas, correspondências, remédios, dentre tantas outras coisas.

A complexidade de tal movimentação, principalmente quando considerada a restrição de conhecimentos dos locais para os quais tantos suprimentos eram demandados, oferece uma importante competência aos americanos, a qual viria ser percebida apenas alguns anos após o fim da guerra.

A volta dos soldados para a América encontra uma série de condições favoráveis para o consumo, com destaque ao reaquecimento da economia norte-americana e ao expressivo número de nascimentos provocado pelo reencontro e retomada da vida de muitas famílias, período que ficou conhecido como *baby boom*.

A competência logística adquirida durante a guerra, somada a toda infra-estrutura desenvolvida para sustentar tal movimentação, oferece, naquele momento, uma oportunidade muito interessante às empresas americanas: a oferta de produtos e serviços em qualquer lugar do país com preços muito acessíveis.

É desenvolvido um importante canal de comunicação com os consumidores: o catálogo, que, ao levar informações e opções para os consumidores, cria um ambiente de grande competitividade, estimulando inovação e consumo entre a população norte-americana.

Nesse ambiente se desenvolve o conceito de Marketing, em uma realidade competitiva na qual o entendimento e a satisfação do consumidor são condições básicas para se conseguir conquistar mercado. Era o início de uma revolução no consumo.

Ao contrário dos americanos, que desenvolvem sua economia pela iniciativa privada, apoiada pela infra-estrutura do país, o Brasil inicia movimento similar na década de 60, com o princípio da instalação das indústrias, apoiado por capital público, proveniente de um grande endividamento externo do País.

A década de 70 ficou conhecida no Brasil como a época do 'milagre econômico', em razão do grande desenvolvimento que promoveu, fruto da injeção governamental de recursos na economia que, como era de se esperar, impulsionou a geração de emprego, renda, consumo e desenvolvimento social.

Ocorre que a concentração de investimentos começa a demonstrar suas rachaduras no final dos anos 70, quando o governo brasileiro, endividado, passa a transparecer algumas dificuldades financeiras que acabam por incentivar o *default* (não-pagamento) da dívida em 1982, no governo Figueiredo, tendo como ministro da Fazenda à época o atual deputado federal Delfin Neto.

O País enfrenta, então, a década perdida. Sem financiamentos, o Brasil fecha sua economia privilegiando a formação de monopólios e cartéis, contexto que pouco favorece os consumidores. Em um ambiente sem competitividade e recursos, mergulha a competitividade das empresas do país em um poço de ineficiência e alienação.

Até hoje, a má distribuição de renda e dependência de investimentos governamentais, por consequência, impacta o setor de materiais de construção, não só por ser o segmento que mais gera empregos no País, mas pela característica da autoconstrução, já que a maior parte dos produtos comprados têm por objetivo uma faixa de consumidores com pequena capacidade de consumo, fato que amplifica a necessidade de créditos incentivados (subsidiados) para crescimento do setor.

Não foi à toa que a abertura de mercado promovida no inicio da década de 90, pelo então presidente da República, Fernando Collor de Mello, promoveu a falência de uma série de setores brasileiros, além de favorecer o enfraquecimento de tantos outros.

Por outro lado, tal abertura, possibilitou ao País retornar ao acesso de crédito internacional e tecnologia, ingredientes básicos para o estímulo do desenvolvimento de uma economia.

O processo de privatização procurou, também, fortalecer o caixa do governo, mas, principalmente, promover, com os investimentos realizados pela iniciativa privada, a geração de emprego, renda, consumo, impostos, benefícios, na tentativa de retomar o processo de crescimento econômico e desenvolvimento social do país.

A estabilização econômica dá seus primeiros verdadeiros passos em 1994, com a criação do Plano Real, e, com o fim de uma longa cultura inflacionária, começa a desferir fortes golpes de custos na cultura de estoques, fruto das oportunidades de aumento de preço que tal cultura ofereceu por anos a fio, fato que prejudicou muitas empresas no segmento de materiais de construção.

Um novo ciclo se inicia, no qual a competência de gestão dos processos logísticos (compra, movimentação, armazenagem e distribuição de produtos e informações) se faz fundamental para a sobrevivência e sustentação da competitividade das organizações brasileiras, diante da nova e pesada competitividade global encontrada pelo Brasil.

3.1.2 – Confiança e Distribuição

Neste ponto, cabe uma importante reflexão.

Se a distribuição é capaz de oferecer tanta conveniência para os consumidores, como visto anteriormente, interferindo, provavelmente, de forma providencial, na tomada de decisão do consumidor por esse ou aquele produto/serviço e o processo logístico se torna essencial na gestão dos custos organizacionais na nova realidade competitiva, a agilidade do processo de tomada de decisão passa a ser fundamental para oferecer competitividade para as empresas.

Por isso as decisões pela terceirização ou pela própria distribuição, pelo uso do atacado ou varejo são estratégicas para a organização e devem ir ao encontro das expectativas de redução de custos, conjuntamente com a capacidade de comunicar valor para o mercado consumidor.

Assim, como em nossa vida pessoal, o desenvolvimento dos relacionamentos entre as empresas e os canais utilizados para distribuir seus produtos obedece a relação de dependência e profundidade existente e, por conseqüência, do nível de confiança necessário para se estabelecerem.

Se determinado público consumidor é exigente e tem preferência por determinado produto, demonstrando disposição em pagar um valor 'prêmio' pela certeza de encontrar o produto que procura no canal, é interessante que o relacionamento entre o canal e o fornecedor tenha um maior nível de confiança, oferecendo benefícios para o canal, o qual, mediante a confiança desenvolvida, tem a certeza de que não faltará ou atrasará a entrega dos produtos procurados por seus consumidores, e o fornecedor se beneficia com o *plus* que o canal deve pagar pela qualidade e garantia de fornecimento oferecidas.

Já, para o atendimento de mercados que objetivam a aquisição de produtos pelo menor preço, a relação proposta faz pouco sentido. Na verdade, o que provavelmente deverá acontecer é a busca do canal pelo maior número de fornecedores possível, visando à redução dos preços de aquisição, fruto da forte competitividade que tal estratégia oferece.

Há, porém, alguns riscos nesse tipo de relacionamento como o de atraso nas entregas e até mesmo a possibilidade de *default* por parte do fornecedor, ou seja, das mercadorias adquiridas não serem entregues ao canal.

Na realidade brasileira, a exemplo do que vem acontecendo em mercados maduros de consumo, resultado do forte poder de barganha dos varejistas (no segmento de lojas de material de construção, por vezes esse poder é exercido pela indústria, fruto do poder que alguns monopólios, por exemplo, oferecem para algumas delas no setor), pouco ou quase nada se investe no aprimoramento dos relacionamentos entre os canais e seus fornecedores, já que os varejistas, em geral, pressionam substancialmente os fornecedores pela redução de preços e ampliação dos serviços oferecidos.

Na opinião deste autor, esta realidade oferece grande oportunidade para aqueles canais que recebem, como clientes, consumidores mais críticos e dispostos a pagar por melhores serviços. O desenvolvimento da confiança, via indutora da inovação, como visto anteriormente, não responde, oportunamente, de acordo com o volume de investimento realizado, por demandar um tempo mínimo para sua consolidação, fato que favorecerá competitivamente aqueles que iniciarem tal investimento antes; vale lembrar que essa opção só faz sentido se puder oferecer valor aos consumidores e se eles estiverem dispostos a pagar por isso.

Imagine que todo o esforço que vem sendo empreendido por grande parte das empresas na busca de estabelecer relacionamento com seus consumidores, visando a impactar sua percepção de valor quanto aos produtos/serviços oferecidos e esperando a fidelização de seus mercados, fidelização que cada vez mais dependerá da capacidade que essas empresas terão de desenvolver alianças e parcerias.

Nesse processo, mais uma vez, é imprescindível observar a qualidade das informações, e essa qualidade está relacionada diretamente com a de sua fonte. Veja o exemplo de uma grande empresa de tubos e conexões. Ao desenvolver uma campanha muito inteligente sobre seus produtos, buscando tirar o foco do consumidor do preço e voltá-lo para a importância da qualidade destes materiais para o futuro de seu conforto e custos, acabou enfrentando séria resistência das lojas de varejo, as quais entenderam que a publicidade jogava todos os demais produtos em uma vala comum, verdadeiros 'micos', fato que fez os lojistas resistirem à publicidade e prejudicarem seu resultado ao afirmarem para os consumidores que toda aquela comunicação não passava de propaganda e que o valor pago a mais não faria sentido. Isso tudo porque um dos principais intervenientes, o lojista, não foi envolvido na proposta de comunicação da referida indústria.

Assim, muitas vezes não é possível atender à demanda de um importante cliente simplesmente pela inviabilidade de custo que tal atendimento oferece.

Tomemos um novo exemplo: um cliente de uma companhia aérea que utilize sua ponte aérea diariamente. Com toda certeza esse é um cliente que oferece bons retornos à companhia. Agora, imaginemos que esse cliente uma vez por ano, no seu período de férias, faça a opção por viajar para essa ou aquela cidade de um outro país, a qual a companhia aérea em questão não atenda. Seria inviável o estabelecimento dessas rotas desejadas pelo cliente para o seu atendimento esporadicamente, mas deixar de atendê-lo, certamente, representa também um risco importante.

Foi para situações dessa espécie que as companhias aéreas têm estabelecido alianças importantes, oferecendo a seus clientes a comodidade de atendimento integral, ainda que se utilizando de parceiros para a realização do referido atendimento.

Nesses casos os clientes com toda certeza se considerarão atendidos pela companhia a qual estão acostumados a se utilizar. Qualquer deslize do parceiro pode representar riscos importantes para o relacionamento estabelecido. Por isso é fundamental que a aliança ou parceria esteja ancorada por um alto nível de confiança e, por conseqüência, de comprometimento entre as duas empresas.

Assim como nas relações de confiança entre as pessoas, as empresas devem ampliar a confiança com os seus canais de acordo com o nível de exigência dos consumidores.

Consumidores que buscam preço estimulam relações de baixa confiança entre fornecedores e canais; a orientação nesses casos é o menor preço, caracterizando as relações apenas pelas transações que oferecem (operações ocasionais).

Já para consumidores que querem encontrar os produtos procurados, ainda que se configurem como *commodities*, e estão dispostos a pagar pela certeza de encontrar o que procuram, há necessidade de maior confiança entre canal e fornecedores, oferecendo oportunidade de cooperação entre eles.

Para clientes estratégicos, para quem a ampliação de serviços é sinônimo de fidelização, sem que isso se configure como custos expressivos, as alianças estratégicas são alternativa interessante, porém que exigem alto nível de confiança, já que o mal atendimento pelo canal aliado oferece, de imediato, perda de valor para a empresa de relacionamento do consumidor que indicou o serviço prestado. Veja o exemplo de uma grande indústria de pisos cerâmicos que procura fidelizar consumidores com maior capacidade de compra, oferecendo serviços de arquitetos para orientar a compra; gastos importantes que poderiam ser reduzidos com escritórios de arquitetura (parceiros), por exemplo.

Por fim, para aqueles clientes muito exigentes, dispostos a pagar por alto nível de serviço, as relações entre canais e fornecedores exigem profunda confiança pelas oportunidades e riscos oferecidos, resultado da satisfação ou frustração sentida pelo consumidor.

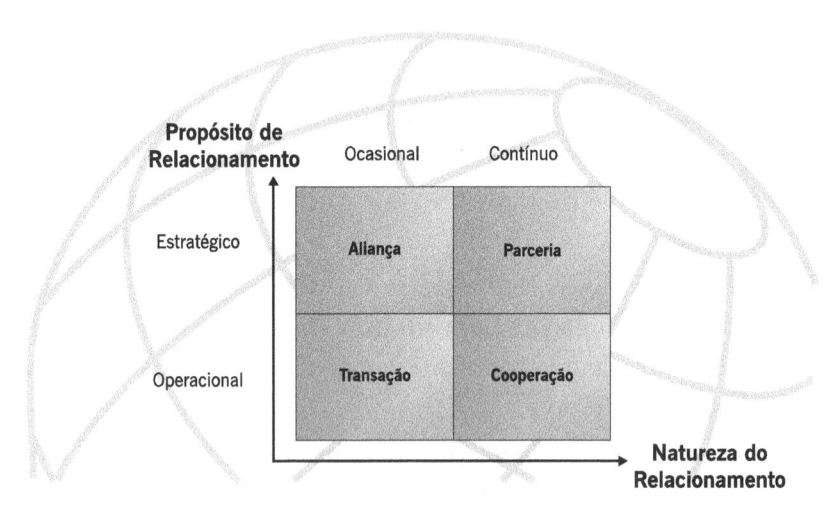

Figura 4.4 – Matriz de relacionamento com os canais.

3.3 – Estratégia de Distribuição

Como ressaltado anteriormente, a decisão por realizar a própria distribuição ou terceirizá-la passa pelo nível de exigência do mercado de consumo, isso porque os fabricantes certamente têm uma condição superior de oferecer valor ao consumidor de seus produtos dado o nível de especialização e comprometimento que sua equipe de profissionais deve conter e acaba, por conseqüência, ampliando o valor percebido pelos clientes na oportunidade de disponibilização dos produtos e/ou serviços oferecidos.

Ocorre que esse nível de especialização tem um preço importante, porque a estrutura própria tem um limite de escala que um distribuidor terceirizado poderia ampliar, reduzindo, assim, o custo unitário da distribuição.

Imagine um cliente que compre um tipo de piso muito caro e não queira que, eventualmente, parte do produto seja entregue com 'defeitos' (lascas, quebrado etc). Esse tipo de exigência cria a necessidade de uma equipe especializada, acostumada a trabalhar com o tipo de material e, por isso, preparada para evitar os riscos mencionados. A manutenção de uma equipe assim tem um preço alto e só faz sentido se, de fato, o cliente percebe o seu valor e está disposto a pagar.

3.3.1 – Atacado

Os atacadistas com freqüência possuem maior proximidade dos varejistas em relação à indústria, o que lhes oferece uma condição melhor de entender às necessidades e, portanto, de oferecer valor ao varejo na relação de comercialização.

O fato de conhecer a realidade de muitos varejistas oferece, também, a oportunidade de entregar serviços complementares, representando, em muitos casos, verdadeiras consultorias aos canais atendidos, a exemplo de alguns serviços de abastecimento de gôndolas ou de treinamento no ponto-de-venda realizados por alguns atacadistas.

Outro ponto importante a ser destacado, no serviço prestado pelo atacadista, é a entrega de lotes menores. As indústrias, normalmente, possuem lotes econômicos que não atendem à necessidade dos pequenos e médios varejos, favorecendo e valorizando o serviço de entrega de lotes menores que muitos atacadistas oferecem, especialmente quando considerado o elevado custo financeiro atualmente imposto à manutenção de estoques e risco de obsolescência, em razão da constante mudança exigida pelos mercados de consumo mais exigentes.

Os atacadistas também oferecem importante oportunidade de marketing para seus fornecedores, por estarem explorando novos mercados de consumo constantemente.

Além disso, a escala que possuem torna mais acessível tecnologias como a de monitoramento de frota ou de separação e estruturação de programas de distribuição.

Ainda assim, estrategicamente os atacadistas precisam, também, definir seu foco. Ser especialista ou generalista?

O generalismo oferece maior oportunidade de redução de custos pela diversidade de produtos comercializados e melhor utilização da estrutura de distribuição; por consequência, porém, limita a capacidade de especialização da força de vendas pela complexidade existente no extenso portfólio de produtos oferecidos.

Um atacadista que comercializa todo tipo de pisos, azulejos, portas, batentes, ferragens, tintas, entre outros, certamente terá um custo reduzido em razão da escala que possui, contudo, dificilmente terá condições de prestar algum tipo de consultoria para o varejista que atende, em decorrência da grande diversidade de produtos e, por consequência, dificuldade de especialização que isso oferece.

Para alguns segmentos essa falta de especialização representa séria restrição, já que seus mercados de consumo podem exigir serviços complementares, como as orientações técnicas oferecidas pelos propagandistas dos laboratórios que visitam os consultórios médicos. Nesses casos, a especialização pode representar uma restrição e, então, a exigência de limites de atuação para o atacadista.

Tais restrições têm preço e, como ressaltado em todo o capítulo, só podem ser consideradas se o custo for reconhecido e pago pelo consumidor.

3.3.2 – Varejo

Os varejistas, a exemplo dos lojistas de materiais de construção, alcançaram nos últimos anos um grande nível de especialização, fruto, especialmente, da competência adquirida de entender o comportamento de consumo de seus clientes.

Os pontos-de-venda foram literalmente aprendendo à medida que observavam o comportamento de seus clientes e colhiam suas impressões sobre os pontos fortes e a desenvolver percebidos. Foram desenvolvendo junto com os clientes estruturas adequadas que oferecem, cada vez mais, alto grau de conveniência aos consumidores, atingindo níveis de sofisticação elevados, a exemplo das estruturas estatísticas de redes neurais e respectivos segmentos com comportamentos de consumo identificados, que possuem.

Outro exemplo importante foi o desenvolvimento do método de gerenciamento por categoria que estimula o consumo de um produto, por disponibilizá-lo de maneira organizada próximo a outro produto da mesma categoria que o cliente procura (a compra de um acessório, por exemplo).

Algumas lojas de materiais de construção que não percebem a conveniência gerada para os consumidores em um sistema de gestão por categoria, por exemplo, diante da facilidade que referido sistema cria para o cliente, começam a perder espaço para os varejos mais organizados e que alinham a sua comunicação com uma forma de organização que favorece o estímulo para o consumo.

Toda essa especialização deslocou para os pontos de venda grande parte das verbas de marketing das empresas, buscando chamar a atenção dos clientes, pois é no PDV (ponto-de-venda) que o consumidor acaba definindo sua compra, alterando, muitas vezes, a decisão por um produto ou serviço definida anteriormente à entrada no ponto-de-venda.

Os varejistas também possuem alguns desafios estratégicos importantes.

A lucratividade envolvida está diretamente relacionada com os *spreads* ou diferenças obtidas entre os valores pagos e na venda das mercadorias adquiridas, além dos benefícios financeiros conseguidos na aplicação dos recursos disponíveis entre o momento do pagamento realizado pelo cliente e prazo de pagamento concedido pelos fornecedores.

Assim, a decisão por volume está ligada a margens pequenas, com baixo nível de serviço, em contrapartida aos melhores serviços oferecidos em canais especializados, nos quais freqüentemente os produtos são oferecidos com margens mais elevadas e, conseqüentemente, com giro reduzido.

A grande oferta de novos produtos também representa uma importante restrição, já que os espaços de gôndola são praticamente os mesmos. Assim a disponibilização de variedade e sortimento, por exemplo, está ligada a preços mais elevados, exatamente pela complexidade que oferece.

A guerra pela oferta de conveniência para o consumidor também vem exigindo muita criatividade dos varejistas, isso porque a proximidade de alguns canais é uma conveniência difícil de ser superada com os consumidores, que só com alto nível de serviços agregado (postos de gasolina e lavanderias, por exemplo) podem se dispor a percorrer distâncias maiores, na expectativa de ter outras demandas atendidas, otimizando o seu tempo.

As constantes intervenções do varejo, com a intenção de atrair a atenção dos consumidores, vêm oferecendo aprimoramentos ao sistema de distribuição, e quão maior é a oferta de conveniência de acesso e racionalização de tempo, maior a mudança no comportamento de consumo das pessoas, haja vista o atual incremento de compras em farmácias que dia após dia mais parecem pequenas mercearias, fenômeno explicado pela conveniência de acesso que tais pontos ofereceram aos consumidores.

A estratégia de distribuição, por tudo isso, deve necessariamente estar alinhada com a estratégia maior (competitividade por preço, por diferenciação, por exemplo) e objetivos definidos pela organização.

Cabe chamar a atenção para algumas estratégias promocionais utilizadas freqüentemente por alguns varejistas que oferecem riscos importantes para o valor percebido pelos clientes, especialmente em casos de *dumping*, ou seja, de venda de produtos abaixo do custo.

Promoções que oferecem cimento gratuito, por exemplo, na compra de determinado piso ou azulejo, pode fazer com que os consumidores passem a perceber baixo valor no cimento, fato que reduz a disposição do cliente em pagar por este produto. Assim, além dos fortes conflitos criados com outros clientes (varejistas), por acreditarem que referida promoção é fruto de condição especial oferecida pela indústria, estratégias, como a exemplificada, podem extrapolar o foco para preço, prejudicando outras propostas de geração de valor.

4 – Projeto de Sistema de Canal de Marketing

Apresentadas as necessidades de definição clara de segmentos de mercados a serem atendidos, objetivos e estratégias definidas, características e estrutura das alternativas de distribuição, é chegado o momento de realizar o planejamento de um sistema de canal de marketing eficiente.

Este sistema deve considerar, em primeiro lugar, o alinhamento de seus objetivos com os objetivos e prioridades apresentados no planejamento estratégico da empresa, orientados pelas informações colhidas com suas pesquisas mercadológicas e das áreas da organização. Muitas vezes um produto pode ser considerado pouco demandado ou não assimilado por um mercado consumidor por suas características e, na verdade, a limitação apresentada diz respeito à distribuição, ou seja, um produto de alto valor agregado provavelmente não terá sucesso em periferias, não pela falta de interesse dos consumidores, mas sim pela sua séria limitação de consumo, fruto da baixa renda per capita comum nessas regiões.

Assim, a escolha dos intermediários mais apropriados, que leva em consideração os pontos fortes e a serem desenvolvidos desses em relação às oportunidades e ameaças apresentadas no planejamento estratégico da empresa, deve oferecer maiores chances de sucesso, com melhores resultados, do que a simples utilização dos sistemas de distribuição que apresentam menores custos, comumente utilizados por muitos fabricantes.

4.1 – Serviços Desejados

Como orientação para qualquer decisão de qualidade, é preciso entender, no caso da distribuição, quais os serviços desejados pelos consumidores-alvo escolhidos.

Alguns exemplos são:

- ◆ **tamanho do lote:** lotes maiores oferecem, em geral, preços mais atrativos para os consumidores, principalmente porque transferem parte dos custos de armazenagem, financiamento e riscos (roubo, obsolescência, validade) para o consumidor, mas o espaço físico ou o poder de compra, por exemplo, podem ser limitações apresentadas pelo consumidor que farão com que, apesar da melhor relação custo *versus* benefício oferecida pelos lotes maiores, estes clientes optem por lotes menores com custos maiores;

- **tempo de espera:** quanto maior o tempo de espera, maior a previsibilidade de compra por parte do consumidor, que deverá se preparar para algumas de suas demandas, fato gerador de uma certa inconveniência para o cliente. Mas perceba que a conveniência não diz respeito apenas à velocidade, já que, em certas ocasiões, pode ser mais conveniente para o consumidor que o produto seja entregue depois de algum tempo, como, por exemplo, quando da aquisição de material de pintura, antes da entrega da parte estrutural de um imóvel. Nesse caso, a entrega rápida pode representar um transtorno em vez de conveniência para o consumidor. Geralmente a conveniência do consumidor tem preço, pois exige, do intermediário, custos adicionais de estoques e sistemas de entregas mais eficientes;

- **conveniência espacial:** se você necessita de uma refeição no seu intervalo para lanche, a conveniência está em encontrar alternativas rápidas e à mão para consumo, ainda que isto custe mais caro. Já para compras de consumo futuro, um supermercado, mais distante de seu local de trabalho, mas com preços mais atraentes, pode ser a alternativa mais conveniente. A perda de capacidade de consumo da classe média brasileira teve como consequência a redução do tamanho dos imóveis e este fato, por si só, representa uma importante restrição para a capacidade de armazenamento de alimentos, por exemplo.

- **conveniência pessoal:** o aumento de criticidade dos consumidores está alinhado com sua demanda por alguns serviços especializados; imagine que a maioria das mulheres atualmente trabalhe fora de casa, sem deixar de responder pela maior parte das responsabilidades familiares. Essa realidade reduziu muito a condição da mulher de cozinhar, favorecendo a produção de produtos congelados e criando oportunidade para consultorias em supermercados, por exemplo, sobre quais produtos são mais adequados para a necessidade de cada cliente; as ouvidorias representam um novo tipo de serviço que utiliza a crítica do consumidor como insumo para aprimorar a qualidade dos serviços oferecidos para seus clientes;

- **variedade de produtos:** como discorrido anteriormente, a oferta de variedade disputa espaço nas gôndolas, fato que, comumente, representa custos maiores para o intermediário, portanto, preços maiores para os clientes. Os conhecidos showrooms, presentes nos varejistas de materiais de construção, exigem grandes investimentos, pelo espaço e sofisticação que demandam. Se o consumidor estiver disposto a aguardar um pouco mais, por exemplo, a oferta de canais alternativos como os supermercados virtuais pode equilibrar essa realidade, já que o tipo de canal não apresenta limitação espacial e não exige estruturas físicas de grande complexidade. Algumas iniciativas no setor de materiais de construção, como os sites que se utilizam de tecnologia tridimensional, por exemplo, já buscam alternativas para referidas restrições;

- **retaguarda de serviços:** serviços como financiamento e assistência técnica podem representar o diferencial entre vender ou não produtos, isso porque muitos consumidores dependem de financiamento para adquirir produtos e serviços e, nesta situação, de nada vale um pré-atendimento rápido e cortês se o consumidor tem de aguardar horas para acessar o financiamento.

O acesso a informações de qualidade e a correta utilização destas pode oferecer grande diferencial competitivo para a empresa. Essa realidade tem estimulado muitas organizações a investir parte de sua energia e recursos no tratamento profundo das informações colhidas no canal de marketing (produtores, intermediários e consumidores), pois a inteligência adquirida pode representar a diferença entre competir e sucumbir na nova realidade competitiva global.

4.2 – Objetivos e Capacidade

Depois de entender as necessidades de serviços complementares apresentadas pelo mercado-alvo, faz-se fundamental uma análise minuciosa para verificar se tais necessidades estão alinhadas com os objetivos definidos pela organização (só faz sentido a oferta de determinados serviços se os clientes estiverem dispostos, de fato, a pagar por eles) e se a empresa tem condição de atender às necessidades apresentadas (restrições logísticas).

Naturalmente os consumidores gostariam de acessar o maior número de serviços possível, no entanto, na maioria das vezes, não estão dispostos a pagar por isso.

Tomemos como exemplo a situação apresentada a pouco, na qual a pessoa busca por uma refeição no seu horário de lanche. A posse física da mercadoria e a proximidade de acesso são condições *sine qua non* para que o consumidor efetue a compra. Já na situação seguinte, na qual a compra objetiva o consumo futuro, ainda que o consumidor deseje a disponibilidade e maior proximidade possível, nem sempre está disposto a pagar mais por isso. Nessa nova situação o preço pode fazer com que o consumidor se desloque uma distância maior, pois o tempo não representa, no exemplo proposto, uma restrição para o consumo.

Já para o exemplo do piso (consumidor não quer riscos de transporte), pode ser que o cliente não queira pagar pelo serviço qualificado, apesar da demanda por cuidados mais específicos no transporte. Nesse caso, deve ficar clara para o consumidor a restrição de custo existente para a disponibilização do referido serviço.

Assim, a questão do custo pode representar uma importante restrição para o atendimento das necessidades de serviços apresentadas pelo consumidor, mas, em outras situações, as restrições específicas podem prejudicar a utilização de uma melhor relação de custo *versus* benefício.

Veja o caso do pão integral: ainda que se perceba que a maneira mais eficiente de distribuição seja em grandes cargas, porque o produto possui baixo valor agregado e o serviço de distribuição, em casos da espécie, agrega altos custos ao preço final do produto, limitações como perecibilidade e baixa resistência a peso, por exemplo, impedem a utilização dos meios mais eficientes para distribuir.

Neste ponto é fundamental relembrar que, ainda que o consumidor apresente exigências de alto nível de serviço, se a estratégia definida inicialmente pela organização foi a de competitividade por preços baixos, valor destacado pelo mercado-alvo quando da pesquisa, os serviços a serem oferecidos devem estar alinhados com essa estratégia. O bom atendimento para o cliente, nesse caso, está vinculado, prioritariamente, ao menor preço possível, o que faz com que o bom tratamento e alto nível de serviço seja preterido em favor do concorrente se isto representar preço final maior.

4.3 – Opções de Canal

Alinhadas às necessidades de serviços apresentadas pelos clientes, a capacidade logística de atendimento destas e os objetivos e estratégias definidos pela organização, é hora de verificar quais os tipos e número de intermediários mais adequados para a eficiência do canal de marketing.

4.3.1 – Tipos de Intermediários

São muitas as possibilidades de distribuição oferecidas pelo atacado e varejo.

Entre elas, pode-se destacar: as lojas de varejo, força de vendas própria, o telemarketing, o marketing direto, a venda porta a porta, os distribuidores industriais, a internet, mais recentemente.

Se a informação prestada pelo consumidor é estratégica para uma organização, os tipos mais adequados poderiam ser as lojas de varejo e a internet, por exemplo. Isso porque, quando utilizado um atacadista, a informação é filtrada pelo intermediário antes de chegar às mãos da indústria, oferecendo riscos à qualidade da informação repassada. Assim, nessa situação, o mais adequado seria ter o acesso direto ao consumidor para ter a informação e observar o seu comportamento de consumo em tempo real.

Ocorre que esse tipo de canal oferece maior complexidade e, por conseqüência, custos e riscos para a indústria, haja vista a falta de escalas (portfólio, capacidade de financiamento) para utilização exclusiva dessas estruturas. Isso faz com que grande parte dos fabricantes acabe optando por intermediários atacadistas, mais especializados e próximos dos varejistas pela escala que possuem, como relatado anteriormente.

Interessante observar que algumas iniciativas que ofereceram conveniência para os consumidores representaram o sucesso de determinados produtos. É o caso de algumas empresas de cosméticos que vão até a residência das pessoas e, ultimamente, estão presentes no local de trabalho, facilitando o acesso e, conseqüentemente, estimulando o consumo dos produtos.

4.3.2 – Número de Intermediários

Ao se pensar em conveniência, costumeiramente se imagina a facilidade de acesso à determinada coisa.

Ocorre que em mercados onde, por exemplo, a diferenciação oferecida por determinado produto é substancialmente valorizada, a restrição de acesso pode representar conveniência, isto porque os consumidores que acessam o canal costumam valorizar a limitação para acesso ao canal que referida restrição cria para os consumidores comuns, o que gera percepção de valor para clientes mais exigentes, ainda que o seu acesso ao ponto-de-venda não seja simples e rápido. Algumas grifes de roupas, jóias e carros famosas que, apesar de se utilizar de lojas de varejo, possuem poucos e restritos pontos de acesso para seus clientes, vêm obtendo sucesso com essa estratégia. Lojas especializadas em consultoria para construções de maior valor agregado obtêm sucesso ao oferecerem o serviço com custos adicionais e, por isso mesmo, seletividade conseqüente da estratégia. Essa forma restrita de acesso é conhecida como Distribuição Exclusiva e exige, em contrapartida ao limitado número de consumidores que acessa, desembolsos maiores dos clientes que procuram os produtos comercializados por estes canais.

Outras empresas, apesar de buscarem na diferenciação sua estratégia de colocação dos produtos e serviços a serem comercializados, ampliam um pouco mais o escopo de seu mercado-alvo, selecionando, porém, alguns segmentos de interesse bastante específicos. Essa estratégia de distribuição é chamada de Distribuição Seletiva, pois, apesar da ampliação de acesso que oferece em relação à Distribuição Exclusiva, ainda seleciona os consumidores que terão acesso aos produtos e serviços pelos canais identificados e utilizados.

Por fim, a estratégia mais comum e mais utilizada pelas empresas, até porque o grande volume de produtos consumidos atualmente são produtos conhecidos como *commodities*, pela similaridade que oferecem entre os diversos fabricantes, é denominada Distribuição Intensiva e se utiliza de vários tipos e grande quantidade de canais de distribuição para tornar seus produtos o mais próximo possível da grande massa de consumidores.

Esse é um risco comum nos sistemas de distribuição, pois, especialmente em mercados em que a demanda é superior à oferta, há uma tendência dos canais de querer ampliar a oferta de produtos, o que pode, dependendo da estratégia do produtor, por exemplo que foca a diferenciação, prejudicar a percepção de valor por parte do consumidor, reduzindo sua disposição em pagar um 'prêmio' para adquirir determinado produto ou serviço.

Assim, é fundamental o acompanhamento dos canais participantes do Sistema de Canal de Marketing estruturado, procurando ajustar as ações destes pontos com a estratégia definida para o sistema. Quão maior for a exigência do consumidor, maior será a dificuldade de identificar canais eficientes para o seu atendimento, haja vista o nível de exigência por serviços superiores do segmento.

Como podemos observar, os canais de distribuição, em especial, os varejistas, foram assumindo ao longo dos últimos anos uma importância muito grande, especialmente quando consideramos que a maior parte dos serviços de marketing (coleta de informações, promoção, negociação, pedido, financiamento, posse física, propriedade, riscos, pagamento, entre outros) se deslocou para o PDV (ponto-de-venda), fato que justifica, mais uma vez, o poder adquirido por esses intermediários, fruto da especialização que adquiriram com o mercado consumidor.

Ao ser considerada a realidade competitiva atual, é essencial que os participantes do Sistema de Canal estejam alinhados à estratégia maior, pois qualquer desvio na política de preços, condições de negociação (descontos, financiamentos, devoluções), podem comprometer todo o sistema, especialmente aqueles que envolvem uma comunicação padronizada, como por exemplo as franquias e associações de varejistas.

5 – SCM – *Supply Chain Management*

A busca incansável por reduzir custos, iniciada pelas empresas nos últimos anos, foi oferecendo a percepção de que ao longo de uma cadeia de suprimentos era possível encontrar sinergias operacionais entre os diversos participantes que acabaram por oferecer importantes reduções de custos para as empresas que se associaram.

A princípio essa realidade, estimulada por conceitos como o JIT (*Just-In-Time*), acabou sendo imposta pelo participante mais forte da cadeia, conhecido também por Capitão do Sistema, oferecendo vantagens exclusivamente para os participantes detentores do poder nas relações da cadeia.

Apesar de os bons resultados alcançados no início, essas iniciativas acabaram se deparando com a perda de qualidade no fornecimento de alguns produtos, já que a responsabilidade por redução de custos, sem benefícios imediatos, ficara exclusivamente por conta dos elos mais fracos da cadeia.

Quando consideramos teorias como a das restrições, que indica como única alternativa ao incremento da eficiência o fortalecimento dos elos mais fracos de um sistema, chamados de gargalos, ou da cadeia de valor que apresenta quão essencial é o fortalecimento dos elos que dão sustentação à cadeia, interligando de forma qualitativa as atividades primárias e de apoio da cadeia, buscando oferecer valor superior aos resultados do sistema, parece que esse tipo de iniciativa caminha frontalmente contra a proposta de eficiência de uma cadeia produtiva.

O estudo dessa realidade ofereceu a oportunidade de enxergar a importância de se alinhar as atividades primárias e de apoio de uma cadeia de suprimentos, a exemplo da cadeia de valor, integrando seus participantes com o objetivo maior da cadeia que deve ser a geração de valor para o cliente, esforço conjunto que oferece resultados para todos os integrantes de uma cadeia de suprimentos, no momento em que o consumidor escolhe pelo produto da rede de supridores, demandada, na origem, pelo pedido do cliente.

Quando um cliente adquire uma quantidade de piso, em uma loja de varejo de material de construção, ele oferece oportunidades para os atacadistas, para a indústria que o produz, para os fornecedores desta indústria e para os seus fornecedores, por consequência. É uma rede extensa e interligada, a qual, caso o cliente não compre, é impactada em toda a sua extensão.

Assim, por mais distante que se encontre um fornecedor do consumidor final, é fundamental que ele perceba que a escolha por esse ou aquele produto pode fazer toda a diferença entre o lucro ou prejuízo do seu negócio. Como no exemplo do piso, quando alguém resolve comprar um sanduíche, ganha o varejista que comercializou o produto, mas também ganham os fornecedores de pão, de carne de hambúrguer, ganham os produtores de alface, de tomate, de trigo, de farinha de trigo, ganham os produtores de leite, de queijo, ganham os fornecedores de defensivos agrícolas e, por sua vez, as indústrias químicas, fornecedoras desses fornecedores.

Essa visão oferece a idéia de quanto valor pode ser agregado se todos os integrantes de uma cadeia como essa resolverem se integrar, na busca de sinergias e inovações capazes de gerar valor para o produto final a ser adquirido pelo consumidor.

5.1 – A Cultura da Confiança

Muitos alunos me perguntam o porque, se tal reflexão pode oferecer com tanta clareza a visão das oportunidades existentes no processo de integração ou gestão conjunta da cadeia de suprimentos, de as empresas resistirem a implementar tal conceito.

A resposta: cultura.

Todos vivemos o exercício do poder em nossas vidas, ora exercendo, ora nos subordinando a ele.

No Brasil, em especial, nas últimas décadas, as pessoas foram incentivadas a tirar toda a vantagem possível em seu próprio benefício nas negociações de que participassem.

Essa realidade vivida pela grande maioria dos empresários criou uma resistência natural a acreditar que é possível confiar nas parcerias propostas e abrir informações estratégicas, até porque ao abri-las, teoricamente, acreditam que ficam fragilizados na negociação, já que os argumentos utilizados nas negociações relacionados com margens inferiores, resultados deficitários ou custos elevados podem cair por terra quando visualizados os números da organização.

Tenho dito a diversos empresários que não sei quem está ganhando dinheiro, pois todos eles me afirmam que os negócios estão difíceis. Assim, imagine um dono de loja de material de construção que reclama com o fornecedor de dificuldades quanto às margens oferecidas, à espera de um desconto. A partir do momento que o fornecedor tem acesso à real situação do varejista e vice-versa não é mais possível usar esse tipo de argumento na negociação se não for verdadeiro.

Infelizmente, fruto dessa cultura, a visão individual tem sido priorizada em detrimento do conjunto, fato que dificulta seriamente a implementação do conceito do SCM.

É preciso dar inicio a um processo de reeducação das crenças organizacionais, demonstrando os benefícios que o referido processo integrativo pode representar para os participantes de uma cadeia e, acima de tudo, ter no principal *player* dessa cadeia o indutor do conceito.

Tomemos por exemplo uma família que tenha seu orçamento familiar deficitário mês após mês. Se nenhuma atitude for tomada, quanto à redução dos gastos de seus membros, certamente esta família poderá entrar em insolvência.

A atitude mais comum é o membro que detém o poder, que participa com o maior salário do orçamento, chamar a atenção dos demais para a necessidade de redução dos gastos, sem reduzir, porém, os seus próprios gastos.

É o famoso discurso desalinhado com a prática.

Os membros mais fracos são forçados a realizar cortes percentuais relevantes de seus gastos para atingir o corte nominal necessário ao equilíbrio orçamentário.

Nesse caso, apesar de realizarem os cortes, forçados pelo principal membro da cadeia, o fazem sem assimilar a sua importância para a geração de competitividade de todos os integrantes. O fazem reduzindo, ao mesmo tempo, a qualidade, na maioria das vezes, dos insumos utilizados, das inovações necessárias e não oferecidas, prejudicando a percepção de valor do cliente e, apesar de solucionada muitas vezes a questão do custo, incialmente, 'dão um tiro no pé', pois o cliente por perceber menos valor se dispõe a pagar menos e, com isso, exige novas reduções de custos, levando a cadeia a um processo muitas vezes destrutivo.

Tal cenário demonstra quão importante, para a percepção de valor, para o desenvolvimento da confiança entre os membros de uma cadeia é a iniciativa do membro mais forte, que propõe o aumento da eficiência, assumindo proporcionalmente a sua parte (nominalmente maior, na maioria das vezes) como exemplo para que todos os demais se proponham a colaborar.

Assim, o pai corta parte de seus gastos, procurando sensibilizar os filhos da importância de cada um colaborar para buscar o equilíbrio no orçamento familiar, já que sem tal iniciativa, provavelmente, todos perderão ainda mais sua capacidade de consumo.

O poder dessa iniciativa tende a mobilizar os participantes de tal forma que a busca pela eficiência pode se tornar prioridade e, nessa busca, soluções inimagináveis surgem com a construção do capital intelectual da cadeia e, por conseqüência, de vantagens competitivas sustentáveis criadas, dada a agilidade, singularidade e dificuldade de identificar e, conseqüentemente, copiar tais processos.

No setor de material de construção, indústrias como a de cimento e tintas, entre outros, pela profissionalização que vêm alcançando, podem se apresentar como grandes construtores de valor do setor. Se a necessidade de financiamento, por exemplo, é tida como um grande gargalo para o crescimento do setor, imagine a força que a criação de um 'fundo de aval' ou até um fundo destinado a financiar, de maneira subsidiada, a população de baixa renda (responsável, segundo a Anamaco, por cerca de 77% do volume de compras, destinadas a autoconstrução), pode representar como passo de integração para essa cadeia. O passo desses grandes *players* pode ser um grande indutor para a integração do varejo que poderia, por exemplo, recolher um pequeno percentual de suas vendas para ampliar o fundo sugerido, passando a ser quotista do fundo. Na indústria financeira o fundo garantidor de crédito, constituído para garantir até R$ 20 mil por CPF, em caso de falência de alguma instituição financeira, já conta com vários bilhões de reais em recursos depositados.

Iniciativas como essas fortalecem o setor e podem servir como formas alternativas à forte dependência de financiamento governamental que o setor da construção demanda.

Organizações como as sugeridas induzem a construção de contratos formais de confiança que ao longo do tempo tendem à informalidade e ao aprofundamento entre os diversos membros da cadeia.

Não pretendo com esta análise dizer que se trata de uma proposta simples. Pelo contrário.

A clara dificuldade apresentada para introdução do conceito na realidade organizacional demonstra a oportunidade existente para aquelas organizações que tomarem a dianteira no processo; a conquista dos diferenciais propostos não depende apenas do investimento financeiro. O tempo demandado para sua implementação e aprimoramento existirá independentemente da capacidade financeira da organização. A demanda por tempo para sua consolidação existirá sempre, oferecendo vantagem para aquelas empresas que saírem na frente e mantiverem seu investimento voltado para o desenvolvimento da cultura de integração.

5.2 – Iniciando o Aculturamento

Se é difícil sensibilizar os participantes, como começar?

Assim como no seu orçamento familiar, dirija seus esforços, inicialmente, aos principais centros de custo do processo, normalmente presentes nos participantes com maior influência.

Ao contrario do que se imagina, a solução não está no corte dos supérfluos, freqüentemente responsáveis pela menor parte e, muitas vezes, insuficiente para o equilíbrio do orçamento. O corte ideal envolve mudanças importantes como a redução do aluguel/prestação da casa própria ou da mensalidade escolar. Só assim é possível equilibrar os gastos e, em determinadas situações, até mesmo criar a oportunidade de iniciar um processo de poupança capaz de devolver, no longo prazo, a capacidade de consumo dos envolvidos.

O fato é que a implementação do conceito depende de um primeiro passo e este passo precisa ser do participante mais forte da cadeia. Quando nos referimos a uma empresa, trata-se da área com maior orçamento, maior importância e, portanto, com maior poder.

Quando nos referimos a uma cadeia de suprimentos, referimo-nos à empresa com maior concentração de riqueza na cadeia, como é o caso da indústria no setor automobilístico ou do varejo no segmento de alimentos.

O passo do mais forte favorece a percepção de valor, de necessidade da mudança e implementação do conceito, além de colaborar para o desenvolvimento da confiança entre os participantes, especialmente no que diz respeito às mudanças propostas e resultados esperados.

Assim, em uma empresa de varejo, em razão do alto volume de recursos direcionados para a área de compras, o ganho de eficiência nesta área pode representar redução significativa nos custos totais. Se, por outro lado, a busca pela redução desejada for direcionada para as áreas de recursos humanos ou marketing (atualmente os principais 'colaboradores' dos cortes organizacionais), o que poderia representar um ajuste imediato para a organização, no médio/longo prazo pode ter um impacto substancialmente negativo para a empresa, haja vista a necessidade de cortar expressivamente os orçamentos envolvidos em razão da meta nominal de corte e menor participação orçamentária dessas áreas no orçamento global.

O corte em áreas como as mencionadas provoca sérios reflexos no relacionamento com seus mercados, pois a prestação de serviços, realizada por pessoas, vem se configurando dia após dia como o grande diferencial competitivo, quando consideramos que a tecnologia atualmente é um grande *commodity*, ou seja, está disponível para toda e qualquer empresa que desejar acessá-la e tiver capacidade para tal.

Sem pessoas preparadas e comprometidas com os objetivos organizacionais é difícil pensar em estabelecer uma comunicação de qualidade, capaz de levar a percepção de valor para os consumidores e direcionar sua decisão de compra para esse ou aquele produto/serviço.

5.3 – O SCM, a Cadeia de Valor e o Desenvolvimento Econômico

O alinhamento das atividades primárias de uma organização (compras, produção, comercialização etc.) e a geração de valor que tal alinhamento pode oferecer dependem da eficiência com que as atividades de apoio (recursos humanos, marketing, tecnologia etc.) suportam as primárias, ancoradas pelo nível de profundidade com que todas as áreas se interligam.

Esse modelo, conhecido como cadeia de valor, oferece uma visão interessante do que se propõe para o *Supply Chain Management*.

Na atividade logística, por exemplo, atividades como pedido, manutenção de estoques e transporte são consideradas primárias, porque um pedido mal realizado ou mal interpretado ou seu desalinhamento com os estoques existentes (o pedido de um produto não existente no estoque) pode comprometer a qualidade de todos os próximos passos ao longo da cadeia.

Além disso, atividades como a de armazenagem, manuseio de mercadorias, manutenção de informação, programação da produção, entre outras, são importantes atividades de apoio para a qualidade com que se desenvolverão as atividades primárias e, só por meio de sua total integração (atividades primárias e de apoio) será possível gerar valor ao longo do processo e impactar positivamente a percepção do mercado-alvo proposto.

Um pedido de azulejo com código errado, por exemplo, pode comprometer uma série de participantes da cadeia, representando graves desperdícios/custos para todos os envolvidos. Assim como nesse exemplo, se a existência de estoque excessivo de determinado piso oferece custos importantes para a empresa, dada a necessidade do financiamento deste estoque e obsolescência do produto, a falta de estoque pode prejudicar a venda e, portanto, oportunidade de ganhos de uma empresa/cadeia.

Toda essa eficiência gerada pelo aprimoramento e integração dos processos de fornecimento e distribuição amplia o nível de especialização da atividade produtiva, ocasionando reduções de custo que, por sua vez, oferecem oportunidade de redução de preços ou ampliação do nível de serviços ofertados, dependendo da estratégia de posicionamento da empresa (vantagem de custos ou diferenciação).

Preços menores e serviços melhores tendem a encontrar novos mercados, novos consumidores, os quais, com a nova demanda criada, oferecem oportunidades de empregos, renda e novos benefícios, ou seja, de desenvolvimento econômico, com a riqueza gerada por este ciclo virtuoso.

6 – O SCM e o Novo Milênio

Entre os diversos desafios lançados para a humanidade neste novo milênio, certamente está o de humanizar ou o de reumanizar o mundo.

A forte competitividade instalada no final do século XX provocou uma forte individualização de objetivos, prejudicando necessidades comuns.

O esforço por comunicar valor, na busca de conquistar a preferência dos consumidores, revolucionou os canais de comunicação, consolidando tecnologias como a televisão, os computadores pessoais e inserindo inovações como a internet, ainda com efeitos imprevisíveis no comportamento das pessoas para as próximas décadas.

Ainda que essa revolução tenha trazido importante contribuição para o desenvolvimento da humanidade, em áreas como a medicina, agricultura, educação, entre tantas outras, expôs a discriminação e outras diferenças existentes entre o Primeiro Mundo e países emergentes, ou em desenvolvimento, como são chamados.

O acesso à informação despertou o interesse para o consumo entre as classes menos privilegiadas, com menor renda.

Os turnos extensos de trabalhos, necessários à manutenção mínima de dignidade, ampliou ainda mais as diferenças educacionais, afetivas e de valor entre as classes mais pobres.

A falta de perspectiva e forte apelo pelo consumo apóiam o constante crescimento da violência, em especial nos grandes centros urbanos, aumentando as incertezas sobre o futuro da sociedade civil organizada.

Neste momento, eventos como os constantes enfrentamentos entre a polícia e traficantes na cidade do Rio de Janeiro demonstram o enfraquecimento do poder público, acuado por tantas burocracias e regras oferecidas para o sistema, favorecendo a entrada para a criminalidade de jovens ávidos pelo consumo e sem valores estruturais como afetividade e solidariedade, fruto da violência, exclusão e descaso vividos em seus próprios lares.

Não é possível pensar que esta realidade é responsabilidade desse ou daquele indivíduo ou instituição. Quando um sistema começa a sucumbir, todos pagam um alto preço, a exemplo da depressão americana de 1929 ou da própria crise argentina ocorrida nos últimos anos.

A realidade impõe uma mudança de comportamento. Exige que indivíduos e instituições se apóiem na busca por alternativas que reduzam as diferenças sociais e ofereçam oportunidades para todos.

6.1 – O Exemplo da Europa

No final da década de 80, os países europeus passavam por um momento econômico extremamente difícil.

O alongamento da expectativa de vida, somado à expressiva redução do número de filhos nas famílias européias, oferecia uma grave realidade: o excesso de compromissos previdenciários sem a perspectiva de entrada de novos contribuintes, capaz de manter o sistema atuarial vigente.

Essa realidade deu início a uma série de movimentos no continente entre os governos que propunham mudanças nos sistemas existentes e a população que lutava para não ver tais direitos conquistados perdidos diante da realidade que se configurava.

Era preciso coragem para 'ressuscitar' uma economia decadente que dava fortes sinais de recessão, com os efeitos que a crise certamente traria para a sociedade européia (redução de empregos, salários, consumo, impostos e os benefícios por eles viabilizados; incremento da informalidade e desarranjo social).

Assim se fortalecia a idéia de um mercado único que tinha por objetivo a redução das barreiras comerciais, o aumento do capital e a mobilidade da mão-de-obra. Uma proposta de integração que via na queda de barreiras alfandegárias e incentivo ao comércio entre os países da Europa a única saída para revitalizar uma economia enfraquecida e que dava claros sinais de falência.

Um desafio monstruoso quando consideradas as diferenças culturais, sociais, as diversas línguas e, principalmente, as diferenças econômicas entre os países do bloco.

Contra tudo e contra todos aqueles que entendiam impossível uma iniciativa de tal magnitude, em 7 de fevereiro de 1992 foi assinado o Tratado de Maastricht, o qual entrou em vigor no dia 1º de novembro de 1993. O tratado originou a União Européia, e expandiu o foco da Integração. Inicialmente formada por 15 países: Bélgica, Alemanha, França, Itália, Luxemburgo e Países Baixos (Holanda) – primeiros a propor uma integração em 1951; Dinamarca, Irlanda, Reino Unido (Inglaterra, Escócia, País de Gales e Irlanda do Norte), os quais se integraram aos primeiros em 1973; Grécia (1981); Portugal; Espanha (1986); e, finalmente, Áustria, Finlândia e Suécia, integrados ao bloco em1995. Recentemente (1º de maio de 2004) o mundo assistiu à integração de mais dez países (Estônia, Chipre, Lituânia, Hungria, Malta, Polônia, Letônia, Eslovênia, Eslováquia e República Checa). Existem ainda outros três nações candidatas a participar do bloco (Turquia, Romênia e Bulgária).

Sem dúvida se trata de uma proposta revolucionaria, a qual imaginava, ainda, uma moeda comum para todos aqueles países no futuro.

O sucesso de tal empreendimento dependia do fortalecimento dos elos mais fracos daquela cadeia. Países que necessitavam de investimentos para alinhar suas economias aos parâmetros mínimos (inflação, endividamento público, entre outros) fixados para a coexistência dos países parceiros naquela proposta.

Nem todos os países da UE fizeram a opção pelo euro, mesmo estando qualificados de acordo com o Tratado de Maastricht. Apesar de pertencerem a União Européia, Dinamarca, Suécia e Reino Unido não adotaram o euro. Mantiveram suas moedas correntes, que flutuam em relação ao euro, bem como o poder para conduzir suas próprias políticas monetárias.

Ainda assim, no dia 1º de janeiro de 2002, os demais 12 países que compunham, à época, a União Européia, introduziram fisicamente as novas cédulas e moedas bancárias do euro em suas economias, de forma que, no final de fevereiro daquele ano, suas moedas correntes haviam sido retiradas de circulação por completo e o euro se tornado a única moeda a circular naqueles países.

No inicio, novamente, os pessimistas viam naquele momento a ameaça de enfraquecimento de uma proposta que foi superando obstáculos e inserindo a Europa, outra vez, como um grande competidor e importante mercado de consumo mundial.

Inicialmente, tal pessimismo desvalorizou fortemente a nova moeda perante ao dólar americano, mas a disciplina e a determinação venceram mais uma vez e mostraram que os países participantes acreditavam na proposta e continuavam investindo nos mais fracos para fortalecer o mercado comum. O euro passa a se valorizar em relação ao dólar, realidade que se torna um problema para este mercado que vê na força de sua moeda um ponto fraco à competitividade de países como o Brasil, os quais, em razão dos custos competitivos que possuem e apoiados por uma moeda não conversível ou enfraquecida em relação ao euro e ao dólar americano, passam a ter preços bastante competitivos para participar de um novo mercado europeu revitalizado e comprador.

Esse exemplo, diante da sua complexidade e resultados atingidos até o momento, pode demonstrar a força que a integração proposta pelo SCM representa.

O desenvolvimento desses processos integrativos envolve a consolidação de relações de confiança para que ocorram as transferências de *know-how* e redução dos processos burocráticos, recursos não conquistados apenas com investimentos financeiros; independentemente do volume de recursos a que estejam dispostas as empresas a investir, tal competência demanda tempo para ser conquistada e consolidada, fato que oferece importante diferencial para aquelas organizações que saírem na frente.

É claro que a proposta apresenta riscos importantes, como em qualquer grande oportunidade, pois estamos falando da abertura de estratégias competitivas e de acordos comerciais, além da necessidade de investimentos razoáveis para a sua implementação.

Ainda assim, é fundamental a reflexão de que em uma realidade de grande competitividade, com clientes cada vez mais esclarecidos e exigentes, não há como não correr riscos; a criatividade, indutora dos processos inovadores, pressupõe comportamentos empreendedores, ou seja, disposição para assumir riscos.

No futuro próximo, na opinião deste autor, a competitividade será estabelecida entre cadeias de suprimento, e não mais entre empresas como nos acostumamos a assistir, fruto do valor que será percebido pelos clientes, fruto do aprimoramento dos serviços prestados, alinhados com as prioridades definidas com o consumidor final, ao longo de toda a cadeia de suprimentos, uma cadeia que supre uma série de demandas iniciadas, exatamente, pela demanda do consumidor final.

Processos integrativos exigem participações nominais menores aos participantes da cadeia, já que, mais focados em suas principais atribuições (*core business*), o pequeno esforço de todos e a otimização que isso representa para o sistema como um todo podem representar substancial vantagem competitiva para a cadeia que, mantido o comportamento de integração, passa a desfrutar da construção e manutenção de vantagens competitivas sustentáveis.

Uma nova visão de negócio, mais abrangente, que vê na pequena contribuição de cada fornecedor dos fornecedores ou cliente dos clientes a oportunidade de geração de valor para todos os que participam da produção de produtos ou serviços que compõem os produtos e serviços que serão consumidos ao final da cadeia.

6.2 – Novas Competências

Esta nova realidade impõe novas competências a profissionais e empresas, dentre as quais se destacam a necessidade de integração entre o conhecimento do que se faz e a capacidade de visão holística, ou seja, de entender o processo como se único fosse, procurando enxergar oportunidades de agregação de valor pela atividade de cada área.

Se a área de vendas é a grande responsável pela entrada de recursos para a organização, sem o apoio da área de compras, logística ou de recursos humanos, responsável por todo o processo de seleção, contratação e desenvolvimento de todos os profissionais envolvidos, não poderia concretizar suas vendas.

Não será mais possível a existência de lideranças que não tenham a menor idéia do que se faz em determinada área ou que, apesar de toda a especialização que possuem, não sejam capazes de perceber o valor existente em todo o processo, apresentando uma visão míope e egoísta sobre valor, investimentos e prioridades.

Também não será possível a existência desse ou daquele ativo mais importante, pois o valor estará na eficiência gerada pela integração dos ativos, e não pelo valor individual deles.

Com isso, todas as decisões organizacionais, desde a definição de objetivos comuns, estratégias e prioridades para seu alcance, até a implementação, acompanhamento e correções que se fizerem necessárias, devem considerar a colaboração e efeitos para os principais *stakeholders* da organização, ou seja, aquelas pessoas que desempenham papéis fundamentais no processo de desenvolvimento e sobrevivência da organização, dentre os quais parece importante destacar os acionistas, colaboradores e clientes, sem esquecer dos fornecedores e da própria comunidade em que está inserida a empresa.

Só com tal integração será possível minimizar os riscos de falha e insucesso ao inserir produtos e serviços para consumo ou uso.

Toda essa integração reduz a burocracia, tornando mais ágil o processo produtivo e reduzindo os estoques intermediários, com efeitos absolutamente positivos na busca por redução de custos.

6.3 – A Demanda 'Puxada'

Esta nova proposta muda significativamente a forma de gestão das organizações, no momento em que revoluciona a qualidade da informação de toda a cadeia produtiva.

Atualmente os processos orçamentários ainda consideram o sistema de previsão para planejamento dos objetivos organizacionais, ou seja, utilizam-se de dados históricos e perspectivas para projetar demanda, custos, entre outros. Tal procedimento vem apresentando limitações importantes, especialmente quando consideramos que os consumidores mudam continuamente seu comportamento de consumo, fazendo com que os resultados de determinado mês sejam completamente diferentes do mesmo período do ano anterior.

O resultado é que, cada vez mais, as organizações 'empurram' seu excedente para o mercado, cristalizando uma cultura que percebe valor apenas nas liquidações, as quais deixaram de acontecer nos momentos de renovação dos estoques para se tornarem uma constante na oferta do varejo, de forma generalizada.

O consumidor é condicionado a procurar por oportunidades de preço, prejudicando a possibilidade de valor encontrada em diferenciais oferecidos.

O SCM fornece uma nova visão e oportunidade a esta realidade, quando integrada à cadeia e disparada a informação no momento em que a compra acontece.

Quando há a integração na cadeia de suprimentos, no momento em que o consumidor realiza a sua compra, toda a cadeia de fornecimento é integrada, por meio da informação repassada pelo varejo naquele momento.

Com isso, o fornecedor tem a informação em tempo real de como está se comportando a demanda, o que lhe oferece condições de ajustar sua produção de acordo com a necessidade, evitando custos com a aquisição de insumos desnecessários, financiamento elevado de estoques intermediários, redução de margens para desova de produtos acabados em excesso, além da possibilidade de indicação de ações corretivas quando percebida uma redução no consumo de um determinado produto.

Imaginemos, por exemplo, a indústria de cimento que, por acompanhar on-line o volume de produtos consumidos de sua linha nos pontos-de-venda, verifica uma queda importante na compra de determinada linha, em certa região.

A primeira ação é o ajuste nos seus pedidos de matérias-primas, o que faz com que seus fornecedores também já tenham a informação da queda na demanda supramencionada, podendo replicar imediatamente tal ação para os fornecedores anteriores a este processo. A seguir a indústria pode acionar o seu canal de relacionamento (vendedores, representantes, distribuidores etc) para verificar nos pontos-de-venda os fatores que levaram a tal redução.

Com a visita pode ser possível constatar, por exemplo, que o produto está fora da área de decisão dos consumidores, ou seja, não está entre outros materiais parecidos, o que prejudica a possibilidade de o consumidor optar pelo produto. A correção do problema deve auxiliar no ajuste da demanda, voltando aos níveis normais.

Esse processo evita o 'truncamento' na informação, a qual, normalmente, acaba chegando ao fabricante (quando chega) meses depois, quando, por previsão, muitos volumes do produto já foram montados, sem que existam consumidores potenciais como se imaginava.

A implementação do conceito faz com que substanciais custos sejam evitados, fato que beneficia a todos da cadeia, reduzindo, inclusive, riscos de inadimplência e ampliando a vantagem competitiva de todos, fruto da eficiência na gestão de custos e acompanhamento da demanda nos pontos-de-venda.

A entrada de novas tecnologias como a etiqueta inteligente (carrega consigo o histórico de movimentação da mercadoria), a qual funciona por radiofreqüência, pode trazer verdadeiras revoluções para o consumo, como, por exemplo, a possibilidade de redução de *check-outs* (caixas) nos pontos de venda, facilitando a compra, processo que deve estimular a ampliação do consumo diante da conveniência que oferece. As pessoas escolhem seus produtos, com a referida etiqueta, e ao passar por uma leitora de código de barras, com capacidade para ler grande quantidade de produtos (até 200 por segundo), tem o total da compra realizada com o acesso automático ao débito em seu cartão (possível pela tecnologia de chip atualmente em implementação), exigindo do consumidor apenas a digitação de sua senha para validação da operação.

Essas mudanças farão com que a forma tradicionalmente conhecida de consumo sofra mudanças significativas, em razão da acessibilidade e comodidade que oferecerão aos consumidores.

Cada vez mais a tecnologia assumirá as funções essencialmente operacionais liberando a mão-de-obra para a prestação de serviços mais qualificados, situação que deve oferecer boas oportunidades para aquelas organizações que compreenderem quais são os serviços capazes de alterar positivamente a percepção de valor de seu mercado consumidor.

6.4 – O Alinhamento Estratégico

Não basta a implementação do conceito de SCM em uma cadeia.

Diante da importância que a qualidade da informação vem adquirindo ao longo dos últimos anos na orientação das melhores decisões da organização, todas as ações devem estar alinhadas com os objetivos organizacionais propostos. Se uma organização se decide por um posicionamento de diferenciação em determinado mercado, os planejamentos de produtos, custo, produção, comunicação, de distribuição, precisam estar alinhados, caso contrário o insucesso na colocação de determinado produto ou serviço pode ser relacionado ao preço, por exemplo, quando, na verdade, o sistema de distribuição é que não estava adequado.

Para exemplificar, imagine uma empresa que tenha na diversidade de seu portfólio produtos com maior e menor valor agregado, e os de menor valor agregado (*commodities*) tomam a maior parte da linha. Essa situação orienta a maior parte das empresas para a busca de uma distribuição com o menor custo possível, pois os produtos de baixo valor agregado são beneficiados por sistemas de distribuição em larga escala, com a redução de custo unitário que referida estratégia oferece aos produtos.

Para os produtos de maior valor agregado, porém, essa estratégia pode ser muito prejudicial, ao oferecer, por exemplo, o risco de reduzir a percepção de valor do consumidor que, ao perceber que o produto é vendido em diversos pontos, o que o torna acessível para a grande maioria dos consumidores, diminui sua disposição em pagar um prêmio maior para adquiri-lo. Se esse cliente busca alto nível de diferenciação, a exclusividade na distribuição pode representar a diferença de valor e disposição em pagar margens maiores.

As pessoas podem pensar que um CD é um CD e, portanto, não faz nenhum sentido se pagar mais que o dobro do preço só porque o mesmo produto está sendo distribuído em pontos diferenciados. Ocorre que, nesse caso, por exemplo, o valor que a embalagem de uma grife famosa pode oferecer ao presenteado faz com que o comprador se disponha a pagar um valor bem maior do que pagaria normalmente.

Dificilmente se venderia um computador portátil, do tipo notebook, de R$ 35 mil em um supermercado, e provavelmente as pessoas diriam que não vende porque é muito caro. Porém, há pessoas, especialmente aquelas que trabalham com o desenvolvimento de softwares, que, por perceber nesse novo equipamento a oportunidade de reduzir o tempo de processamento de suas operações, não só estão dispostas a pagar esse valor como indicar consumidores com o seu perfil para o ponto-de-venda, comportamento conhecido com Marketing Viral.

Os exemplos citados procuram chamar a atenção para um problema corriqueiro enfrentado por organizações: o tratamento dispensado ao sistema de distribuição.

Grande parte das empresas trata a questão logística como uma operação, sem se preocupar com o alinhamento estratégico dessas operações.

Isso pode representar sistemas muito eficientes, sem eficácia, ou seja, operações com o melhor processo que não atingem o objetivo, em mercados competitivos: a satisfação do consumidor e a lucratividade da empresa.

Esse é, na opinião deste autor, um dos principais alertas a ser levado para os executivos responsáveis pelo planejamento estratégico de suas empresas. O alinhamento dos sistemas de distribuição com a estratégia global é condição *sine qua non* para o futuro da competitividade organizacional, especialmente considerando as oportunidades de sinergia e inovação oferecidas na integração das cadeias de suprimento.

6.5 – Sistemas Verticais e Horizontais de Canal

As oportunidades de ganhos de sinergia e inovação não se limitam aos participantes do sistema vertical de canal, o qual envolve desde fornecedores dos fornecedores (produtores), passando por distribuidores, até clientes dos clientes. Os sistemas horizontais, os quais envolvem a concorrência, também oferecem importantes oportunidades para as empresas, principalmente quando se consideram as constantes mudanças vividas no mercado globalizado.

Muitas oportunidades têm surgido (Leste Europeu, Ásia, África, Oriente Médio) em mercados emergentes de consumo, porém, com elas, muitos riscos também são oferecidos, fruto da falta de transparência, concentração de renda e desigualdades socioculturais desses novos mercados.

Apesar de os riscos apresentados, as empresas não podem ignorar essas oportunidades e podem encontrar nas parcerias um caminho interessante para explorar esses novos consumidores, diluindo os riscos de aprendizado (cultura, logística, inadimplência, restrições legais, entre outros).

Algumas empresas brasileiras têm constituído esse tipo de parceria visando explorar esses novos mercados de consumo que se apresentam, parcerias impensáveis anteriormente, a exemplo do que ocorreu com duas grandes indústrias do setor de alimentos (carnes e alimentos congelados), recentemente.

Infelizmente, quase sempre por diferenças culturais (gestão familiar, perfil de risco), muitas dessas parcerias acabam por se encerrar em momentos que passos mais ousados são requeridos, prejudicando, muitas vezes, a consolidação desses processos.

6.6 – Conflitos

Ainda que se consiga 'educar' grande parte dos participantes, sensibilizando-os para a importância do processo de integração na busca por competitividade para a cadeia de suprimentos como um todo, é fundamental compreender que, assim como em qualquer relacionamento bem-sucedido, sempre ocorrerão conflitos, para que não haja frustração na busca por implementar o modelo.

Os conflitos são normalmente gerados por incompatibilidade de metas, papéis e direitos indefinidos, diferenças de percepção ou independência dos participantes.

A grande competitividade instaurada na nova realidade de competição global vem induzindo muitas organizações a estabelecer metas incrivelmente ousadas, para não dizer inalcançáveis, instigando o comportamento individualista de seus profissionais que buscam, a qualquer preço, cumprir as metas estabelecidas, quer seja na busca por remunerações maiores, quer seja objetivando obter prestígio e ampliar, assim, seu nível de empregabilidade na organização.

O problema é que esse comportamento fragiliza as relações de confiança da empresa, o que vai de encontro a todo o processo de geração de valor defendido até aqui, além de gerar custos adicionais importantes na maioria das vezes (descontos superiores à margem, concessões de serviços – entrega, troca de mercadoria – sem a cobrança adequada para tal).

Quantos de nós já não viveram a experiência de presenciar ou até mesmo participar de uma discussão sobre limites comerciais extrapolados por esse ou aquele representante comercial, isso em razão da falta de definição clara, por parte da empresa, dos papéis e limites de cada colaborador.

A falta de equacionamento quanto aos valores de uma organização oferece o risco de interpretações e atitudes individuais, de acordo com os valores e experiências de cada indivíduo, favorecendo o surgimento de conflitos e, o que é mais grave, entraves para sua solução.

Em um sistema de distribuição, por exemplo, a falta de regras claras pode prejudicar substancialmente o processo de integração.

No subsistema comercial, atualmente, um dos motivos mais comuns na geração de conflitos advém da grande independência adquirida pelos varejistas, ponto que, apesar de servir como importante reflexão para o segmento de material de construção, não exclui a responsabilidade das indústrias e fornecedores, os quais, como já visto, podem contribuir substancialmente para a mudança desta realidade.

O fortalecimento do relacionamento com os consumidores, resultado do aprendizado quanto ao seu comportamento de consumo, vem fazendo com que os varejistas pressionem cada vez mais os outros integrantes da cadeia de suprimentos, visando transferir a maior parte dos ganhos com sinergias e inovações para eles, comportamento que tende a contaminar todo o processo de integração, forçando os demais integrantes a replicar, na maioria das vezes, as exigências iniciadas pelos varejistas, na busca de manter suas margens intactas.

Essa independência, independentemente de representar uma iniciativa do varejista ou mesmo de uma indústria monopolista, pode inviabilizar toda uma estratégia quando, por exemplo, um canal, ao adquirir determinado produto, decide aplicar uma margem abusiva no preço de compra, ou uma indústria, ao praticar preços abusivos ou exigir a compra de lotes muito maiores que a capacidade do ponto-de-venda, acabam por inibir, com essa ação, o acesso de uma série de consumidores ao produto em questão.

Ainda que toda a cadeia tenha trabalhado no sentido de produzir valor, reduzindo seus custos de processos, com a falta de integração do varejista, o qual tem a responsabilidade de se relacionar com o consumidor, o valor pode ser perdido quando o canal despreza as premissas de competitividade estabelecidas para a colocação de determinado produto/serviço ou quando a indústria não avalia o efeito de redução de compromisso do ponto-de-venda ao fazer exigências superiores à capacidade do varejista, como no exemplo em questão.

6.6.1 – Administrando Conflitos

Orientar a energia e compromisso dos profissionais para os objetivos da organização é o grande desafio, capaz de reduzir os conflitos de interesses pessoais, porque, atingidos os objetivos globais, todos se beneficiam e podem ter, por consequência, seus interesses reconhecidos.

É comum a cultura de identificar 'culpados' existente nas organizações, o que prejudica sobremaneira a consecução dos objetivos das empresas.

A disputa pelo poder, além de reduzir as chances de integração dentro da própria organização (o que dizer entre organizações), cria altos níveis de burocracia, na busca de proteger áreas e pessoas contra eventuais retaliações, realidade que amplia tempo e, portanto, eficiência dos processos produtivos, sem falar dos estoques intermediários, majorados na tentativa de evitar a escassez, em caso de mudança nas políticas da organização (mudança de comando, retaliação entre áreas de conflito).

Quando, porém, um problema da organização é colocado para as diversas áreas como uma restrição comum, oferecendo riscos para todos de uma forma geral, normalmente o que se vê são atitudes de integração na busca pela solução em benefício da organização, e não na busca de proteção individual.

Recordo-me de um caso apresentando por um colega de mestrado que viveu situação similar em sua organização, quando, ao ser chamado para uma reunião nos Estados Unidos, em conjunto com diversas áreas, diversos profissionais, de diferentes países com participação da empresa, foi surpreendido pela afirmação do diretor geral, ao entrar na sala na qual se encontravam todos os profissionais: "... estava uma guerra, literalmente", dizia ele. Depois, informou a todos que estavam demitidos.

Meu amigo contou ter sido uma das piores sensações que já viveu, na realidade, ele acreditava que havia sido chamado para ser promovido.

Diante da perplexidade geral, o diretor continuou, dizendo que essa era a notícia ruim, porém oferecia uma oportunidade para que todos recuperassem seus empregos durante aquela semana. O desafio era que, juntos, encontrassem uma solução para o problema que se apresentava e que, feito isso, não só recuperariam seus cargos como seriam promovidos.

Lembro-me de sua emoção ao descrever em detalhes um dos momentos mais criativos vividos em toda a sua vida profissional. A mudança de foco dos profissionais, da tentativa de se proteger para a busca por uma solução conjunta que beneficiaria a todos, ofereceu a oportunidade de criação de uma importante rede de relacionamentos – segundo meu amigo, "a de maior importância que tenho, até hoje", finalizou.

Situações como essa servem como um bom exemplo para ajudar a entender o 'como' é possível estabelecer objetivos comuns dentro de uma organização, na busca por administrar conflitos, freqüentes, como já dissemos, no dia-a-dia das empresas.

Parece importante ressaltar, porém, que os profissionais poderiam ter simplesmente virado as costas e aceito a demissão, caso não tivessem interesse em permanecer naquela organização, o que poderia representar um grande risco para a empresa, já que se tratavam de executivos importantes, que carregavam parte importante da história da companhia utilizada como exemplo.

Ainda assim, em algumas situações, a falta de entendimento pode levar a decisões extremas, como, por exemplo, a necessidade de demitir, de fato, todos os profissionais em questão, sob pena de manutenção e, até, ampliação dos conflitos, caso mantidos nas mesmas condições identificadas. Se, por um lado, há risco em demitir profissionais com experiência na organização, há risco maior em mantê-los sem resolver os conflitos entre eles e a empresa.

A troca de pessoas é uma atitude extrema, a qual deve ser evitada a todo custo, sob pena de gerar perdas para ambos os lados. Os fóruns arbitrais são alternativas cada vez mais adotadas pelas empresas que percebem nessas instituições a oportunidade de decisões imparciais, capazes de satisfazer os dois lados, sem custos expressivos, quando da existência de conflitos.

7 – O Futuro da Distribuição

Vivemos uma grande fase de transformação, talvez uma das últimas e mais importantes, entre tantas vividas ao longo dos últimos séculos.

A revolução causada pela Nova Economia, baseada nos canais de telecomunicações, especialmente representados pela internet, ofereceu uma verdadeira explosão de acesso a informações, promovendo, rapidamente, a mudança permanente no comportamento das pessoas, quão maior o acesso desses indivíduos a informações capazes de mudar as referências, até então, tidas como premissas em suas vidas.

Toda essa mudança, vivida, principalmente, ao longo dos últimos trinta anos, pegou de surpresa e foi contaminando diferentes gerações, com seus valores e experiências oferecendo, atualmente, uma diversidade de consumidores, para os quais valor tem diferentes conotações.

Imagine uma compra efetuada pela internet: para nossos avós, certamente, essa operação é algo quase inimaginável. Talvez para nossos pais seja algo possível, enquanto que, para nós, trata-se de uma operação simples de ser realizada, em especial para as compras de menor valor, diante da facilidade oferecida por esse canal.

Já para garotos e garotas de hoje, no futuro, será uma transação corriqueira e, por mais estranho que pareça, incomum será alguém não utilizar o canal para suas compras.

O desafio atual é atender a expectativas tão diferentes, de públicos com comportamentos tão diversos.

Ainda que esta realidade venha oferecendo riscos e oportunidades para todos, em decorrência do estabelecimento da sociedade de consumo, de forma generalizada ao redor do mundo, é preciso olhar para o presente e começar a pensar no futuro.

Sim, pensar.

Só por meio da capacidade de observar e experimentar coisas novas é possível pensar e, até, interferir nas tendências para o futuro.

As organizações precisam investir em áreas que sejam capazes de viver com um pé no futuro, sem perder de vista o passado e o presente. Profissionais que se especializem em buscar inovações, capazes de induzir os comportamentos de consumo no futuro.

Imagine, por exemplo, um garoto de 7 anos. Como se comportará, quanto ao consumo, no futuro? Se pararmos para observar suas preferências e influências sofridas no presente, certamente seremos capazes de projetar suas preferências, procurando direcioná-las, inclusive. Se observarmos veremos que, normalmente, um garoto desses se mantêm cerca de quatro horas diárias defronte a um videogame com aquela 'musiquinha' infernal. Não é difícil imaginar que, no futuro, esse tipo de melodia, por mais estranho que possa parecer, influenciará sua decisão pelo tipo de canção que terá preferência. Assim ocorrerá com as suas preferências por cores, arquiteturas e, por conseqüência, tipos de pisos e materiais de acabamento de maneira geral.

Lembro-me de um aluno que, seguindo essa lógica, concluiu que, provavelmente, essas pessoas serão mais violentas também, pois os referidos jogos trazem fortes traços de violência como estratégias para conquistar os objetivos, no que, infelizmente, sou obrigado a concordar com ele.

Sem estratégias governamentais que incentivem a melhor distribuição de renda, oferecendo acesso ao consumo para a maior parte da população, sem iniciativas que favoreçam o acesso dos jovens ao esporte, favorecendo o desenvolvimento de sua disciplina, integração, respeito às regras e extravasamento desses estímulos de violência, de forma adequada, podemos esperar a continuidade do aumento exponencial da violência que temos vivido, para os próximos anos, haja vista a frustração que vem sendo provocada pelo acesso à informação, sem, porém, poder acessar o produto/serviço que, freqüentemente, oferece.

7.1 – A Internet e o Novo Comportamento de Consumo

O acesso ao consumo através de um teclado do computador e, mais recentemente, no teclado dos telefones celulares, vem oferecendo uma verdadeira revolução na maneira de pensar os negócios das organizações, fruto da mudança, já percebida, no comportamento dos consumidores.

O aumento expressivo da concorrência, ampliando o nível de exigência e reduzindo a tolerância dos consumidores, já é sentido pela grande maioria das empresas.

Se as operações via internet, por um lado, são mais baratas, todo o investimento exigido, redução de margens oferecidas pela nova realidade competitiva, e necessidade de aculturamento dos consumidores para esse novo canal, por outro, torna os investimentos mais arriscados e seu retorno ainda mais demorado.

Entre as diferenças que se apresentam entre o varejo tradicional e o novo modelo (espaço, sortimento, entrega, experiência), resultado desse novo canal, a que merece maior destaque diz respeito à questão logística.

Se hoje é comum que as pessoas busquem a maior parte dos produtos e serviços demandados em lojas de varejo tradicionais, no futuro, é bem provável que o farão pela internet, promovendo uma mudança estrutural na forma tradicional de distribuição de mercadorias, hoje adquiridas em lotes, as quais passarão a ser entregues individualmente.

Essa provável mudança impõe um importante desafio de custos para a sobrevivência das organizações, o qual precisa começar a ser pensado imediatamente, sob o risco de inviabilizar muitos dos negócios atualmente existentes.

Por outro lado, alguns varejos virtuais, que apareceram sob o pretexto de extinção dos grandes centros de distribuição existentes (estoques elevados) – na concepção se imaginava que seria capaz a realização de compras, com os fabricantes, concomitante à demanda formalizada pelos consumidores através dos sites, estratégia que se mostrou ineficiente pelo fato de ser imprevisível o número de pedidos que serão realizados em dez dias ou em um ano –, já experimentaram a necessidade de formação de estoques e, com ela, enfrentam o paradoxo da nova tecnologia, pois os processos logísticos continuam os mesmos, ou seja, é a nova tecnologia com os velhos processos.

Assim, está na capacidade de combinar estoques e entregas uma das mais importantes competências a ser desenvolvida pelas organizações, diante da necessidade crescente de manutenção de estoques próprios (o que no caso do varejo de materiais de construção deve representar um custo cada vez mais importante) para atender aos consumidores, em contrapartida aos custos que referida manutenção impõe, especialmente quando considerada a rápida obsolescência sofrida pela maioria dos produtos, atualmente.

Um CD lançado, por exemplo, por R$ 30,00, pode valer pouco menos de R$ 10,00 em cerca de quatro meses. Assim, se não ter o CD, no momento em que o consumidor o deseja, pode significar a transferência do cliente para um outro canal, comprometendo as metas mínimas exigidas para a manutenção do negócio, tê-lo em excesso pode significar importante perda, caso necessário sua manutenção por tempo elevado em estoque e, até mesmo, a sua venda abaixo do custo, visando à recomposição dos estoques. Este exemplo pode ser comparado a um determinado metal ou peça sanitária, piso ou azulejo.

7.2 – O Maior Gargalo: A Entrega

Estudos realizados por diversas empresas especializadas no serviço de distribuição demonstram que grande parte dos consumidores realiza suas compras em um raio de dois quilômetros de seu local de trabalho e residência.

Assim, todo o processo produtivo tende a se manter, exceção feita ao que vem sendo chamado de *last mile*, ou última milha, em referência a medida americana de distância, já que é nessa parte da cadeia que a distribuição deve sofrer sua maior mudança.

Sem dúvida, essa mudança acarretará no aumento dos custos de distribuição, especialmente dos canais varejistas, acostumados com a ida do consumidor ao ponto-de-venda para aquisição das mercadorias.

A predominância de modais mais caros, como o aéreo e rodoviário, deve impor restrições ainda mais graves à competitividade, já bastante comprometida, das empresas brasileiras, fruto da obsolescência e falta de capacidade ocasionadas pela infra-estrutura brasileira, restrição conhecida, como já destacado anteriormente, por 'custo Brasil'.

Algumas alternativas vêm sendo apontadas, visando reduzir as ameaças apresentadas, entre as quais se destacam os serviços especializados de entrega, a exemplo daqueles oferecidos pelos correios e empresas de *courier*, que vão tendo os prêmios ampliados de acordo com o tempo para a entrega demandado. Esse sistema, que aumenta os custos para aqueles consumidores que desejam ter mais rapidamente acesso às suas correspondências, o reduz para a grande massa de consumidores que pode esperar, tornando mais competitiva e acessível essa forma de prestação de serviço, fato que favorece o desenvolvimento de uma cultura que se utilize desses canais, diante da conveniência por eles oferecida.

Serviços de *motoboys, webvans*, entre tantos outros, vêm sendo desenvolvidos ao encontro da realidade apresentada.

Nesse sentido, a sofisticação dos serviços, como, por exemplo, a entrega de diversas categorias de produtos (DVDs e vídeos locados, compras, serviços de lavanderia, entre outros), por um único operador logístico, deve reduzir sensivelmente os custos unitários de distribuição e, então, novamente, incentivar a utilização dessas opções.

Você deve estar pensando que esse tipo de situação provavelmente estará distante da área de materiais de construção, pois, na opinião de muitos do setor, as pessoas querem ver os espaços físicos, ver o produto para decidir comprá-lo. Pois é, em um passado recente era necessário apenas uma amostra do piso em cima de uma caixa para o cliente escolher, não era? Fabricantes de relógios suíços também tinham certeza de que ninguém abriria mão dos seus produtos sofisticados e precisos por relógios a quartzo só porque os preços seriam menores. A indústria literalmente quebrou. Uma gigante do segmento tecnológico achou uma grande besteira a idéia de produção dos computadores pessoais e miniaturização dos grandes *mainframes* que produzia, e... quase quebrou. Muitos varejistas brasileiros acreditaram que o Plano Real era mais um plano derrotado na tentativa de extinguir a inflação e continuaram investindo em grandes estoques, e... quebraram. Pergunto: quanto você está disposto a se arriscar, esperando que as coisas não mudem?

7.2.1 – Constatações

Entre as diversas reflexões sugeridas ao longo deste capítulo, algumas são estruturais, objetivando a busca de sistemas mais eficientes de distribuição, capazes de garantir a constante conquista de inovações e sustentar a competitividade das organizações, entre as quais destaco:

- ◆ **Gestão**
  - É fundamental a profissionalização das organizações e de seus sistemas, com a implementação de ferramentas como o planejamento estratégico, orientado por pesquisas de mercado consistentes que possam oferecer informações precisas como

insumos de todo o processo, ainda que se considere a importância da experiência adquirida ao longo dos anos pelos executivos/fundadores dos negócios.
- Por meio dessas informações, é preciso a definição de objetivos claros e, por consequência, de estratégias e prioridades capazes de favorecer o seu alcance, propondo ações e as monitorando, visando ao aprimoramento deste sistema;

◆ **Canal de Marketing**
- Só faz sentido falar em distribuição capaz de gerar valor na percepção do consumidor, em mercados competitivos, se esse sistema considerar quais os serviços capazes de oferecer conveniência para os clientes, ao encontro do que eles consideram conveniência e alinhados ao quanto os consumidores estão dispostos a pagar por ela; entregar no dia e horário em que o cliente deseja receber determinada mercadoria pode ser um exemplo de serviço superior.

◆ **Planejando o Sistema de Canal**
- Conhecer os serviços que têm valor para os clientes, alinhar essa demanda à capacidade de atendê-la (levando em conta eventuais restrições logísticas existentes) e decidir pelos serviços que serão oferecidos (tipos e número de intermediários), ao encontro dos prêmios que os consumidores estão dispostos a oferecer pelos serviços oferecidos.
- Não esquecer de alinhar esse sistema com o planejamento estratégico e as prioridades definidas por ele (posicionamento – custo ou diferenciação; opção estratégica – distribuir ou terceirizar; identidade – atacado ou varejo/generalista ou especialista).

◆ **Comportamento de consumo**
- O futuro começa agora: é fundamental a observação imediata de hábitos que certamente influenciarão o comportamento de

consumo das pessoas no futuro, procurando inserir novas dinâmicas capazes de orientar esses futuros comportamentos.

- ◆ **A vantagem competitiva sustentável**
  - Os serviços serão os grandes responsáveis pela capacidade de inovar e, então, fidelizar os consumidores, diante da dificuldade de imitação desses processos, oferecidos pelas relações de confiança e, por sua vez, pela disposição de transferir conhecimento pela organização (capital intelectual) que esses profissionais terão.
  - O processo de integração que esse sistema oferece pode ser extrapolado para toda a cadeia de suprimento, criando a oportunidade de uma gestão conjunta de todo o processo de suprimento da cadeia (SCM) e benefícios que referida gestão pode oferecer para a competitividade de seus membros.
  - A integração como meio de geração de valor para o consumidor final, que, no caso da distribuição, é representada pela capacidade de oferecer conveniência.

Durante todo este capítulo, diversos assuntos (Pesquisa Mercadológica, Tecnologia da Informação, Estratégia, Planejamento Estratégico, Sistemas de Gestão, Macroeconomia, Análise de Investimentos, Marketing de Relacionamento, Marketing Pessoal, Endomarketing, Gestão do Conhecimento, Desenvolvimento e Alinhamento de Competências Organizacionais, Liderança, Marketing Digital, Marketing Social e Societal, Ética, Marketing Financeiro, Logística e Canais de Distribuição) foram abordados de forma integrada, demonstrando que a qualidade de gestão de uma organização não depende da aplicação dessa ou daquela atividade de maneira mais eficiente, mas sim da integração entre as diversas áreas existentes em uma empresa e entre os diversos personagens que a envolvem.

Não é possível pensar em uma indústria vencedora sem o acesso a tecnologias inovadoras, profissionais qualificados ou varejistas capazes de atender de forma qualificada à exigência por produtos e serviços de seu mercado consumidor.

Não haverá indústria de cimento sem varejistas com lucratividade, assim como os varejistas não sobreviverão sem a existência de uma indústria forte, capaz de oferecer produtos inovadores e que atendam à exigência dos consumidores mais exigentes.

Não há marketing, isto é, não há satisfação, não há lucratividade sem integração.

Uma Reflexão Final

As constantes e aceleradas transformações por que passamos, fruto do declínio de certas tradições, oferecem oportunidades àqueles que antes não tinham escolhas, porém, apresentam, também, resultado dessas oportunidades, que rompem com as tradições, a incerteza do novo, do inesperado, trazendo os riscos que este novo mundo, permeado pelas mudanças, oferece.

Se não é possível evitar o risco, o desafio está em aprender a lidar com ele, preparando as pessoas para uma nova realidade pessoal e profissional, na qual a competência do gerenciamento do risco representará a diferença entre sucumbir ou sustentar a competitividade, entre ter feito parte da história e ser o futuro da história, a diferença entre o saudoso e seguro mundo velho, e o sedutor, porém arriscado, mundo novo.

Somente a pessoa que corre riscos é livre!

Seneca (orador romano)

---

* **Osvaldo de Salles Guerra Cervi**
Mestre em Administração de Empresas.
MBA em Finanças Empresariais.
Especialista em Tecnologia Educacional,.
Bacharel em Direito.
Experiência profissional como consultor na área de Excelência Profissional e Investimentos.
Gerente da Divisão de Aconselhamento de Investimentos Privatedo Banco do Brasil, professor de Logística Empresarialnos cursos de Pós-Graduação em Marketing da FAAP.

Referências Bibliográficas

AAKER, David A.; KUMAR, V.; DAY, George S. *Pesquisa de marketing*. São Paulo: Atlas, 2001.

ALBERTIN, Alberto L. *Comércio eletrônico*. São Paulo: Atlas, 2001.

ARGYRIS, Chris. *Ensinando pessoas inteligentes a aprender*. Gestão do conhecimento. *Harward Business Review*, 2000.

BABA, Marietta L. *Dangerous liaisons*: Trust, distrust, and information technology in American work organizations. Washington: Human Organization., 1999.

BARNEY, Jay B. *Organizational culture*: can it be a source of sustained competitive advantage? Los Angeles: University of California, 1986.

BARNEY, Jay B. *Looking inside for competitive advantage*. The Academy of Management Executive. Ada, 1995

BELL, Geoffrey G. *Trust deterioration in an international buyer-supplier relationship*. *Journal of Business Ethics*, 2002.

BENNIS, Warren; BIERDERMAN, Patricia Ward. *Os gênios da organização*. Rio de Janeiro: Campus, 1998.

BERNSTEIN, Peter L. *Desafio aos deuses*: a fascinante história do risco. Rio de Janeiro: Campus, 1997.

BERNSTEIN, Peter L. *Why is risk such a hot four-letter word? Journal of Portfolio Management*. New York, 1999.

BERTAGLIA, Paulo Roberto. *Logística e gerenciamento da cadeia de abastecimento*. São Paulo: Saraiva, 2003.

CHLEBA, Márcio. *Marketing digital*. São Paulo: Editora Futura, 1999.

CHETOCHINE, Georges. *Marketing estratégico da distribuição*. São Paulo: Makron Books, 2000.

CHOPRA, Sunil; MEINDL, Peter. *Gerenciamento da cadeia de suprimentos* – estratégia, planejamento e operação. São Paulo: Prentice Hall, 2003.

COHEN, Stephen S. *Social capital and capital gains in Silicon Valley. Management Review*. Berkeley, California, 1999.

COLLINS, James; PORRAS, Jerry L. *Feitas para durar*. Rio de Janeiro: Rocco, 1995.

CONNOLLY, Terry. *The decision competence paradox*. New York: Georgia Institute of Technology, 1980.

COOPEY, John. *Learning to trust and trusting to learn*. Management Learning, Thosand Oaks, 1998.

COUGHLAN, Anne T. et al. *Canais de marketing e distribuição*. São Paulo: Artmed Editora , 2002.

COUTINHO, Luciano; FERRAZ, João Carlos. *Estudo da competitividade da indústria brasileira*. São Paulo: Papirus, 1995.

CHRISTOPHER, Martin. *Logística e gerenciamento da cadeia de suprimentos*. São Paulo: Editora Pioneira, 1997.

DACIN, Peter A.; BROWN, Tom J. *The company and the product*: corporate associations and consumer product responses. *Journal of Marketing*, New York, 1997.

DAS, T. K; TENG, Bing Sheng. *Between trust and control*: developing confidence in partner cooperation in alliances. New York: Baruch College, City University of New YorkHR.com, 2000.

DONEY, Patricia M.; CANNON, Joseph P.; MULLEN, Michael R. *Understanding the influence of national culture on the development of trust*. Academy Management Review. Florida, 1998.

DOZ, Yves L. *Managing core competency for corporate renewal*: towards a managerial theory of core competencies. Corporate Renewal Initiative, 1994.

DRUCKER, Peter. *Desafios gerenciais para o século XXI*. São Paulo: Pioneira, 1999.

FLEURY, Maria T. L.; FLEURY, Afonso. *Aprendizagem organizacional*. São Paulo: Atlas, 1997.

FUKUYAMA, Francis. *Trust. The social virtues and the creation of prosperity*. Free New York: Press Paperbacks, 1995.

GAMBETTA, Diego. *Trust: making and breaking cooperative relations*. Eletronic Edition. Department of Sociology, University of Oxford, 2000.

GHOSHAL, Sumantra; BARTLETT, Christopher A. *A organização individualizada*. Rio de Janeiro: Campus, 2000.

GIBSON, Kevin. *The moral basis of stakeholder theory*. Journal of Business Ethics, 2000.

GIBSON, Rowan. *Repensando o futuro*. São Paulo: Makron Books, 1998.

GIDDENS, Anthony. *As consequências da modernidade*. São Paulo: Editora Unesp, 1990.

GIDDENS, Anthony. *Mundo em descontrole – o que a globalização está fazendo de nós*. Rio de Janeiro: Record, 2002.

HALL, R. Organizações: *estrutura e processos*. Rio de Janeiro: Prentice-Hall, 1984.

HARMON-JONES, Eddie; MILLS, Judson. *Cognitive dissonance* – progress on a pivotal theory in social psychology. Washington: American Psychological Association, 1999.

HAMMEL, Gary. *A era da revolução*. HSM – Management. São Paulo, fevereiro de 2001.

JIAN Jiun-Yin, BISANTZ, Ann M. & DRURY, Colin G. *Towards an Empirically determined Scale of Trust in Computerized Systems:* distinguishing concepts and types of trust. Departament of Insustrial Engenieering, State of University of New York at Bufalo, 1999.

JONES, Gareth R & GEORGE, Jennifer M. *The experience and evolution of trust:* implications for cooperation and teamwork. Texas: Academy of Management Review , 1998.

KAKU, Michio. *Visões do futuro.* Rocco: Rio de Janeiro, 2002.

KANTER, Rosabeth Moss. *Gestão de pessoas, não de pessoal.* Rio de Janeiro: Campus, 1997.

KITSON, Michael; MICHIE, Jonathan. *The political economy of competitiveness.* London: Routledge, 2000.

KOTLER, Philip. *Marketing para o século XXI* – Como criar, conquistar e dominar mercados. São Paulo: Editora Futura, 2000.

KRAMER, Roderick M.; TYLER, Tom R. *Trust in organizations* – frontiers of theory and research. Californai: Sage Publications, 1996.

LEWIN, Arie Y.; STEPHENS, Carroll U. *CEO attitudes as determinants of organization design*: an integrated model. Organization Studies. Berlin, 1994.

LOEWENSTEIN, George. *The creative destruction of decision research. Journal of Consumer Research.* Gainesville, 2001.

MARCH, James. G.; SIMON, Herbert A. *Teoria das organizações.* FGV, Serviço de Publicações, Rio de Janeiro, 1970.

MARCH, James G.; SHAPIRA, Zur. *Managerial perspectives on risk and risk taking. Management Science*, v. 33, n. 11. Stanford University, California, November 1987.

MARCH, James G. *How decions happen in organizations.* HCI Editorial Record. Stanfort University, California, 1991.

MINTZBERG, Henry. *Inside our strange world of organizations.* New York: The Free Press, 1989.

MONTGOMERY, Cynthia A.; PORTER, Michael E. *Estratégia: a busca da vantagem competitiva.* Harvard Business Review Book. Rio de Janeiro: Campus, 1998.

MORGAN, Garreth. *Imagens da organização.* São Paulo: Atlas, 1996.

NAHAPIET, Janine; GOSHAL, Sumantra. *Social capital, intellectual capital, and the organizational advantage.* Academy of Management. The Academy of Management Review Mississippi State, 1998.

NONAKA, I.; TAKEUCHI, H. *Criação de conhecimento na empresa.* Rio de Janeiro: Campus, 1997.

NOVAES, Antonio Galvão. *Logística e gerenciamento da cadeia de distribuição*. Rio de Janeiro: Campus, 2001.

PORTER, Michael E. *Vantagem competitiva*. Rio de Janeiro: Campus, 1985.

PORTER, Michael E. *Estratégia competitiva*. Rio de Janeiro: Campus, 1986.

PRAHALAD, C. K. *Reexame de competências*. Revista HSM, 1999.

PUTNAM, R. *Tuning in, tuning out*: the strange desappearance of social capital in America. The 1995 Ithiel de Sola Pool Lecture. Political Science and politics, 1995.

RIFKIN, Jeremy. *O fim dos empregos*. São Paulo: Makron Books, 1996.

ROBBINS, Stephen P. *Administração* – mudanças e perspectivas. São Paulo: Saraiva, 2000.

RODRIGUES, Aroldo. *Psicologia social*. Petrópolis: Vozes, 2000.

RODRIGUES, I. P. F. *Cultura e poder nas organizações*: comparando o processo decisório em organizações brasileiras e britânicas. Belo Horizonte: UFMG, 1988.

ROSENBURG, Cynthia. *Múltipla escolha*. Revista Exame. São Paulo, 2002.

SARAIVA, Luiz A. S. *Tomada de decisão em cenários de mudança*. Maringá: Cad. Adm, 1999.

SCHOEMAKER, Paul J. H. *Are risk-attitudes related across domains and response modes*. Providence: Management Science, 1990.

SENGE, Peter M. *A quinta disciplina*. São Paulo: Editora Best Seller, 1990.

SHAW, Kathryn L. *An empirical analysis of risk aversion and income growth*. Journal of Labor Economics. Chicago, 1996.

SHEPPARD et. al. *The grammers of trust:* A model and general implications Academy of Management. *The Academy of Management Review*: Mississipi State, 1998.

SIMON, Herbert A. *Rationality in psychology and economics*. The Journal of Business, 1986.

SIMON, Herbert A. *Making manegement decisions*: the role of intuition and emotion. Academy of Management Executive, 1987.

STALK, George; EVANS, Philip; SHULMAN, Lawrence E. Competing on capabilities: the new rules of corporate strategy. *Harvard Business Review*, 1992.

STEVENS, Robert E. et al. *Planejamento de marketing*. São Paulo: Makron Books, 2001.

STWART, Thomas A. *Capital intelectua*l: a nova vantagem competitiva das empresas. Rio de Janeiro: Campus, 1997.

A. *A riqueza do conhecimento*: o capital intelectual e a nova organização do século XXI. Rio de Janeiro: Campus, 2002.

TACHIZAWA, Takeshy; FERREIRA, Victor Claudio Paradela; FORTUNA, Antônio Alfredo Mello. *Gestão com pessoas*. São Paulo: FGV, 2001.

TAYLOR-GOOBY, Peter. *Risk, trust and welfare*. New York: St. Martin's Press, 2000.

TEIXEIRA, Maria L. Mendes. Gerenciando confiança para desenvolver capital intelectual: o que os empregados esperam de seus líderes. Artigo aprovado para publicação pela *Revista de Administração Contemporânea – RAC*. São Paulo, 2003.

TYSON, Kirk W. M. *Competition in the 21st century*. Florida: CRC Press LLC, 1997.

WAGNER, John A. III; HOLLENBECK, John R. *Comportamento organizacional – criando vantagem competitiva*. São Paulo: Saraiva, 1999.

WALKER, Larry E. *The dangers of one-dimensional*. RM Occupational Health & Safety. Waco, 2001.

WANG, Zhong Ming. *Current models and innovative strategies in management education in China*. Zhejiang University. China, 1999.

WARDMAN, Kellie T. *Criando organizações que aprendem*. São Paulo: Futura, 1996.

WATERMAN JR.; Robert H. *O fator renovação*: como os melhores conquistam e mantêm a vantagem competitiva. São Paulo: Editora Harbra, 1989.

XIAO, Jing J. Attitude toward risk and risk-taking of business-owing families. The Journal of Consumers Affairs. Madison, 2001.

Capítulo 5

Customer Relationship Management

Alexandre Franco Caetano[*]

César Henrique Fischer[*]

CRM – *Customer Relationship Management* Visão Prática do Conceito

1 – Introdução

A busca constante por eficiência nas empresas é uma realidade com a qual se convive nas últimas décadas. Teorias de produção como kanbam, *just in time*, processos de reengenharia, *downsizing* e controle de qualidade passaram a ser parte do dia-a-dia dos administradores. Essa busca trouxe competitividade para as empresas, porque permitiu que produzissem mais, em menor tempo, com menor perda de insumos, e com maior qualidade.

Os aspectos básicos desta revolução foram a capacidade de descrição dos processos, a metodologia científica aplicada de forma direta e objetiva, a inclusão das pessoas que realizavam as menores tarefas e a reformulação do que fosse necessário (do *layout* da produção ao processo de logística). Isso sem falarmos de inovações tecnológicas, e não as mencionaremos apenas por que são, guardadas as questões financeiras por traz delas, *commodities* à disposição de quem possa adquirir o conhecimento ou os insumos. A utilização das inovações é que será, eventualmente, um diferencial.

Enquanto isso, em outra parte da empresa, um grupo de pessoas preocupava-se em entender quais necessidades deveriam ser atendidas pela própria empresa, norteando o desenvolvimento de produto e serviço, a comunicação, a distribuição, pesquisando possibilidades, oportunidades, estratégias, aceitação de preços, apoiando a equipe de vendas, pesquisando o comportamento dos consumidores e alimentando a empresa para que pudesse voltar-se para o atendimento desses requisitos.

E essa é a nossa área de marketing, como a conhecemos, ou mesmo desejamos.

Contudo há perguntas a fazer: existe relação entre o mundo da produção, rígido e objetivo, do controle de qualidade, da revisão de processos, e o mundo das áreas de marketing, que vá além da questão funcional descrita?

Quantas vezes, ao final de um longo ano bem-sucedido, com incremento em resultados financeiros e em aumento de fidelidade e nível de satisfação da base de clientes, o responsável pelo mundo do marketing não se viu tentado a explicar a causa desse sucesso por "um conjunto de fatores"?

A pergunta seguinte dos acionistas talvez fosse: "E em qual desses fatores devemos investir mais no próximo ano?".

Ou se tivéssemos vivido insucessos: "O que deve ser feito diferente para o próximo ano?".

Certamente a resposta seria de qualidade, embasada em conhecimento e experiência. Mas onde está a relação dessa resposta com a informação da área de controle de qualidade, direta e objetiva de que, por exemplo, "perdemos 2,41% da produção por retrabalho, devido a instalações feitas incorretamente, e necessitamos 250 horas/homem de treinamento para reverter isto para o próximo ano".

Vejamos o exemplo da lendária Harley Davidson, que entendeu que seus clientes exteriorizavam sua visão de mundo por meio da imagem de suas motos, e se reconheciam como uma família, mas, que nem por isso poderiam aceitar ter motocicletas quebradas a 500 km de suas casas, e passaram a ter incrível sucesso ao atender tal necessidade, por mais óbvia que fosse.

E o mais importante, a HD não tem uma área estruturada de marketing e certamente possui uma das mais bem-sucedidas estratégias de marketing do mundo.

Assim, como deveremos fechar a equação acima? Você, como dirigente de marketing, de quais elementos necessita para ter certeza de onde deverá investir no próximo ano para manter alto a performance de mercado da empresa?

Em meados da década de 80, Jan Carlzon e Tomas Lagertröm (1985) definiram o momento da verdade como cada contato entre cliente e empresa. O momento da entrega, o momento em que apesar de toda a comunicação, ou da mensagem de espera no telefone dizendo que o cliente é importante, a empresa mostra seus valores, seus princípios e deflagra uma corrente positiva de resultados, atendendo de fato ao cliente, ou destruindo tudo o que havia se proposto construir em termos de imagem e reconhecimento.

Para isso, sobretudo, cada pessoa que entrasse em contato com os clientes deveria ter preparo para fazê-lo. E por preparo entende-se mais do que boa vontade e educação. Ou seja, cada profissional deveria saber exatamente até onde poderia ir para atender ao cliente, sem que isso pudesse transformar-se em prejuízo para sua carreira. E Jan Carlzon definiu claramente que atender ao cliente jamais poderia constituir tal prejuízo.

Para tanto, criou uma política de atendimentoem que: todo cliente deve ser atendido; toda a linha hierárquica deve saber de seus funcionários, que estão diretamente em contato com eles, o que é necessário para se atender bem aos clientes e prover seus funcionários com os meios solicitados.

Simples e objetivo, revolucionário e corajoso. Assim a SAS teve um sólido sucesso durante sua gestão. E redefiniu o relacionamento com consumidores formalmente!

Agora temos de fechar a equação:

▲ Busca por eficiência (definida por capacidade de gestão e controle aplicados ao atendimento das necessidades dos clientes);
▲ Compreensão das necessidades e desejos dos consumidores;
▲ Função e impacto do que acontece na linha de frente em resultado de caixa e relacionamento com clientes, e estruturação da empresa para tanto.

Para fechar a equação, vamos passar por três etapas:

1. Definir o que é CRM, seu funcionamento e as condições para que ocorra com sucesso.
2. CRM como resposta à questão da eficiência em marketing.
3. Realização de uma proposta teórica de visão de estrutura organizacional para o funcionamento do CRM.
4. Resultados em CRM – a visão estratégica.

2 – Conceitos Fundamentais

2.1 – Evolução do Marketing

Assim como em qualquer outra disciplina, o marketing evoluiu muito nas últimas décadas, e, de modo simplificado, podemos considerar basicamente três grandes momentos. O primeiro, antes da década de 80, conhecido como *marketing de massa*, em que todos os produtos eram iguais e cujo objetivo era produzir a maior quantidade possível para baratear o custo e ganhar *market-share*. O segundo aconteceu na década de 80, em que se percebeu que os clientes não eram todos iguais e existia um potencial para oferta de produtos e serviços diferentes de acordo com a necessidade de grupos diferentes de clientes. E o terceiro, conhecido como *alta customização dos produtos e serviços*, ocorreu na década de 90, em que se chegou a conclusão de que, com a evolução da tecnologia, as empresas poderiam personalizar seus produtos e serviços de acordo com a necessidade de seus clientes.

Para melhor exemplificar essas três evoluções, podemos utilizar o caso de uma empresa que fabrica abridores de garrafa.

Na primeira fase, a idéia era fabricar o máximo possível de abridores de garrafas para ganhar mais mercado, ganhar escala e baratear o preço e, dessa maneira, se tornar a empresa mais competitiva.

Na segunda etapa, percebe-se que existem segmentos de mercado (pequenos ou não) de clientes que gostariam de comprar um abridor de garrafas mais bem trabalhado, não simplesmente com o objetivo de abrir garrafas, mas também utilizar como peça decorativa no barzinho da sala de estar. Assim, começam-se a fabricar abridores bem mais sofisticados e cujo preço pode ser muito acima do abridor comum produzido para a grande massa de consumidores.

Na terceira fase, temos o marketing baseado na informação, ou seja, aliado às novas tecnologias. A empresa começa a criar um número maior de modelos para que os clientes combinem várias opções e montem o abridor de acordo com o seu gosto e necessidade. O cliente passou, portanto, a personalizar seu produto.

Um outro exemplo típico é o caso de um restaurante nova-iorquino, que funciona da seguinte maneira: quando os clientes entram no estabelecimento, recebem um aparelho Palm contendo o cardápio e as combinações que podem montar de acordo com o seu desejo. Após escolher as opções, por exemplo, tipo de pão, recheios, pouca ou muita maionese, o cliente clica na tecla enter, e o Palm envia o pedido para a cozinha; alguns minutos depois, o garçom traz o lanche solicitado. No momento em que o cliente recebe o sanduíche, ele tem a impressão de que o lanche foi feito exclusivamente para ele, de acordo com o gosto e vontade daquele momento. Esse pode ser um diferencial competitivo do restaurante em relação aos seus concorrentes e pode gerar maior rentabilidade ao longo do tempo.

Na verdade a empresa permite que o cliente combine várias opções de forma que possa montar um produto personalizado, mas dentro de sua capacidade de atendimento. Vale lembrar que não é o mesmo que, do balcão de um bar, *montar* o sanduíche solicitando um pouco mais ou menos dos componentes do lanche, mas já é um ótimo avanço na oferta de produtos e serviços.

2.2 – *Life-Time Value*

Um conceito muito importante utilizado no marketing de relacionamento, conhecido como tempo de vida do cliente (*life time value*) permite conhecer o potencial do cliente ao longo do seu tempo de vida e, dessa maneira, tomar decisões de negócios e marketing fundamentadas sobre quanto as empresas podem flexibilizar seus preços, atendimento, produtos e serviços de para tentar reter esse cliente o máximo de tempo possível.

Para exemplificar esse conceito vamos utilizar o exemplo do alfaiate. Imaginemos um alfaiate dono de uma alfaiataria com dois funcionários. Um belo dia chega um jovem na alfaiataria e diz que gostaria de encomendar o feitio de um terno.

Após alguns minutos de contato, o alfaiate faz algumas perguntas, e descobre que o jovem acabou de se formar, que vai começar a trabalhar num banco e, portanto, deverá usar terno, no mínimo, de 2ª a 5ª feira (porque sexta normalmente é *casual day*). Olhando para esse futuro cliente, o alfaiate mentalmente faz as contas de quanto tempo ele deve usar terno, por exemplo, dos 25 aos 55 anos, ou seja, por 30 anos. Supondo que ele deva comprar dois ternos por ano e há um lucro de R$ 50,00 por terno, significando que este cliente vai gastar, somente em ternos, a quantia aproximada de R$ 3.000,00 (30 anos, multiplicado por R$ 50,00 de lucro por terno, multiplicado por 2 ternos por ano).

Nesse momento, e sem saber, o comerciante calculou o valor do tempo de vida desse cliente. Agora vamos imaginar que após alguns dias o rapaz busque o terno, leve-o para casa e volte no dia seguinte reclamando que a costura de uma das mangas não está totalmente reta. A partir daí, o alfaiate tem duas opções:

1. Dizer para cliente que o terno é feito à mão, portanto, não é a mesma coisa que um produto industrializado e convencer o rapaz de que está muito bom. Ou, o alfaiate pode se lembrar de que aquele rapaz é o cliente em potencial, propenso a gastar R$ 3.000 ao longo de sua vida, e que pode ajudar a manter o seu negócio por várias décadas. Assim, tal procedimento responde à segunda alternativa;
2. Dizer para o cliente que vamos ajustar a costura e entregar o terno na residência dele amanhã à tarde. Considerando esta segunda opção, provavelmente o cliente vai se sentir valorizado e poderá voltar mais vezes. Em contrapartida, o dono da alfaiataria ganhou metade do lucro neste terno (R$ 25,00), mas está apostando em cativar o cliente ao longo de sua vida.

Esse tipo de raciocínio pode ser praticado em quase todos os tipos de negócios, seja em ciclos de grande período de tempo de relacionamento com o cliente como em pequenos períodos de tempo. Um exemplo da aplicação desse conceito em negócios de curta geração de tempo com o cliente encontra-se no mercado da construção, no qual o consumidor tem um grande relacionamento com as lojas de materiais de construção por apenas alguns meses, enquanto está construindo. Nesse caso, vale o mesmo raciocínio, mas agora aplicado a um tempo muito menor, e quanto mais cedo o lojista identificar o estágio da obra, mais poderá alavancar o lucro com os demais produtos ao longo dos três meses.

Para complementar as explicações acima, um dado muito relevante publicado numa revista americana afirma que o *life time value* (LTV) estimado de gastos em supermercado para uma família americana de quatro pessoas é de aproximadamente US$ 250 mil. Isso quer dizer que se determinado supermercado perder uma família no início do seu ciclo de vida, poderá perder uma receita muito importante para a continuidade de seu negócio.

2.3 – Customer Share Versus Market Share

Outro conceito muito importante é a participação dos produtos da empresa em relação à demanda de cada consumidor (*customer share* ou *share-of-wallet*). Este conceito deve ser analisado em comparaçao com o conceito de participação da empresa no mercado (*market-share*). O *market-share* representa a participação dos produtos da empresa no mercado. Por exemplo, considerando uma empresa fabricante de azulejos decorados finos, pode-se avaliar o total de metros quadrados vendido numa determinada região e num determinado período e dizer que uma empresa específica vendeu tantos metros quadrados para esse mercado e isso representa x% do total vendido. No caso do conceito da participação do cliente, o foco é diferente, porque em vez de analisar o volume de produção e venda em relação ao mercado, os profissionais da empresa avaliam a quantidade de produtos que o cliente está consumindoda empresa em questão.

Utilizando o mesmo exemplo, significa dizer que gostaríamos que o cliente não compre somente o azulejo da nossa empresa, mas também o piso e as louças. Cada novo produto que o cliente consumir de nosso estabelecimento representa mais venda e dinheiro. Esse conceito é muito utilizado para explorar os clientes atuais existentes na carteira da empresa e economizar dinheiro na conquista de novos clientes. Pode significar uma redução de custo de investimento de 6 a 10 vezes em relação a adquirir um novo cliente. A grande sacada é encontrar mecanismos para fazer com que os clientes consumam mais produtos oferecidos pela empresa.

2.4 – Cross-Selling

Existe também o conceito denominado venda cruzada (*cross-selling*) que significa identificar e oferecer novos produtos relacionados aos que os clientes já possuem. Ou seja, muitos produtos tem alguma relação entre si, e se os oferecermos juntos, poderemos potencializar as vendas da nossa empresa. Por exemplo, quando uma pessoa compra macarrão, normalmente precisa de molho de tomate e queijo ralado, ou, quem compra frutas, em geral, também consome mais cereais que os demais, ou ainda, quem compra pisos ou azulejos também necessita adquirir massa e rejunte. Essa técnica é muito aplicada pelas empresas e exige entender os consumidores e realizar mudanças na disposição dos produtos nas prateleiras de tal forma a gerar mais dinheiro no final de determinado período. Precisamos tomar muito cuidado para não confundir vendas cruzadas com vendas forçadas, que significa atender à demanda do cliente, mas em contrapartida oferecer um outro produto; esse recurso foi muito utilizado na indústria financeira e pode ser facilmente exemplificado da seguinte maneira: o cliente solicita um empréstimo bancário e, após conceder o empréstimo, o gerente oferece um seguro para ajudá-lo na campanha de incentivos atual.

2.5 – *Up-Selling*

Um outro conceito muito importante é a venda de melhorias relativas ao produto atual (*up-selling*), ou seja, melhorar o produto atual do cliente. Esse conceito permite atender novas demandas do mesmo produto ao cliente e gerar um acréscimo de receita para a empresa; ele é muito utilizado por empresas de cartões de crédito. Suponha que uma empresa tenha milhares de clientes possuidores de cartão de determinada categoria e que esses mesmos clientes possuam as condições necessárias para comprar um outro cartão com limite e benefícios melhores. Desse modo, ela oferece um novo cartão com aumento do limite de crédito e novas vantagens; por exemplo, oferece um cartão do tipo internacional para aqueles que tenham o cartão do tipo nacional. Quando imaginamos apenas alguns cartões, o lucro gerado para a empresa pode ser muito baixo, mas imaginando que grandes bancos tenham milhares de clientes nessa condição e mesmo obtendo um percentual reduzido de retorno da ação de oferta comercial e de marketing, isso representa, muitas vezes, aumentar a receita em percentuais que gerem resultados muito significativos no final do ano.

2.6 – *Customer Equity* Versus *Brand Equity*

Desde o inicio da existência do marketing fala-se do conceito denominado *valor da marca (brand equity)*, que significa maximizar o valor da marca e extrair o maior retorno possível do investimento, ou seja, as empresas, focam a qualidade do produto e dos serviços aos clientes como uma forma de construir o valor percebido da marca. Com a aplicação do novo conceito de CRM, criou-se um conceito denominado *valor do cliente (customer equity)*, que valoriza não a marca, mas o cliente. Valor do cliente é compreender o cliente como um recurso financeiro que as empresas devem medir, gerenciar e maximizar, como qualquer outro recurso da empresa. É muito mais do que simples método de calcular o valor do relacionamento do cliente, é um sistema integrado de marketing que utiliza os dados dos clientes e técnicas de avaliação financeiras para otimizar a aquisição, venda e retenção de produtos e serviços adicionais durante o relacionamento do ciclo de vida do cliente. Isso quer dizer que, enquanto a propaganda cria a imagem e posicionamento da marca no *brand equity*, no *customer equity* cria-se afinidade com os clientes. Enquanto no *brand equity* a promoção esgota o valor da marca, o *customer equity* cria compras repetidas e aumenta o ciclo de vida dos clientes.

Segundo Ronald Swift, os principais objetivos e benefícios de um processo de CRM são:

1. A capacidade de reter os clientes mais importantes e os maislucrativos para ampliar o negócio.
2. A obtenção de clientes certos, com base em características conhecidas ou aprendidas, que dirigem o crescimento e as margens crescentes.
3. O aumento das margens individuais dos clientes e, ao mesmo tempo, oferta do produto certo no momento certo.

Esses objetivos e benefícios permitem:

◆ Saber quem são seus clientes e quem são os melhores.
◆ Estimular as compras ou saber o que não será adquirido.

- Saber a hora da compra e de que maneira será feita.
- Conhecer as preferências de seus clientes e torná-los leais.
- Definir as características referentes ao cliente grande/lucrativo.
- Modelar os melhores canais para atender às necessidades dos clientes.
- Predizer o que eles podem ou irão comprar no futuro.
- Reter os melhores clientes por muitos anos.

2.7 – Definições do CRM

Existem inúmeras definições de CRM:

Segundo Philip Kotler,

O Customer Relationship Marketing permite que as empresas ofereçam aos clientes excelente serviço em tempo real ao estabelecerem um relacionamento com cada cliente valioso através do uso eficiente de informações de cada conta individual. Com base no que sabem sobre cada cliente, as empresas podem personalizar suas ofertas ao mercado, seus serviços, programas, mensagens e seus meios de comunicação.

Segundo Don Peppers e Martha Rogers, criadores do conceito *one-to-one*, "O CRM é uma estratégia de negócio voltada ao entendimento e à antecipação das necessidades dos clientes atuais e potenciais de uma empresa". Do ponto de vista tecnológico, *CRM envolve capturar os dados do cliente ao longo de toda a empresa, consolidar todos os dados capturados internamente e externamente em um bando de dados central, analisar os dados consolidados, distribuir os resultados desta análise nos vários pontos de contato com o cliente e usar esta informação ao interagir com o cliente através de qualquer ponto de contato com a empresa.*

Do ponto de vista de sistemas (PEPPERS e ROGERS), "É a integração dos módulos de automatização e gerência de vendas, telemarketing, serviço de atendimento e suporte ao cliente, automação de marketing, ferramentas para informações gerenciais , *web* e comércio eletrônico".

Complementando as definições acima, podemos afirmar que CRM é uma estratégia ou modelo de negócio centrado no cliente, o qual a empresa pratica ou não pratica.

2.8 – Componentes do CRM

Os componentes básicos para a prática do CRM são: informação, hardware, software, análises e modelagem, programas de marketing e pessoas. Apesar de no passado as empresas obedecerem a ordem de implantação apresentada anteiormente, hoje se descobriu que o certo é considerar os itens de trás para a frente, ou seja, as pessoas, no caso os funcionários, representam o ponto mais importante da prática do CRM. Antes de começar o projeto, precisa-se desenvolver programas de treinamento especializado para cada uma das áreas da empresa, identificar os funcionários com aptidão para a prática desta visão e até mesmo remanejar os funcionários de acordo com sua aptidão. O segundo componente é entender claramente o que a empresa precisa naquele momento ou nos próximos meses para se distanciar dos concorrentes e definir os programas de marketing que serão desenvolvidos, para depois juntar os dados necessários, comprar os *software* e o *hardware* necessário.

Considerando-se que para praticar o marketing de relacionamento precisa-se capturar e analisar os dados e entender o comportamento dos clientes, os profissionais de marketing passaram a obter e centralizar todos os dados dos clientes em uma única base de dados, denominada *base de dados de marketing* (*database marketing*). Dessa maneira tornou-se possível manusear os dados dos clientes e entender o seu perfil, como executam as transações, as quantidades médias mensais adquiridas e até mesmo se pararam ou não de adquirir o nosso produto.

Após algum tempo, percebeu-se que essa base de dados administrada somente pela área de marketing era muito valiosa e poderia auxiliar também nas tarefas dos demais departamentos da empresa; criou-se então o conceito denominado *repositório de dados*, ou como é conhecido *Data Warehouse*, ou simplesmente DW. A grande vantagem do DW é que passou a centralizar todas as informações da empresa necessárias para se praticar a visão do cliente na empresa, e não só a visão do cliente apenas pelo marketing. Dessa maneira, todas as áreas extraem as informações de uma única fonte para a realização de seus trabalhos, e esses dados são cuidadosamente analisados e definidos antes do arquivamento no DW. A extração de dados do DW para uma finalidade específica é denominada *Data Mart* ou DM. Por exemplo, quando o diretor comercial precisa definir as metas de vendas dos próximos meses, ele solicita a um analista de marketing ou tecnologia que gere uma base para sua análise. Nesse caso, utilizamos os recursos de um DM, e não de um DW, porque a base foi criada para uma finalidade específica. O mesmo ocorre quando o profissional de marketing solicita uma base contendo os clientes perdidos, para entender quem são eles e, por conseguinte, desenvolver ações para reconquistá-los.

Um ponto muito importante a ser comentado é a necessidade de pessoas especializadas em análises de dados de clientes para converterem dados em informações e, posteriormente, desenvolver ações que gerem negócios. Ao longo do tempo, as empresas perceberam que precisavam ter funcionários com formação específica em manuseio de dados, também conhecido como *mineração de dados* (*data mining*), e começaram a contratar profissionais de diversos setores da área de exatas para desenvolver essas análises. Os profissionais mais comuns encontrados nas áreas de marketing são estatísticos, matemáticos e engenheiros, que convivem lado a lado com o pessoal de comunicação, muito menos racionais.

2.9 – Tipos de CRM

Considerando as várias dimensões do CRM, podemos dividi-lo em três partes, de acordo com a finalidade: CRM *operacional*, CRM *analítico* e CRM *colaborativo*.

O *operacional* tem foco basicamente em sistemas e refere-se às aplicações da tecnologia da informação para melhorar a eficiência do relacionamento entre clientes e a empresa; prevê a integração de todos os produtos de tecnologia para proporcionar o melhor atendimento ao cliente.

O *analítico*, com foco exclusivamente em análises, refere-se às análises de dados contidos nas bases de dados; permite identificar e acompanhar diferentes tipos de clientes e definir as estratégias para atender à necessidade deles. Utiliza os recursos de mineração de dados, inclusive ferramentas estatísticas.

O *colaborativo* tem foco em contatos e refere-se ao uso da tecnologia de informação na automação e integração entre todos os pontos de contato do cliente com a empresa; dissemina as informações para a força de vendas, call centers, sites de comércio eletrônico etc.).

2.10 – Principais Dificuldades de Implantação do CRM

Apesar de os profissionais do mercado nacional e internacional terem clara a importância da prática do CRM como um diferencial competitivo, poucas empresas realmente praticam esta nova estratégia de negócio. As principais dificuldades encontradas são: foco excessivo em tecnologia e aplicações e em redução de custos; poucos esforços para transformar a empresa focalizada no cliente; não estar alinhada perfeitamente com as estratégias da empresa; a existência de uma só área coordenando o projeto; treinamento e suporte deficiente; dificuldades de mudar a cultura da empresa; e dificuldade de adaptar e atualizar os sistemas de legados.

Para se ter uma clara idéia da dificuldade de implantar a estratégia de CRM nas empresas, quando se avalia a implantação do DW, é muito similar à implantação de sistemas corporativos, ou seja, 30% dos projetos de DW falham. Ao se analisar o sucesso da implantação de softwares, segundo o Gartner Group, 60% dos projetos de implantação de CRM falham.

Apesar dessas estatísticas nos passar um cenário pessimista, temos de considerar que o fato do projeto não ter sido desenvolvido dentro do prazo já conta como uma falha e que muitas empresas brasileiras já praticam a maior parte dos conceitos de CRM. Por exemplo, a indústria farmacêutica, por meio dos propagandistas, captura e aramzena dados dos médicos, utilizando-os para a realização de ações de marketing e contato. Nesse caso, chegam até a definir o perfil psicográfico (características, atitudes e comportamentos) dos médicos.

Analisando a estatística a seguir, publicada na revista *Developing and Implementing a CRM Strategy*, podemos concluir que o mercado ainda está em fase de crescimento, e isso significa que nos próximos anos as empresas estarão investindo muito dinheiro em todos os componentes do CRM, principalmente em pessoas:

Crescimento dos sistemas integrados de CRM nos Estados Unidos	
Ano	US$ (bilhões)
1999	12,8
2000	15,4
2001	17,0
2002	20,0
2003	23,0

No mercado brasileiro temos visto muitas iniciativas nesses últimos anos, principalmente em montagem da base de dados dos clientes (DW), mas ainda há muito a ser desenvolvido em termos de gerenciamento de campanhas, gestão de contatos e treinamento.

Uma forma bastante simples de entender o marketing de relacionamento é o conceito dos quatro Cs:

O produto **certo**	O quê?
Para o cliente **certo**	Quem?
No momento **certo**	Quando?
No canal **certo**	Como?

A idéia principal é entender quem são nossos clientes para oferecer o produto *certo*, para o cliente *certo*, no momento *certo* e no canal *certo*.

2.11 – Programas de Fidelização

Com o objetivo de praticar o conceito de CRM, as empresas estão criando, com a ajuda de companhias especializadas em marketing direto, Programas de Fidelidade cujo objetivo é atrair e manter os clientes na empresa. Como exemplo podemos citar alguns casos brasileiros.

O primeiro deles é o implantado pela videolocadora Blockbuster lançado em julho de 2003. O programa tem como objetivo fidelizar o público infantil, crianças de 3 a 12 anos, faixa etária que, segundo a pesquisa realizada pela companhia, tem grande influência na decisão de compra e aluguel de vídeos/DVDs dos adultos. O programa batizado de 'Turma do Sofá', inclui o lançamento de um kit promocional e de um cartão exclusivo para associados mirins, que oferece, entre outras vantagens, locações gratuitas durante o mês. A idéia é fortalecer o vínculo da empresa com o público infantil e, por conseqüência, ampliar o volume de negócios em toda a rede espalhada pelo Brasil. A escolha do público-alvo foi priorizada porque elas (as crianças) não só alugam muito, como convencem os pais a comprar as fitas/DVDs; as pesquisas mostram que uma criança chega a assistir até 25 vezes um mesmo filme. A meta inicialmente estabelecida para o programa era cadastrar em meio ano, cerca de 100 mil crianças. Como benefício, as crianças sócias ganham uma locação sempre no dia 12 de cada mês sempre que o titular da conta alugar os Block3 ou Block4. O primeiro caso é valido entre domingo e quarta-feira e consiste em um dia a mais de locação para quem levar três filmes; o segundo funciona de quinta a sábado e também garante um dia a mais de locação a cada quatro fitas alugadas. A campanha publicitária foi desenvolvida pela DM9DDB e contou com filmes para TV e cinema.

Outro exemplo é o do grupo Accor no Brasil, que desenvolveu um plano de fidelidade e atraiu clientes em um ano difícil para a rede hoteleira. De origem francesa, a Accor Hotéis é a maior operadora de hotéis e *flats* no Brasil com mais de 102 unidades em funcionamento e 73 a serem inauguradas em 2005, com as marcas Sofitel, Mercure, Novotel, Parthenon, Ibis e Fórmula 1. E, aproveitando toda essa diversidade de marcas e públicos, desenvolveu uma ferramenta comum a todas as marcas: o cartão de fidelidade *Compliment*. Esse cartão foi criado em 2001 e pode ser utilizado somente no Brasil e em todas as marcas. Uma grande particularidade do programa foi a cobrança de uma taxa para os clientes se associarem no valor de R$ 29,00, com validade de dois anos. Utilizando o cartão, para cada R$1,00 gasto, em hospedagem, o associado ganha dois pontos que, somados, dão direito a diárias de cortesia. Foram investidos R$ 1,5 milhão para implantar o *Compliment* no Brasil, e o retorno foi rápido; a meta de associados no primeiro ano era de 10 mil, e foi facilmente ultrapassada com 30 mil associados. De acordo com o diretor de marketing da empresa, a fidelidade gerada pela expectativa dos benefícios decorrentes do uso do cartão representa um diferencial decisivo, especialmente em mercados muito competitivos como o paulistano. No ano de 2002, a média de ocupação dos hotéis de São Paulo ficou em torno de 40%, enquanto a Accor conseguiu média de 50%. Em um ano em que todo o mercado hoteleiro encolheu, o grupo cresceu 3%.

2.12 – Compra de *Mailings*

Outro importante item a ser avaliado é a compra de listas de possíveis clientes, conhecidas também como *mailings*. Considerando que o objetivo básico do marketing de relacionamento é conhecer melhor os clientes (perfil demográfico, transacional e atitudinal), muitas vezes as empresas precisam capturar ou adquirir dados existentes no mercado sobre os seus clientes e prospects. Para tanto, há, no mercado brasileiro, empresas especializadas que podem vender determinados dados públicos ou colhidos por iniciativas próprias.

A legislaçao brasileira é muito clara nesse sentido e determina que os dados dos clientes só podem ser comercializados mediante autorização deles. Apesar de existirem muitas empresas que prestam esse serviço, citaremos duas delas apenas para exemplificar.

Uma delas é a Datalistas, empresa do Grupo Abril que comercializa os dados dos assinantes das revistas do grupo. São mais de 12 milhões de nomes, e uma parte deles com informações detalhadas inclusive sobre dados psicográficos dos clientes (qual o *hobby*, que jornais assina, estilo de vida etc.). Para se ter uma idéia, além de obter-se informações, é possível também selecionar o público especificamente desejado, por exemplo: mulheres, que moram na região de atuação do meu negócio, com perfil inovador e potências a comprar o produto tal.

Esses dados são utilizados basicamente para duas finalidades: uma é complementar as informações sobre os clientes que já temos e outra captar dados de prospects. Os preços variam de acordo com a finalidade (mala-direta ou telemarketing) e também com a quantidade de utilizações. São mais de 70 atributos, e ainda pode-se contar com a assessoria da empresa para selecionar nosso público-alvo e até apuração dos resultados.

A outra empresa do setor é a HSM. Utilizando os dados dos participantes de eventos patrocinados pela HSM, ela solicita a autorização do cliente antes de oferecer os nomes para os compradores; só com a confirmação, esses nomes são comercializados. Os principais *mailings* comercializados são os dos executivos do país e de estudantes.

Um ponto muito importante a ressaltar é a comercialização de listas ilegais que desestimulam o mercado de empresas idôneas.

2.13 – O Marketing Direto

A ferramenta de marketing utilizada para o contato individual com cada cliente é o *marketing direto*. Essa está se desenvolvendo rapidamente e criando uma consistência de aplicaçoes muito grande no mundo todo, devido principalmente, às ações de marketing de relacionamento praticadas pelas várias empresas.

Segundo a definição da associação de marketing direto norte-americana (Direct Marketing Association – DMA), trata-se de um sistema interativo de marketing que utiliza uma ou mais mídias de propaganda a fim de produzir resposta e/ou transação mensurável, e em qualquer lugar.

As principais diferenças entre o marketing direto e as outras disciplinas de marketing são as seguintes:

- ◆ O marketing direto é interativo; é uma comunicação individualizada entre a empresa e o cliente.
- ◆ Envolve uma ou mais mídias; a combinação de mídias é requente e mais produtiva.
- ◆ As respostas são mensuráveis porque tudo pode ser medido: o custo da ação, a receita gerada da venda dos produtos/serviços e a taxa de retorno.
- ◆ Pode ser realizado em qualquer lugar; as transações ocorrem por telefone, correio e visita pessoal.

Segundo Bob Stone, as mídias de marketing direto são a mala-direta, o telefone, e a mídia eletrônica (televisão, rádio e TV a cabo) quando incluir o telefone e ficar claro para o cliente ligar para a empresa comprar o produto.

Um recurso muito utilizado no mercado é a combinação de ferramentas de marketing direto, por exemplo, enviar para um mesmo público-alvo uma mala-direta, ligar logo após para o cliente e, posteriormente, agendar uma visita.

Ainda segundo Bob Stone, as chaves para se obter sucesso em ações de marketing direto são:

Oferecer os produtos e serviços corretos aos clientes. Neste item deve ser avaliado se o produto/serviço possui realmente características exclusivas, se a embalagem cria uma boa impressão inicial, se a margem de lucro é suficiente e se o preço realmente é justo.

Escolher a mídia correta.

Significa definir corretamente o público-alvo e escolher as mídias corretas que respondam às perguntas: as ofertasestas estão adaptadas ao mercado? As ofertas estão adaptadas aos objetivos?

Definir a oferta certa.

Significa verificar se a oferta é realmente a mais atraente possível, se leva a um ciclo automático de recompra, e se o preço de lançamento é o ideal.

Os formatos certos.

No caso de mala-direta, verificar se o formato é o ideal para a oferta. No caso da mídia impressa, verificar se os anúncios são adequados aos produtos. E na mídia eletrônica, se os comerciais são adequados aos produtos.

Os testes certos.

Implica verificar se foi determinado o melhor período de tempo e freqüência de oferta, se foram determinadas as melhores áreas geográficas e se utilizadas quantidades adequadas para o teste.

Realizar análises corretas.

O principal ponto deste tópico é verificar se estão sendo realizadas periodicamente.

Há vários tipos de ofertas que podem ser consideradas no marketing direto. São elas:

- Informações grátis – quando a empresa fornece informações gerais ou especificas sobre os seus produtos/serviços.
- Amostra – quando a empresa envia amostras do produto para as pessoas experimentarem os seus produtos.
- Venda cruzada – quando o cliente já tem um produto e é oferecido um outro correlacionado com o atual, porque a empresa determinou, pelo comportamento dos consumidores, que pessoas que tem ou compram certos artigos também adquirem outros produtos complementares.

Para se ter uma idéia da quantidade de malas-diretas enviadas por ano aos habitantes de um país, vamos utilizar uma pesquisa realizada pela revista *American Demographics*, de Jeniifer Laack. Os Estados Unidos são o país com maior concentração de malas-diretas enviadas anualmente per capita: sao mais de 350 crrespondências por habitante, ou seja aproximadamente 29 por mês. Em segundo lugar está a Suíça, com nove por mês, em terceiro a Alemanha com seis, e em quarto a França com quatro.

E no Brasil? Quantas malas-diretas de ofertas de produtos/serviços você recebe por mês?

Um outro item importante para conhecermos é o percentual de resultado de cada um dos componentes da mala-direta. Segundo Bob Stone e Ron Jacobs (2001), a lista do público-alvo mais a mídia representam 40% dos resultados obtidos pelas malas-diretas. A promoção representa 30%, o texto 15%, e o layout da peça mais 15%. Os dois últimos (texto e layout) representam a criatividade, e normalmente são definidos pelas agências de marketing direto existente no mercado.

3 – CRM Como Resposta à Questão 'Eficiência em Marketing'

Como vimos, o CRM tem a função de trazer para a empresa o conhecimento de sua base de clientes ou de prospects. Assim, cada ação tomada pela empresa passa a ser acompanhada de uma forma diferente do que era antes. Por exemplo, antes de se investir em uma campanha nacional de vendas, com custo alto em veiculação, um piloto, ou seja, um projeto experimental em uma praça selecionada poderá mostrar quais de seus clientes ou prospects de fato reagem àquela campanha.

Uma pesquisa posterior em sua base de clientes mostrará quem são os clientes, quais as reações anteriores a campanhas e quão bons os resultados obtidos foram. Essa metodologia permitirá a tomada de decisão, não apenas binária, entre manter ou não a campanha, mas também em substituí-la ou não por outra, ou por outra mídia.

Outro ponto de relevância é sobre a existência de atendimentos multicanais. A necessidade de atendimento a pedidos e reclamações, e obviamente de novos negócios, tomou uma proporção diferente em empresas que oferecem diferentes canais de acesso para o cliente.

Tomemos como exemplo instituições financeiras de uma forma geral. O cliente pode ter atendimento pessoal em uma de suas lojas (agências), pode ter atendimento via telefone, fax, internet, correio, EDI (*Electronic Data Interchange*), ou qualquer canal que trouxer conveniência e escala de atendimento, traduzidos em custo e resultado para a instituição.

Assim as instituições financeiras, como tantas empresas de outras indústrias, passaram a ofertar diferentes canais de atendimento a seus clientes, e isso gerou uma nova questão, tratando sobre a eficiência de cada canal do ponto de vista de atendimento e negócios. Além da conveniência gerada para o cliente, haverá em cada canal uma possibilidade de negócios? Quando um cliente é convidado para uma compra ou experimentação, fará diferença o canal para o qual ele foi encaminhado?

Além disso, há diferença de resultado em função da oferta feita ao cliente? Intuitivamente a resposta será sim. Aliás, claramente sim! Porém, como definir qual oferta para qual cliente? Mais do que isso, qual o potencial de resultado baseado na oferta. A oferta de um desconto será mais eficiente do que um brinde? Quais clientes se sensibilizarão mais com qual tipo de oferta? Segundo Bob Stone (2002), apenas em marketing direto existem 31 tipos de ofertas prováveis. E elas podem ainda ser combinadas entre si. Porém, ainda segundo Stone (2002), o desafio é que "as ofertas devem ser comercializadas adequadamente junto aos targets objetivados".

Mais do que isso não se pode deixar de considerar o fato de que clientes têm tempos e processos diferentes de decisão. O relacionamento deve que ser entendido como um resultado de transações, negócios, ofertas e reações anteriores. Dessa forma, cada cliente terá uma possibilidade de reação, a cada momento, diferente do que teria em outros momentos. Devemos ter claro quem são os clientes que deverão receber um estímulo ou uma oferta e, principalmente, quando!

Assim a eficiência em marketing acontecerá quando as seguintes perguntas forem respondidas:

- Quais clientes?
- Para que oferta?
- Quando devo contatá-los?
- Quais canais devo oferecer/utilizar para que a ação aconteça?

Não se pretende com isso revogar necessidades imediatas das empresas, como a desova de um eventual estoque, ou o fechamento de um canal altamente deficitário, mas sim fazer com que qualquer um desses processos gere uma relação do tipo ganha-ganha, por meio da gestão efetiva do processo e que, mesmo em uma situação mais drástica como essa, o produto ou serviço seja rapidamente direcionado para o cliente com maior benefício em recebê-lo.

Eficiência em marketing, do ponto de vista da gestão do relacionamento com o cliente, passa a ser a capacidade de entendimento e compreensão e, portanto, atuação sobre cada um dos clientes da base, podendo-se medir o desempenho de cada ação, confrontá-lo com outros desempenhos, compará-lo com os alvos que se tinha, avaliar o impacto em nível de satisfação da base de clientes e reiniciar o processo a qualquer momento, com resultados previsíveis e satisfatórios para a empresa e o cliente. Como em qualquer linha de produção.

3.1 – CRM Como Eficiência em Marketing: o Papel da Tecnologia

Para o descrito anteriormente acontecer, o suporte de tecnologia será tão mais imprescindível quanto for o tamanho da base de clientes e prospects, o número de produtos e serviços e ofertas prováveis, o número de canais de atendimento e condições comerciais.

Quando existir um pequeno número de cada uma das entidades acima, no limite, um único vendedor poderá saber de cor todas as transações feitas pelo cliente, qual a motivação de compra de sua compra, qual deverá ser a próxima oferta, principalmente se ele tiver uma orientação clara sobre quais as razões pela qual o cliente necessita de seu produto ou serviço. Para isso acontecer deverá existir um processo, pelo qual será perguntado ao cliente do que ele necessita e quando necessita. O vendedor registrará as informações e voltará no tempo certo com a oferta certa.

Esse vendedor deverá conhecer as fontes de receita do cliente, e suas despesas, deverá entender o papel que seu produto ou serviço desempenham na cadeia de geração de valor do cliente (em caso de B2B) ou qual o papel na vida do cliente (B2C).

Deverá também saber acompanhar as mudanças de condições na vida desse cliente que possam alterar a utilização ou destinação do produto ou serviço, como a aquisição de um outro com valor agregado maior. Ou mesmo a total substituição de um eventual produto ou serviço. Nesse ponto quanto mais rápido for o vendedor maior a possibilidade de resultado, via construção eficiente de oferta, negociação embasada em conhecimento e oferta comercial que faça sentido do ponto de vista do cliente.

Porém, o que acontecerá quando o mesmo vendedor tiver mil clientes, cem produtos, conviver com mais n canais nos quais os clientes interagem? Sem a existência de tecnologia suportando, acompanhando, gerando informação e proposta para este mesmo vendedor, ele dificilmente poderia ter qualquer proatividade em relação à sua base de clientes. E mesmo que tivesse essa iria restringir-se a uma pequena quantidade deles.

Por fim, para que isso aconteça repetidamente ao longo do tempo, deve haver um processo. Esse processo é o que passaremos a chamar de 'relacionamento comercial'.

O ponto principal a ser destacado é que o processo de 'relacionamento comercial' não deve jamais estar subordinado à tecnologia, e sim o contrário. A equipe de tecnologia não deve e não pode, sob o risco de gerar resultados negativos, propor qualquer projeto que tenha impacto no processo de relacionamento comercial sem antes ter descrito e compreendido completamente o processo.

Todas as alterações que o projeto de tecnologia prevê que tenham impacto sobre esse processo devem ser discutidas e analisadas juntamente com a equipe que vai utilizá-la, e nesse momento, referimo-nos não apenas à equipe de vendas, mas também a qualquer canal que tenha contato direto com o cliente.

Em última análise, o projeto de TI deverá estar 100% alinhado com o processo de relacionamento comercial, e jamais o contrário.

Assim devemos ter claro que o primeiro processo descrito (no caso de o vendedor ter apenas um cliente) é o que importa. E que a tecnologia tem a função de viabilizar o mesmo processo em ambientes mais complexos. E nada mais. Ou seja, em CRM a tecnologia é uma solução para o atendimento em larga escala, que deve possibilitar, traduzindo para a realidade, o processo de relacionamento comercial que empresa deseja ter.

Muitas questões deverão nascer quando se fala em gestão de relacionamento com o consumidor, porém a última que deve ser endereçada para discussão e solução é definitivamente a tecnologia, pois embora tenha papel determinante no sucesso do projeto de CRM, sem a clara definição de objetivos e do que é a gestão de relacionamento com o cliente, e o que dela se espera em diferentes prazos, a possibilidade de a compra da tecnologia gerar resultados positivos será, no mínimo, não previsível.

Também é crença de mercado que a compra da tecnologia deverá ser o maior investimento a ser feito no processo de implantação de um CRM. Porém os investimentos em treinamento, implantação, integração podem chegar a múltiplos do investimento feito no pacote de CRM. E tanto maiores serão esses outros investimentos, e provavelmente menos efetivos, quanto distante do processo de relacionamento comercial tiver sido a construção e implantação do projeto de tecnologia.

Isso não significa, em absoluto, que a tecnologia terá meramente o papel de automatização.

O ponto é que qualquer melhoria do processo e mesmo modificação dele deverá ser feita por meio dele. Se houver necessidade de ruptura, essa deve ser suportada por quem tenha legitimidade com os usuários, antes da implantação da tecnologia, o que evitará que uma tela de computador torne-se uma discussão, ou pior vire a resposta pela queda em produtividade, ou mesmo não seja utilizada.

E se a avaliação do processo mostrar que ele é improdutivo, que tem falhas e deve ser alterado? Certamente ele deve ser alterado, porém, o usuário deve ter claro que o processo deve ser alterado apesar da tecnologia, e não por causa dela! Portanto, a tecnologia deve representar para o usuário final um ganho em produtividade e uma redução de trabalho. Nunca uma ameaça ou a comprovação de erros e ineficiências. Em última análise, deve fazê-lo sentir-se mais satisfeito, produtivo e aceito com seu trabalho.

E como iniciaríamos a descrição de processo? Compreendendo inicialmente quais os pontos de contato com o cliente, e quais tipos de transação e informações são gerados por eles em cada ponto de contato, conforme mostra a tabela a seguir:

Quais Clientes	Quais pontos de contato?	Quais Interações/ Transações	Quais informações geradas	Quais informações conhecidas	São armazenadas?	Sistema único ou nome do sistema

Os próximos passos serão a descrição do que se faz com as informações, quem as utiliza e quanto, para que (descoberta ou teste de hipóteses), quais os processos de realimentação de informações, qual a distribuição delas, quais as alçadas de visualização.

Um diagrama multidimensional apresentando a relação entre essas informações e as ações mais prováveis pode também ser construído, contudo a primeira fase bem descrita será por si só um passo relevante.

Em seguida passa-se à construção da arquitetura do CRM, contendo o banco de dados que o suporta, se ele é ou não um DW, as entradas das informações e as saídas para todos os usuários, não diretamente relacionados ao processo, mas que participam da cadeia de criação de valor para o cliente.

4 – Uma Proposta Teórica de Visão de Estrutura Organizacional para o Funcionamento do CRM

Até este ponto definimos o que é o CRM, como ele se posiciona, no que diz respeito à geração de eficiência para a empresa, na área de marketing, direcionando recursos e gerando possibilidade de acompanhamento efetivo dos recursos direcionados, e como ele deve ser implantado, iniciando-se pela avaliação do *processo de relacionamento comercial* e nascendo a partir dele e não apesar dele!

Também é importante imaginarmos qual o impacto da estrutura organizacional no resultado *para o cliente, do ponto de vista dele*. Convidamos o leitor a imaginar qual o resultado direto para o cliente de uma estrutura funcional formal, de qualquer organograma de empresa que conhecemos.

Segundo Hitt, Ireland e Hoskisson (2002), a estrutura organizacional de uma empresa tem o papel formal, de dar andamento a processos, governança e mecanismos de controle, e autoridade e processos de decisão. Ela é influenciada por fatores situacionais, incluindo o tamanho e a idade da empresa. A estrutura organizacional reflete as determinações dos dirigentes sobre o que a empresa faz e como ela o faz, dada a estratégia escolhida. Competividade estratégica apenas pode ser obtida quando a estrutura definida é coerente com a estratégia definida.

Os autores citados trazem ainda várias propostas de modelo de estrutura e as descrevem em função da estratégia provável, bem como dos controles necessários Por exemplo, *estrutura simples*, *estrutura funcional* e *estrutura multidivisional*, todas elas produzidas sob a mesma ótica, tarefa *versus* hierarquia, dada a estratégia, com um perfil que nos é familiar, genericamente descrito como o apresentado a seguir:

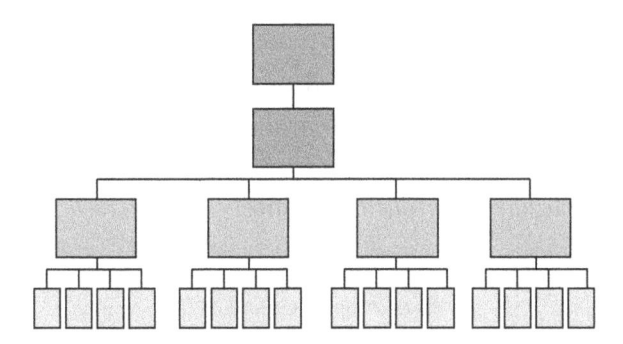

Essa teoria é a que funciona para as estratégias definidas, está testada e tem resultados comprovados. É adotada pela maior parte das empresas, independentemente de seu porte.

Porém retornemos a Jan Carlzon, que em sua provocativa proposta, disse que a inversão do conceito de hierarquia, como a de construtor de talentos e recursos para o atendimento, faria, *na hora da verdade*, com que a empresa tivesse resultados acima da média, conforme a proposta de qualquer planejamento estratégico. E executou e comprovou seu resultado. A isso Carlzon (1985, p. 61) chamou de "achatar a pirâmide".

Porém, quando da implantação dos modernos processos de CRM, uma das questões mais descritas como críticas para a implantação é a necessidade de mudança da estrutura ou mesmo da mudança da cultura da organização. Por si só esse tipo de desafio é tão grande e tão custoso e, porque não, tão arriscado, que podemos inferir que, se ele é o caminho crítico para a implantação do projeto, ou o projeto está errado ou não tem sustentação no mundo prático.

É claro que isso não significa que os projetos devam ser abandonados. Mas sim, que, independentemente do que está descrito no organograma da empresa, ainda não carrega em si o conceito de cadeia de agregação de valor para o cliente. Na realidade deixa que essa cadeia fique dispersa no desenho do organograma da empresa, representado pelas tarefas de cada unidade do organograma, diante da necessidade de confecção de um produto ou serviço.

Isso tende a gerar, por si só, uma visão dispersa do cliente, em que cada ponto de contato subordina-se a uma hierarquia e tem metas de custo e resultado independentemente de outra áreas.

Portanto, faz-se aqui uma proposta nova de organograma, incluindo o cliente como entidade do organograma e, apesar da manutenção da necessária função hierárquica, temos um desenho em que a prioridade é a cadeia de criação de valor para o cliente.

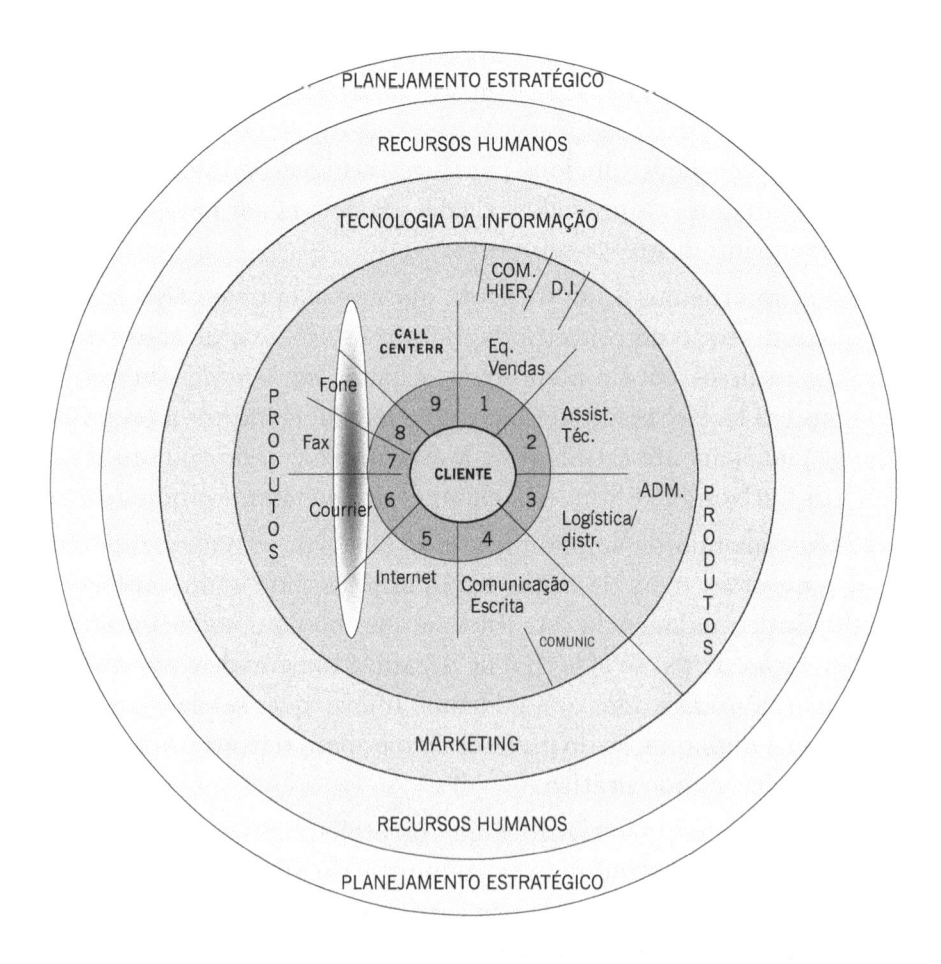

Note-se que a proposta não é a criação de vínculo hierárquico, por exemplo entre a área de RH e a de Tecnologia. Mas sim que, por meio do conhecimento adquirido do planejamento estratégico e da visão clara do que representam as áreas que atendem ao cliente (no centro do modelo), o departamento de RH saiba claramente quais as atividades que devem ser desenvolvidas por todas as áreas da empresa e tenha como desenvolver métrica de acompanhamento de resultados, remuneração e carreira, com base no cliente, e não em metas intermediárias quaisquer.

No centro do modelo, o cliente passa a ser atendido sempre por um binômio, canal de atendimento + produto ou serviço (descrito no modelo por números, que representam pacotes diferentes entregues em canais diferentes[5]). Esse binômio tem uma cadeia de agregação de valor, em que alguma outra equipe de *back office* é responsável por gerar/materializar a entrega.

O modelo prevê que toda a organização seja regida por objetivos únicos, definidos com base no cliente e na forma como ele vai ser atendido, e claramente, também por meio do projeto de estratégia que a permeia, gerando a possibilidade do binômio produto/serviço+canal ser o melhor possível do ponto de vista do alcance das necessidades dos clientes.

Esse binômio, representado pelos dois anéis internos, indica o gradiente de contato do cliente com a empresa, pois são os pontos reais de contato e os representativos da *hora da verdade*.

Então se o projeto de CRM fala de integração, essa proposta traz tal ponto crítico à tona e mostra como fomentar a cultura de agregação de valor entre as áreas, colocando-as todas em direção a um mesmo resultado: o atendimento das necessidades do cliente.

5 – Resultados em CRM: a Visão Estratégica

5.1 – *Case* ITAIPU

A Itaipu Shopping Construção é uma empresa que atua no ramo de varejo de material para construção. Com uma loja, situada em Mogi das Cruzes, oferece ao cliente tudo o que precisa para a sua construção, reforma ou ampliação, abrangendo desde o material bruto até acabamento e decoração. Atualmente, possui 28 vendedores; três deles fazem parte do setor de televendas receptivo em conjunto com uma atendente de SAC (pesquisa de atendimento/resolução de problemas).

5.1.1 – Cenário Atual

- Canal de televendas receptivo;
- Horário dos atendentes: de segunda a sexta das 8 às 18 horas e aos sábados das 8 às 14 horas;
- Tipo de ligações – informações sobre financiamentos ou horário de atendimento, orçamentos e vendas;
- Número médio de ligações mensais: 4.500;
- Tipo de equipamento – computador fone de ouvido;
- Tecnologia – ambiente Linux e aplicativos em linguagem Data Flex.

5.1.2 – Definição do Problema

Atualmente, o setor de televendas não possui nenhum software de call center; os dados são capturados em relatórios diários que informam o produto cotado, a cidade e a realização ou não da venda.

Os registros mais completos estão em forma de cadastro de clientes que efetuaram compras com os televendedores. O cadastro é composto de nome, endereço, telefone, data de nascimento e data da primeira e da última compra e a descrição do que foi comprado. As informações contidas nesse cadastro podem ser transpostas para Excel e trabalhadas de acordo com as necessidades.

Vale ressaltar que não é possível captar os dados sobre as pessoas que eventualmente ligam para fazer orçamento ou solicitar informações. Outra questão que deve ser observada é a não-existência de um campo no cadastro para profissão, portanto não é possível segmentar por profissão. Esses são dois GAPs que devem ser observados para a maximização dos resultados.

5.1.3 – Objetivos da Implantação do CRM

A oportunidade está em implantar o telemarketing ativo, que não existe, e em alinhar os GAPs estudando a possibilidade de estabelecer um sistema de call center e colocar no cadastro o campo de profissão. Para os clientes já cadastrados, a atualização poderá ser feita pelo SAC que recebe reclamações e faz pesquisas de atendimento com clientes.

Devemos ter como premissa básica o conceito de que a compra de material de construção é cíclica para cada cliente, ou seja, uma construção ou reforma começa e termina em um período de tempo. Portanto é necessário que durante esse período a empresa esteja acompanhando de perto o cliente, fornecendo tudo de que ele precisa, e lembrando-o de que a loja está à disposição para qualquer reparo.

Serão definidos três *clusters* para ação de relacionamento:

- Consumidor final;
- Construtores/empreiteiros;
- Profissionais da construção separados por grupo: A (pedreiros, encanadores, eletricistas etc.) e B (arquitetos e engenheiros).

Tendo em vista as questões abordadas acima, o principal objetivo da implantação do CRM é *maximizar as funções* do setor de televendas com a introdução do telemarketing ativo que poderá acompanhar cada cluster. A partir daí, segmentar por clientes que mais compram ou que compraram em um período e pararam, ou que compraram um tipo de material e não voltaram para adquirir o material subseqüente.

Aumentar o faturamento do setor em 10% no período de um ano e fidelizar clientes por meio de um programa de relacionamento que torne possível conhecer o cliente de perto são os objetivos secundários da implantação.

O telemarketing poderá atuar apresentando aos clientes promoções da semana ou mensais, lançamentos, novos financiamentos, cursos, entre outros. Além de informar, o telemarketing ativo poderá trabalhar na recuperação de clientes por intermédio de levantamento dos registros de clientes que deixaram de comprar por um período igual ou maior a um mês.

5.2 – Estratégia

5.2.1 – Definição do Cliente-alvo/clusterização

Com base no banco de dados já existente no Itaipu Shopping, serão abordados pelo setor de televendas os clientes com o seguinte perfil:

Idade: 25 a 70 anos.

Localização: residentes na cidade de Mogi das Cruzes e região.

Sexo: masculino e feminino.

Recência e freqüência: compra nos últimos 60 dias.

Valor: valor médio acima de R$ 500,00.

Produto: deve ser analisado o tipo de produto comprado anteriormente, porém pode-se enfocar produtos de 'conveniência', ou seja, fáceis de comprar, como todo tipo de material bruto, jardinagem, produtos de manutenção, impermeabilização, louças, chuveiros, metais, entre outros.

LTV (*Life Time Value*): começar a medir a partir do público-alvo definido.

5.2.2 – Prospects

Será montado um banco de dados com *prospects:*

- *Arquitetos, empreiteiros, engenheiros, pedreiros, encanadores, eletricistas, pintores, entre outros profissionais da construção.*

    Identificados por catálogo telefônico da região, Conselhos Regionais, Associação Comercial, coleta de dados na loja por meio de sorteio de brindes, ou cadastro feito em cursos técnicos.

- *Beneficiários de financiamentos de aquisição e reforma de casa própria.*

    Identificados por meio de *mailing* adquirido em instituições bancárias.

- *Inativos.*

    Clientes que não compram há mais de seis meses, cuja última compra foi no valor mínimo de R$ 3.000,00.

5.2.3 – Ações

Definido e montado o banco de dados que será trabalhado pelo CRM, propõem-se as seguintes ações:

- **Promoção**

    Será criada uma promoção especial para os clientes selecionados, como uma justificativa de abordagem do telemarketing e uma iniciativa de cultivar o relacionamento, apresentando para o cliente um benefício inicial e despertando nele o interesse em fazer parte de nosso banco de dados como cliente especial. Podendo ser um desconto adicional de 5%, parcelamento em cinco vezes, além de alguns produtos em promoção somente para clientes especiais.

    Também poderão ser desenvolvias campanhas de *cross-selling* e *up-selling*.

- **Telemarketing ativo**

    Os profissionais do telemarketing entrarão em contato com os clientes previamente selecionados, para informar que eles fazem parte da carteira de clientes especiais do Itaipu Shopping, e que já começam obtendo vantagem com a promoção acima descrita. Para isso, basta o cliente responder a algumas perguntas para que o Itaipu possa atualizar os dados.

Os profissionais do telemarketing terão um treinamento de vendas e receberão um script para orientá-los na abordagem.

Será feito um *brainstorming* com o comitê para levantamento de mais questões a serem contempladas no banco de dados. A princípio consideramos as informações abaixo importantes para qualificação do banco de dados:

- *Atualização de nome, endereço, sexo, idade, profissão, estado civil, renda média familiar (de R$ 0,00 a R$ 0,00).*
- *Tem filhos? Que idade?*
- *Possui casa própria ou alugada?*

- *Está construindo ou reformando?*
- *Casa/apartamento ou escritório/empresa?*
- *Qual a área da casa/apartamento ou escritório/empresa?*
- *Quem é o arquiteto, empreiteiro ou engenheiro responsável? (Esse dado deverá alimentar também o banco de prospects.)*
- *Qual a previsão de término da construção/reforma?*
- *Com que freqüência compra materiais de construção?*
- *Quem toma a decisão da compra?*

A qualificação de prospects profissionais autônomos deverá ser diferenciada. Deve-se levantar informações do tipo:

- *Qual marca de preferência de determinados produtos?*
- *A maioria de seus clientes compõe-se de pessoa física ou jurídica?*
- *Como divulga seus serviços?*
- *Qual sua formação?*
- *Qual curso profissional realizou?*
- *Costuma fazer cursos de atualização profissional?*
- *Assina/recebe revistas especializadas?*
- *Compra em outras lojas? Por quê?*
- *Tem interesse por alguma área/assunto específico?*

- **Mala-direta**

    Será criada uma mala-direta demonstrando os produtos em promoção e a sua vigência, assim como reforçando as vantagens do cliente especial do Itaipu Shopping.

- **Comitê de Implantação de CRM**

    Visando ao envolvimento de todos os níveis e áreas da empresa, o comitê será formado por um profissional de cada setor descrito a seguir.

Direção

O sucesso da implantação de um programa de CRM depende totalmente do envolvimento da alta liderança.

Financeiro/Contas a Pagar

Responsável pelo fluxo de caixa da empresa, este profissional vai orientar os parâmetros possíveis de investimento, e também as possíveis parcerias com fornecedores para minimizar os custos da implantação. Não é necessário estar presente em todas as reuniões do comitê; é importante participar principalmente no começo do processo para definir qual o *budget* e no final do processo para possíveis acertos e negociações.

Marketing

É o profissional que tem a sensibilidade e conhecimento para identificar as necessidades dos clientes e como a empresa pode atendê-las e para obter vantagens competitivas.

Suporte Técnico/Tecnologia

São imprescindíveis para auxiliar na montagem do banco de dados, definição do que é possível extrair dos dados existências, orientação para aquisição de novas estruturas tecnológicas etc.

***Call Center* e Caixa**

São os profissionais da linha de frente, que conversam com o cliente e para quem o cliente expressa suas satisfações e/ou frustrações.

Vendas

Faz parte da equipe que respira vendas, que 'traz o pão para casa'; eles sabem o que os clientes querem em termos de produtos e serviços.

Entrega

Este profissional, além de ser da linha de frente, tem a vantagem de entrar na casa do cliente, conhecendo suas necessidades e potencialidades (*household*). Às vezes, o cliente está com pressa na hora da compra, e somente no recebimento da mercadoria consegue se expressar mais e melhor.

	DIA D	D+7	D+14	D+21	D+28	D+60
Apresentação do Projeto	X					
Aprovação da Diretoria		X				
Convocação do Comitê de Implantação		X				
Desenvolvimento do Projeto			X			
Treinamento				X		
Unificação dos dados/montagem do banco (clientes e prospects)				X		
Criação da Mala-direta - arte, gráfica, manuseio e postagem				X	X	
Campanha do tlmk/qualificação de dados					X	
Envio da mala-ireta					X	
Mensuração dos Resultados (retorno da mala-direta em vendas e quantidade de ligações)						X
Data mining para ações futuras						X

5.3 – Mensuração dos Resultados

Será quantificado o número de ligações, extraído a porcentagem das bem-sucedidas e o valor das vendas (médio), por meio de relatório semanal.

Será medido o impacto/retorno da mala-direta em vendas.

5.4 – Ações Futuras

Como resultado da implantação do CRM, será possível, por meio do *data mining*, segmentar clientes formando *clusters* e conhecer *households*; montar opções de ofertas; definir *timming* de abordagem a determinados clientes; e identificar os melhores canais para cada tipo de cliente.

5.5 – Cartão de Cliente Especial

Criação de cartão com benefícios adicionais aos clientes, como facilidade de pagamentos a prazo sem necessidade de abertura de cadastro, e descontos progressivos. Para o Itaipu Shopping, o benefício, além da fidelização do cliente, seria uma ferramenta para auxiliar na previsão de estoques.

5.6 – Clube do Itaipu Shopping Construção

Negociação com *pool* de fornecedores para viabilizar descontos bem vantajosos para os clientes e outras ações a serem desenvolvidas.

5.7 – Parcerias

Estabelecimento de parcerias com profissionais autônomos do setor de construção civil, como, por exemplo, arquitetos, engenheiros, empreiteiros, visando a oferecer um serviço de aconselhamento profissional para os clientes que estão construindo ou reformando a casa por conta própria. Em contrapartida deverá se oferecido a esses profissionais algumas vantagens como cursos especiais com novos materiais e técnicas e outros assuntos de interesse para quem está construindo ou reformando.

---

* **Alexandre Franco Caetano**
Graduado em Administração de Empresas.
MBA pela Business School São Paulo, profissional da área financeira, responsável pelo desenvolvimento e gerenciamento de produtos para os segmentos Business to Business e Business to Consumer.
Professor de CRM e Marketing Direto e de Marketing de Relacionamento nos cursos de Pós-graduação da FAAP.

* **César Henrique Fischer**
Mestre em Administração.
Bacharel em Administração.
Gerente de Análise e Modelagem de Marketing em empresa do setor bancário.
Professor de CRM e Marketing Direto e de Marketing de Relacionamento nos cursos de Pós-Graduação em Marketing da FAAP.

Bibliografia

BLATTBERG, Robert C. *Customer equity* – building and managing relationship as valuable assets. Cambridge: Harvard Business School Press, 2001.

CARLZON, Jan.; LAGERTRÖM, Tomas. *A hora da verdade*. COP Editora, 1985.

GORDON, Ian. *Marketing de relacionamento*. São Paulo: Futura.

HINT, Michael A.; IRELAND, Duone; HOSKISSON, Robert E. *Strategic management, competitiveness and globalization*. South Western College Publishing, 2002.

PEPPERS, Don; ROGERS, Martha. *Enterprise one to one* - tools for competing in the Interactive Age. New York: Doubleday, 1997.

PEPPERS, Don e ROGERS, Martha. *The one to one manager*. New York: Doubleday, 1999.

PEPPERS, Don e ROGERS, Martha. *CRM series marketing 1 to 1*. São Paulo: Makron Books, 2001. Disponível também em: www.1to1.com.br.

RAPP, Stan; COLLINS, Thomas L. *Maxi-marketing*. São Paulo: Makron Books.

REED, David. *Developing and implementing a CRM strategy* – The integration of people, process and Technology. London: Business Intelligence, 2000.

STONE, Bob. *Marketing direto*. São Paulo: Nobel. 4. ed. americana.

STONE, Bob; JACOBS Ron. *Successful direct marketing methods*. New York: McGraw-Hill, 2001.

SWIFT, Ronald. *CRM* – O revolucionário marketing de relacionamento com o cliente. São Paulo: Campus, 2001.

VAVRA, Terry G.. *Marketing de relacionamento*. São Paulo: Atlas.

Referências Bibliográficas

CHURCHILL, Gilbert A; PETER J. Paul. *Marketing* - criando valor para os clientes. São Paulo: Saraiva, 2000.

JACKSON, Rob; WANG Paul. *Database marketing estratégico*. São Paulo: IDBM - edição pré-lançamento, 1997.

KOTLER, Philip. *Administração de marketing*. São Paulo: Atlas.

KOTLER, Philip. *Marketing para o século XXI* - como criar, conquistar e dominar mercados. São Paulo: Futura, 1997.

MOREIRA, Júlio César Tavares. *Dicionário de termos de marketing*. São Paulo: Atlas, 1999.

Capítulo 6

Como Se Tornar um Campeão de Vendas

*Natal Destro**

Dedicatória

Aos meus filhos Daniella e Luciano e especialmente ao meu neto Augusto, de cujas companhias fui privado tantas e longas vezes e sempre foram minha energia e motivação.

Ao 'irmão' Eduardo Botelho (in memoriam), de quem fui aluno e mestre e que tanto me incentivou a escrever.

Às Páginas Amarelas, verdadeira Universidade de Vendas do Brasil, a que tudo devo em matéria de aprendizado e que foi a fonte e o laboratório de praticamente quase todo este trabalho.

1ª Parte – O Conhecimento da Profissão de Vendedor

1.1 – A História da Venda

1.1.1 – Vender é Instintivo

Desde que o mundo é mundo existem vendas. Sabemos que na idade da pedra havia atividades que poderíamos considerar como formas primitivas de vendas. Um homem tinha um rebanho de cabras, e, em conseqüência, leite e peles de cabra. Outro tinha uma plantação de batatas. Esse necessitava de peles de cabra para se cobrir e aquele carecia de batatas para sua alimentação. Um terceiro tinha pedras boas para produzir fogo e precisava de madeira (pertencente a um quarto) para fazer um cajado ou uma construção.

Todos queriam trocar esses produtos. Um tentava convencer o outro de que tantas pedras, tantos pedaços de pau, ou tantas batatas valiam tanto quanto tantas peles ou tanto leite de cabra e assim por diante.

Desde a mais remota Antiguidade existe, portanto, a idéia de troca baseada em desejo de posse ou em necessidades reais, pois desde que se tenha um desejo, ele se torna de imediato em necessidade.

O mundo foi progredindo, e o sistema permanecia com aquela característica de troca, que até hoje subsiste, principalmente entre populações do interior, onde ainda há muito dessas trocas de objetos ou animais.

Entretanto, o sistema de trocas apresentava uma dificuldade: saber-se qual era o valor real de cinco pedras para fogo ou de cinco peles de cabra.

Faltava alguma coisa que facilitasse as operações e eliminasse os constantes desentendimentos.

1.1.2 – As Formas Primitivas de Comércio

Entre todos os povos da Antiguidade, destacam-se os fenícios em matéria de comércio e navegação. Ocupavam eles uma faixa de terra estreita, entre o Mediterrâneo e os Mares do Líbano, que nunca poderia ter alimentado, por si só, a numerosa população dos grandes e ativos portos espalhados pelo litoral, tais como Tiro, Biblos, Berite (hoje Beirute) e Sidon.

Iam os fenícios até um porto, compravam mercadorias e as traziam para o seu país, consumindo-as ou estocando-as. Como não tinham necessidade de tudo aquilo e precisavam comprar outras coisas, reembarcavam esses artigos e os revendiam em outros lugares ou, ainda, os trocavam por aquilo de que necessitavam.

Fatores diversos, entre os quais a abundância de madeira própria para navios (o famoso cedro do Líbano), os levaram a aperfeiçoar a navegação, a ponto de conquistarem, no Mediterrâneo, uma supremacia que por bastante tempo conservaram. Com suas embarcações leves e resistentes, buscavam, em praias distantes e desconhecidas dos demais povos asiáticos, artigos que depois vendiam sem temor de concorrência.

O problema surgido era estabelecer um valor para compra de uma mercadoria aqui, e a sua venda ou troca em outro local, o que foi resolvido pelo emprego do dinheiro.

1.1.3 – O Uso do Dinheiro

Determinar o valor das coisas a permutar não devia ser, a princípio, problema dos mais difíceis: cada qual dava o que lhe sobrava em troca do que lhe faltava, como hoje acontece nas transações entre selvagens e civilizados. À medida, porém, que o comércio foi se desenvolvendo e se complicando, surgiu a necessidade de um termo de comparação para avaliar o preço das mercadorias.

Há indícios de que foi o gado uma das primeiras mercadorias usadas como padrão para comparar os valores dos demais artigos. A importância dos rebanhos era tão grande que, ao adquirir qualquer coisa, logo ocorria às pessoas a seguinte pergunta: "Que quantidade deste produto corresponde a uma cabeça de gado?".

Os processos da agricultura em muitas e extensas regiões foram aos poucos tornando os alimentos vegetais abundantes e fáceis de obter, enquanto o aperfeiçoamento do pastoreio já permitia à criação de rebanhos numerosos sem necessidade de grandes deslocamentos.

Aos produtos da lavoura e da pecuária, dada a sua quantidade, já não se conferiam em alguns lugares tanto valor, e muitas pessoas poderosas ou ricas, não precisando se preocupar com a comida, faziam questão de se apresentar mais enfeitadas e vistosas que as outras. Daí o grande apreço pelos tecidos finos e, especialmente, pelas jóias metálicas.

A maior parte dessas, entretanto, se deteriorava logo, devido à oxidação. Eram muito procurados, por causa disso, certos metais que, em vez de ficarem logo pretos ou esverdeados ao contato com a pele, mais brilhantes se tornavam com o tempo. Referimo-nos, é evidente, à prata e, principalmente, ao ouro. Ambos eram, contudo, muito raros, especialmente o segundo, o que lhes aumentava extraordinariamente o valor. Nos grandes impérios, onde eram numerosas as pessoas ávidas de luxo e ostentação, tão cobiçados ficaram esses metais que, quem os possuísse, com eles poderia adquirir, sem a mínima dificuldade, tudo o que desejassem. E não tardaram, eles, em conseqüência, a assumir em quase todo o mundo a função de termo de comparação de valores.

As vantagens do novo sistema logo se impuseram, mesmo porque era mais fácil dividir e transportar os metais do que as cabeças de gado ou os produtos agrícolas.

Alguns governos, muito inteligentemente, adotaram o sistema de distribuir pequenos lingotes de metal dotados de peso certo e cunhados com desenhos difíceis de imitar, que lhes atestavam o real valor. Tais porções de ouro e prata foram as primeiras moedas, às quais depois, para maior comodidade de manuseio, se deu forma redonda.

Tais eram as vantagens por elas apresentadas, que se generalizou o hábito de trocá-las por toda e qualquer mercadoria. Ao vender um objeto, os produtores ou os negociantes passaram a aceitar moedas, com que depois lhes seria possível comprar outros artigos.

Nesses últimos três ou quatro mil anos, em todo o mundo civilizado, o valor das mercadorias vem sendo sistematicamente medido pelas moedas tidas como necessárias a sua aquisição.

1.1.4 – A Revolução Industrial

Sabemos que seu início teve lugar quando se inventou o tear na Inglaterra, no século XVIII.

Até essa época e desde a Idade Média, a lã constituía uma das maiores fontes internas de riqueza da Inglaterra, mas o incremento da navegação e as conquistas ultramarinas trouxeram aos trabalhadores têxteis gravíssimas preocupações e sensíveis prejuízos. O comércio britânico começou a receber grandes quantidades de tecidos de algodão provenientes da Índia, muito mais leves, cômodos e baratos, que encontraram enorme aceitação do público consumidor.

A fim de proteger a atividade dos tecelões, sem prejuízo do comércio marítimo que auferia à Inglaterra liderança econômica do mundo, tomou o Parlamento inglês uma série de medidas, que culminaram com a invenção da primeira máquina de fiação, movida à manivela, devida ao operário John Hargreaves, aperfeiçoada por Richard Arkweight.

Com o advento do tear mecânico, e posteriormente, de toda uma série de máquinas, a fabricação de tecidos e de outros artigos começou a ser feita numa escala tão grande que se tornou suficiente para abastecer a população, havendo excedentes de produção. Sobravam metros de tecidos e tentava-se então vendê-los em outros locais onde, por serem elaborados manualmente, eram mais caros. Quando se iniciava a venda, conquistava-se o mercado com tecidos melhores e mais baratos; obrigava-se seus produtores tradicionais a abandonar suas atividades e a procurar outros meios de sobrevivência. Daí o nome de Revolução Industrial, com conseqüências eminentemente sociais.

É também na Inglaterra que vamos encontrar o início de, praticamente, quase todas as atividades ligadas direta ou indiretamente ao comércio até agora vigentes: as lojas, os armazéns, os seguros etc.

Outra conseqüência da Revolução Industrial é a diversificação de produtos. Todos sabemos que se fabricarmos cadeiras, sempre haverá sobras de madeira que poderão ser empregadas para qualquer outra finalidade. Se produzirmos petróleo e o refinarmos, teremos a parafina, o gás liquefeito, o poliestireno. Desse vem a matéria plástica, pois o poliestireno é matéria-prima para plásticos.

A produção em massa de alguns artigos trouxe, como conseqüência, a necessidade de aproveitamento das sobras e daí a diversificação de produtos, permitindo melhor uso daquilo que se produz para vender. Não adianta termos o poliestireno sobrando nas refinarias, senão houver produção de plástico. Mas, para produzir plásticos, é necessário um mercado para absorvê-los e, daí, novamente o problema de vendas, por meio da conquista ou criação de mercados.

1.1.5 – A Venda e o Marketing

Com a globalização e o acirramento da concorrência, a venda é hoje a principal atividade da moderna ciência da administração e de sua principal variante, denominada Marketing.

Marketing é uma atividade que tem sido traduzida de diversas maneiras: Comercialização, Mercadologia, Gerência de Produto, Mercadização etc. Na verdade, atualmente, é função tão ampla que compreende quase todas as traduções acima e algo mais. Por isso é que nunca se traduziu a palavra para o nosso idioma e se tornou internacional, como tantas outras.

Em síntese, Marketing é o respeito pelo ponto de vista do consumidor, antes de criar, planejar e lançar ao *mercado* qualquer produto ou serviço.

Para tanto, a atividade de Marketing abrange inúmeras funções que viviam mais ou menos isoladas dentro de uma *empresa*, tais como: Vendas, Propaganda, Promoção de Vendas, Estudos de Mercado, Planejamento de Produto, Relações com Clientes e com Revendedores/Distribuidores, Distribuição e Armazenagem.

Esse conceito de Marketing tem provocado maiores vendas, sempre que é aplicado. Porque prova que a finalidade não é apenas vender, mas conservar o comprador por meio de bons serviços, de atenção, de um permanente e proveitoso contato.

Há, portanto, uma evolução na atividade de vender. Cria-se uma estratégia, aplica-se uma tática, usam-se recursos lícitos e honestos para amparar e estimular vendas, com proveito para toda a humanidade.

Como mais uma de suas inúmeras definições, podemos dizer que Marketing é o uso de uma técnica que se inicia com a determinação daquilo que o consumidor deseja até a completa satisfação desse mesmo consumidor. É uma operação que envolve um complexo de fatores determinantes de seu sucesso, tais como, pesquisa de mercado, publicidade, promoção de vendas, propaganda, *pricing*, distribuição física, ato da venda e conseqüentes resultados advindos da satisfação dos compradores.

A sistemática evolução desse processo nos últimos 40 anos, e especialmente agora com a globalização da economia, mostra-nos comprovadamente que:

- **Antes**
  Vendia-se o que se fabricava. O produto era condicionado à propaganda, à venda. Era imposto, mas nem sempre aceito.
- **Hoje**
  Pesquisa-se o mercado, procurando saber seus interesses, isto é, o que deseja, o que necessita, que preço que ou pode pagar, qual a forma de venda, quais os canais de distribuição, que investimentos serão necessários para atingir os objetivo, etc.

Verifica-se, pois, que a sua correlação com Vendas é imediata.

1.2 – A Evolução da Profissão

1.2.1 – Do Caixeiro-viajante ao Profissional de Vendas

O vendedor do passado era conhecido como *caixeiro-viajante*. Geralmente trabalhava com um variado número de mercadorias, e seu trabalho se caracterizava em fazer chegar ao conhecimento do revendedor ou do consumidor suas mercadorias, o que fazia comumente por meio de viagens.

Era uma espécie de 'desbravador', e à medida que mais conseguia 'penetrar' em suas viagens, mais caracterizava sua função. Era um homem que, antes de representar as empresas cujos produtos vendia, destacava-se pelas suas condições e pelo que de 'em geral' representava: era uma pessoa simpática, agradável, geralmente bem humorada, não raro grande contador de anedotas e que trazia consigo as últimas novidades, os grandes furos e os grandes boatos. Era figura normalmente benquista e esperada, pois era portador de alegria e novidades.

Depois, 'vendia', ou seja, colocava os produtos ou mercadorias que trazia consigo, independentemente das firmas ou empresas que os produziam; vendia o que trazia consigo, fosse de onde fosse. O caixeiro-viajante primeiro vendia a si, depois, a mercadoria e, em terceiro lugar, acidentalmente, podia também vender a empresa para a qual estava trabalhando.

Algumas empresas perdiam muitos mercados, porque o cliente era do caixeiro-viajante. Não se costumava comprar marca ou produto; comprava-se tudo por influência do caixeiro-viajante. Quando ele passava para outra empresa, com produtos diferentes ou concorrentes daquela para qual revendera, a clientela continuava a comprar do caixeiro-viajante. Ainda hoje encontramos vendedores com essas características, que em geral são conhecidos pela designação de vendedores com carteira própria, e também encontramos empresas que procuram este tipo de vendedor.

Naquela figura, hoje já quase lendária, vamos encontrar, entretanto, os primeiros traços que caracterizam a personalidade de um vendedor, naturalmente desenvolvidos, aperfeiçoados ao mundo de nossos dias.

Não obstante, podemos mesmo dizer que, à semelhança do caixeiro-viajante de ontem, identificamos hoje o chamado 'vendedor' nato, isto é, aquele que 'nasceu' vendedor, com características próprias ao exercício da função.

O progresso e o aperfeiçoamento, entretanto, com o correr dos anos, passou a exigir mais do vendedor.

O caixeiro-viajante, que a princípio era a única fonte de notícias, ou pelo menos a primeira fonte de notícias, começou a ser superado com o crescimento da imprensa e do rádio.

O comércio desenvolveu-se, as fontes de notícias foram aceleradas com a TV, o avanço das comunicações e a chegada da internet, e com ele os negócios, e para a efetivação de compra começaram a influir outros valores, além daqueles inerentes à personalidade do homem; origem e procedência das mercadorias, suas qualidades e finalidades começaram a se tornar importantes, exigindo cada vez mais do homem de vendas. E essas exigências chegaram a tal ponto que a função de vender passou a se constituir oficialmente reconhecida como uma das milhares de profissões catalogadas no dicionário profissional.

As empresas modernas procuram profissionais de vendas que com suas qualidades e aptidões possam bem representá-las com o cliente, colocando suas mercadorias ou seus serviços. Assim como em qualquer outra profissão, também a de vendas exige mais que simples 'queda' ou tendências inatas; exige conhecimentos gerais e específicos; exige cultura, exige aperfeiçoamento; exige constante e permanente atualização.

1.2.2 – Vender é uma Profissão?

A profissão vale tanto quanto o homem que a exerce. Ela se dignifica ou se avilta com o profissional que a desempenha.

É comum aferirmos uma atividade por meio dos atos e das atitudes da pessoa que a exerce. Falamos bem da advocacia, quando se nos depara um causídico competente e que faz da sua profissão um meio de vida elevado e digno. Falamos bem da engenharia, quando encontramos um engenheiro que realiza obras de valor, que o recomendam como profissional.

Assim, também, elogiamos as vendas se nos apresenta um vendedor cônscio das suas responsabilidades, conhecedor dos segredos da sua profissão e capaz de exercê-la de forma que a dignifique. De vez em quando ouvimos referências desairosas à atividade de vender, em virtude de algum profissional menos preparado, menos competente ou ter agido de maneira incorreta.

A análise dos princípios que regem a técnica de vender e o estudo dessa profissão, difícil, mas atraente, permite-nos verificar que suas regras se aliam e se subordinam à personalidade do vendedor.

É necessário que o vendedor se dê conta do real valor de seu trabalho.

1.2.3 – Cultura e Conhecimentos Necessários ao Vendedor de Hoje

O vendedor para alcançar sucesso precisa estar perfeitamente identificado com a empresa, com o produto ou serviço e com as nuances que caracterizam a entrevista para a venda.

As empresas aperfeiçoam-se; as mercadorias aprimoram-se e caracterizam-se por detalhes; o homem evolui; e a técnica do relacionamento humano está em constante fase de desenvolvimento. Cumpre ao vendedor acompanhar essas evoluções, atualizando seus conhecimentos específicos que constituem a base técnica indispensável à concretização dos negócios.

O mercado hoje compra do homem simpático, alegre e inteligente, mas só compra se esse souber demonstrar como sua mercadoria ou serviço pode beneficiar o mercado e oferecer a segurança de que ele está tratando com um representante de empresa idônea e conceituada.

Mais do que a si, o vendedor precisa saber representar a empresa e conhecer as necessidades do mercado para poder atendê-lo com seu produto ou serviço. Além do conhecimento da *empresa* e do *produto*, o vendedor precisa ter uma cultura geral suficiente para que possa dissertar sobre outros assuntos que por ventura venham a surgir na entrevista.

Cabe à empresa dar ao vendedor os conhecimentos sobre sua organização, seu produto ou serviço e a melhor técnica de vendas para o desenvolvimento de seu trabalho.

Cabe ao vendedor aumentar a leitura de livros, jornais e revistas desenvolvendo seus conhecimentos gerais, mantendo-se permanentemente atualizado.

Concluímos assim que hoje não bastam ao vendedor aptidões pessoais. Essas são necessárias, mas não suficientes. A cultura e o conhecimento são indispensáveis e por intermédio deles se forma o verdadeiro profissional de vendas.

1.2.4 – Psicologia de Vendas

Psicologia é a ciência do conhecimento humano. Fazendo uma análise retrospectiva sobre psicologia, verificamos que há 60 anos ela não apresentava utilidade para o homem de negócios na empresa de contatos. A psicologia era então preocupação e ocupação intelectual de poucos, pois envolvia o estudo da alma, campo de preocupações subjetivas.

Após a Segunda Guerra Mundial houve uma evolução (especialmente nas universidades norte-americanas), quando então o homem passou a preocupar-se exatamente com o oposto, ou seja, o psicólogo estudava a alma para saber quem éramos. Hoje, a moderna psicologia estuda o homem em função do que ele faz (ciência do comportamento humano). Houve, pois uma inversão de métodos. O homem é analisado em virtude de seu comportamento, havendo, pois, mais solidez de conceituação, bases mais sólidas para uma definição.

Graças a essa evolução e a esses estudos, a psicologia passou a ser aplicada nos diversos campos de trabalho e muito particularmente no campo de vendas.

O conhecimento de psicologia, ainda que na prática, é imprescindível ao vendedor moderno, e é por meio desse conhecimento que se pode estudar e analisar as reações do cliente, tirando proveito para a condução da entrevista.

Foi observando as reações, gestos, atitudes, expressões do cliente que, estudiosos da profissão de vendedor, com a ajuda da psicologia, criaram técnicas (algumas das quais iremos estudar), que facilitam e muito o trabalho de nossos profissionais.

1.2.5 – O Que é Vender

Desde a época do Império Romano, até tempos atrás, os vendedores e comerciantes eram encarados com uma certa reserva, e até mesmo suspeita, pela grande maioria das pessoas. Sabe-se, mesmo, que os eclesiásticos da Idade Média opinavam que era impossível ser, ao mesmo tempo, comerciante e bom cristão.

As práticas pouco honradas dos primeiros mercadores justificaram esse antagonismo a toda a classe de vendedores, que era considerada 'parasitária e daninha'.

Nesses últimos anos, todavia, a sociedade chegou à conclusão de que são possíveis intercâmbios econômicos com reais benefícios, quer para o vendedor, quer para o comprador.

Essa modificação no conceito do público, em relação aos vendedores, deve-se sobretudo aos esforços de inúmeros e qualificados dirigentes de vendas, que tudo têm feito, nos principais países do mundo, e em especial aqui no Brasil, para elevar a arte de vender à altura de uma autêntica e valorizada profissão.

Já se tem discutido muito sobre a venda como uma arte, uma ciência ou mesmo uma combinação das duas coisas.

Do ponto de vista prático, é muito relativo a importância de se definir se a venda é uma arte ou uma ciência. O importante não é isso, mas sim estabelecer que o processo de venda deve proporcionar satisfação mútua e contínua ao vendedor e ao cliente.

Os recursos apelativos e as táticas coercitivas não têm cabimento na técnica moderna de vendas, que estabelece a necessidade básica de uma satisfação a longo prazo por parte da empresa, do vendedor e do comprador. Parece-nos, assim, que poderíamos definir a venda de hoje como "a arte de averiguar ou ativar as necessidades ou desejos do cliente/comprador, satisfazendo-os com vantagens contínuas para todos os envolvidos no negócio".

1.2.6 – Profissionalização

Uma profissão é a ocupação para a qual cada um se devota, isto é, uma carreira. Vender é uma profissão.

Entretanto, nem todas as carreiras são chamadas de profissões. Por que então se decidiu dar ao trabalho de venda um nome especial como nas carreiras de Direito ou Medicina? Não para nos orgulharmos do nome, mas sim, porque pode e deve ser uma profissão.

Vejamos as qualidades que fazem de uma ocupação uma profissão.

Eis algumas:

1. Uma genuína vontade de completar-se na carreira escolhida.
2. Preparar-se por meio de estudo e prática.
3. Exatidão científica no desenvolvimento do trabalho.
4. Apreciação honesta do valor do trabalho.
5. Senso de dignidade no trabalho.
6. Não cessar esforços no sentido de se aperfeiçoar sempre.

Esses são alguns dos itens que fazem da Medicina e Direito profissões. Assim é, que se deve fazer da venda uma profissão. Por que um médico pratica medicina? Por duas especiais razões: para servir seus pacientes, com aplicação de seus conhecimentos, em benefício deles; para a sua satisfação e prestígio pessoal e conseqüente rentabilidade que lhe proporciona meios de uma vida material despreocupada. Por que se é um *vendedor*? Pelas mesmas razões básicas, ou seja, para servir seus clientes e sua *empresa*, pela aplicação de seus conhecimentos, e como resultado prático que lhe proporcionará os melhores rendimentos e conseqüente despreocupação quanto a naturais responsabilidades diárias que assoberbam os chefes de família.

Não devemos subestimar nunca a importância de nosso trabalho. O profissional de vendas é a chave entre a sua *empresa* e o *cliente*; é seu dever mostrar ao cliente as vantagens que tem com o uso certo do que se lhe está oferecendo; ele simplificará sua compra e irá ajudá-lo a desenvolver mais eficientemente seu negócio pelo uso adequado e perfeito do que lhes oferecemos.

Como vendedor não somente devemos vender, mas fazê-lo eficazmente para nosso cliente e vice-versa: devem elevar-se ao nível profissional observando que nem todos os vendedores assim procedem, alguns são simples tomadores de pedidos; podem ser bem-sucedidos uma ou outra vez, porém na seqüência de negócios, ou melhor, na longa caminhada para o sucesso, eles fracassam, simplesmente porque não estão profissionalizados.

1.3 – Aspectos Econômicos e Sociais da Profissão

1.3.1 – O Vendedor Moderno

O vendedor moderno, para bem exercer sua profissão, deve possuir algumas características básicas, sem as quais ser-lhe-á impossível alcançar seus objetivos. Entre elas destacamos:

- boa apresentação (inclui boa saúde);
- saber falar: clareza, ordem e ênfase;
- saber ouvir: postura física e mental adequadas;
- senso econômico;
- senso psicológico;
- autoconfiança;
- atividade;
- conhecimento do seu produto ou serviço.

1.3.2 – Boa Apresentação

O vendedor deve possuir boa aparência. Isso significa estar sempre bem trajado, barbeado, sapatos limpos e engraxados. Se mulher, bem penteada, o que representa ponto importante na aparência feminina. Não se concebe um vendedor mal trajado ou com sua aparência prejudicada por desleixos ou descuidos. A boa saúde é fator importante na aparência e como tal deve ser considerada; um vendedor gripado ou com a fisionomia prejudicada por uma noite mal dormida encontra as primeiras dificuldades para exercer sua profissão na sua própria apresentação. Não nos esqueçamos que as pessoas em geral gostam de conhecer e tratar com homens e mulheres elegantes, simpáticos, portadores de uma aparência jovial e sadia.

É evidente que a saúde independe da nossa própria vontade, mas o certo é que um homem pouco saudável jamais poderia triunfar em um trabalho tão competitivo, em que a atividade física exerce papel de tão relevante importância.

Por outro lado, se a saúde não puder ser obtida por nossa própria vontade, pode ser preservada do desgaste por meio de uma vida disciplinada e sadia. Isso equivale a dizer que um bom profissional não se pode entregar à prática de diversões extravagantes, pois tais hábitos terminarão, fatalmente, por reduzir ou anular sua produtividade e, conseqüentemente, seu ganho mensal.

1.3.3 – Saber Falar: Clareza, Ordem e Ênfase

O vendedor precisa saber falar. Saber falar, entretanto, não significa falar muito ou falar permanentemente. O vendedor deve saber avaliar a oportunidade em que deve falar e quando o fizer deve ser claro, ordenado e enfático.

O *vendedor* precisa falar com clareza para que o *cliente* possa entender o que ele diz; deve falar com ordem, a fim de permitir ao cliente acompanhar o seu raciocínio com facilidade; por meio da ênfase, o vendedor valoriza suas palavras, chamando a atenção do cliente automaticamente para os pontos mais importantes daquilo que diz.

O estilo é a maneira ou a forma própria que cada um tem de se expressar. Deve ser preservado, pois com ele preservamos a autenticidade de nossas palavras e um importante ponto de nossa personalidade. Cada um deve falar da maneira que gosta, que sabe e que o caracteriza; deve fazê-lo, entretanto, na hora certa e de forma clara e ordenada.

1.3.4 – Saber Ouvir: Postura Física e Mental Adequadas

Tão importante quanto saber falar, é ouvir. Ao ouvir, damos oportunidade ao nosso *cliente* de falar, e esse é um meio que ele tem de satisfazer-se e de nos oferecer elementos necessários para melhor conhecê-lo, quer sob o ponto de vista pessoal, quer sob o ponto de vista profissional. Para um vendedor é indispensável esse conhecimento, pois somente por intermédio dele é que podemos identificar o tipo de pessoa com a qual lidamos, a sua opinião e ponto de vista a respeito do negócio.

Essas condições são básicas e indispensáveis ao desenvolvimento da entrevista, pois bastante conhecidas são duas de suas regras fundamentais: tratar o cliente como ele gostaria de ser tratado e respeitar seus pontos de vista. Cabe ao vendedor promover a fala do cliente, pelas perguntas adequadas e inteligentes, e cumpre-lhe ouvir com postura física e mental adequadas.

Compreendemos por postura física a atitude de atenção, concentração, interesse e estímulo que devem refletir a figura do vendedor pela forma com que acompanha as palavras do cliente. Por postura mental adequada entendemos raciocínio alerta, procurando extrair e reservar para os momentos oportunos as melhores palavras ou idéias do cliente a respeito da atividade comercial do vendedor.

1.3.5 – Senso Econômico

É a capacidade que o vendedor deve ter de saber avaliar o poder aquisitivo do cliente, permitindo-lhe oferecer produtos ou serviços condizentes e que representem de fato a satisfação de suas necessidades futuras.

1.3.6 – Senso psicológico

É a capacidade que o vendedor deve ter de saber avaliar as circunstâncias, o tipo do cliente e todos os demais elementos que direta ou indiretamente influem ou podem influir na entrevista e na concretização do negócio.

Esta característica é muito importante e dela depende grande parte do sucesso do vendedor. É por meio dela que sabemos quando devemos falar e quando devemos ouvir; quando devemos continuar, repetir ou parar; como devemos tratar nosso cliente e até que ponto poderemos avançar em nosso sistema ou método de trabalho.

1.3.7 – Autoconfiança

É a capacidade que temos de acreditar em nossa força e possibilidade de realização. É a condição vital para o exercício da profissão e nela se consubstanciam todas as condições que um homem de venda deve apresentar. O homem que teme, que prevê sua derrota, não vende. O homem que confia excessivamente nas influências de fatores externos que venham ajudá-lo a vender não vende. O sucesso em vendas não é algo incontrolável que depende de circunstâncias ou condições alheias ao vendedor; o sucesso em vendas é uma conquista da vontade posta a serviço de uma idéia de superação. O sucesso em vendas depende do vendedor e só do vendedor.

Para se ter autoconfiança, é preciso acreditar em nós mesmos e naquilo que fazemos; para acreditar em nós mesmos, precisamos conhecer nossas características e qualidades de personalidade e possuirmos um férreo desejo de realização e vitória, uma indomável força de vontade e uma extraordinária capacidade de trabalho.

1.3.8 – Atividade

Esta característica reveste-se da maior significação, porque, por mais importantes que sejam os negócios pendentes e por mais favoráveis que sejam as perspectivas de fechamento desses negócios, o que realmente interessa ao vendedor é ter sempre uma reserva de planos que possam substituir os insucessos eventuais.

Dessa forma, o primeiro objetivo de um vendedor é fazer o maior número possível de visitas diárias, reservando a cada uma delas o espaço de tempo indispensável a uma entrevista completa e eficiente.

A vida de um vendedor é interessante e rica de experiências humanas. O vendedor é um homem que, em vez de entristecer atrás de uma mesa, passa sua existência ao ar livre, em contato com gente das mais variadas camadas sociais, dos mais diversos níveis culturais e das mais heterogêneas idéias políticas, religiosas e artísticas. É, portanto, um homem atualizado e sintonizado com a trepidação da vida moderna, o que o obriga, para poder acompanhá-la, a imprimir um ritmo veloz e dinâmico à sua atividade profissional.

1.3.9 – Conhecimento do seu Produto ou Serviço

Só há possibilidade de êxito em uma operação de venda, quando o negócio é perfeitamente conhecido pelo vendedor. Se ele não tiver profundo conhecimento de seu produto ou serviço, estará fadado a um malogro total de seu trabalho. É esse conhecimento que dá confiança e segurança ao vendedor, permitindo-lhe dirimir todas as dúvidas que o cliente por ventura tenha, já que ele, como qualquer criatura humana, tem dentro de si o espírito especulativo, a curiosidade e o senso de comparação.

Um vendedor categorizado estuda a fundo o seu produto ou serviço, conhece tudo sobre eles e tem, por essa razão, centenas de argumentos para convencer o cliente.

1.4 – Traços da Personalidade do Vendedor

O exercício da profissão de vendas exige do homem uma personalidade profissional adequada e desenvolvida; essa se obtém pelo desenvolvimento de forças, qualidades e aptidões que cada um possui em estado latente, e de cujo potencial muito depende o sucesso da profissão.

Analisaremos, a seguir, algumas dessas qualidades:

- ambição;
- entusiasmo;
- iniciativa;

- tato;
- honestidade/ética;
- persistência;
- cordialidade;
- jovialidade;
- imaginação;
- dinamismo.

O que são essas qualidades? Qual a definição de cada uma delas? A resposta precisa a essas questões talvez possa ser encontrada num dicionário ou numa enciclopédia; aqui, entretanto, trataremos delas no sentido de sua importância e caracterização para vendas, ou seja, no que cada uma representa para a entrevista de vendas.

1.4.1 – Ambição

O desejo de triunfar na vida, de alcançar uma determinada meta, é justa ambição de todo espírito bem formado. Esse desejo, quando vivo e persistente, é um grande manancial de entusiasmo: é o que dá ao homem o arranque de saída e gera a fé, o fervor, a energia moral que o mantém na trilha, sempre firme, a caminho do alvo a que se propôs.

Ambição traduz-se em espírito de luta, em fibra. O homem que possui fibra, espírito de luta, jamais desanima. Está sempre disposto a alcançar o seu objetivo e a vencer os obstáculos que encontra. Encara cada problema de frente e nunca se acovarda. Empenha-se com freqüência em lutas que parecem perdidas e sai vencedor, com surpresa para todos.

1.4.2 – Entusiasmo

Entusiasmo é um vocábulo que vem do grego e significa 'inspiração divina'; para o grego, o homem entusiasmado era inspirado dos céus, pois o seu comportamento, no falar e no agir, contagiava seus semelhantes. Sentir entusiasmo é fazer de coração, de boa vontade e de prazer, aquilo que os outros só fazem por obrigação.

Há um admirável poder no entusiasmo bem dirigido. Ele serve, não só para despertar no íntimo de alguém todas as suas forças, mas também serve para impressionar os outros na direção do contágio mental.

Os estados mentais são contagiosos, e o entusiasmo é um dos mais ativos estados mentais. O entusiasmo é um poder mais elevado da alma do que qualquer outra expressão extrema dos estados mentais. Está aliado ao impulso emotivo, que a música, a poesia e o drama despertam na alma. Podemos senti-lo nas palavras de um autor, orador, conferencista, pregador, cantor ou poeta. Como disse o poeta: "Notar-se-á que todos os homens que possuem magnetismo pessoal são muito fervorosos. O intenso fervor deles é magnético. A própria palavra ENTUSIASMO é inspiradora e vitalizadora. O próprio pensar nela é 'entusiasmante'".

1.4.3 – Iniciativa

O vendedor sem iniciativa é o símbolo do fracasso. Há muitas ocupações nas quais o indivíduo pode desenvolver-se bem, somente cumprindo as normas fixadas; porém na venda isso não sucede porque cada cliente é diverso e, portanto, o vendedor tem de agir adaptando-se a cada caso, buscando o argumento conveniente e lançando mão do recurso oportuno. Freqüentemente, a diferença entre dois vendedores do mesmo nível profissional encontra-se na dose de iniciativa de cada um deles: enquanto um trabalha como melhor lhe parece, o outro busca novos conhecimentos, estuda e trata de encontrar novos caminhos para desenvolver seu trabalho de modo eficiente e rentável.

Algumas perguntas que o vendedor deve fazer-se diariamente, para desenvolver sua iniciativa, são:

- ◆ O que pode ter falhado no meu trabalho ontem?
- ◆ Como encontrarei, hoje, novos e melhores clientes?
- ◆ Que farei hoje para produzir o dobro de ontem?

1.4.4 – Tato

O vendedor deve adaptar-se ao tipo e temperamento do cliente e possuir suficiente tato para não ferir o seu amor-próprio. Essa adaptação produz a harmonia indispensável ao bom entendimento mútuo e à realização do negócio. O tato pode ser definido como a "habilidade particular de fazer ou dizer exatamente o que é necessário ou a propósito nas circunstâncias; percepção ou discernimento delicado".

Uma pequena consideração mostrará que o tato deve depender de uma compreensão do ponto de vista e da atitude mental dos outros, de modo que tendo a chave de uma, pode-se abrir a porta da outra. Uma compreensão da posição de outrem, e uma aplicação do verdadeiro espírito de polidez, concorrem muito para a qualidade do tato. O tato é uma combinação inteligente da capacidade de penetrar na mente de outra pessoa e a capacidade de falar aos outros como desejaríamos que eles nos falassem, sob as mesmas circunstâncias. Como diria um escritor: "Os indivíduos que estão em desarmonia com o ambiente desaparecem para dar lugar aos que estão em harmonia com ele".

1.4.5 – Honestidade/Ética

Não queremos nos referir aqui àquela honestidade que nos leva a efetuar o pagamento de nossas dívidas e que outra coisa não é senão obrigação elementar de cada um, mas de honestidade mais ampla e profunda que, em última análise, não passa de uma disciplina constante de nossa própria consciência.

O vendedor tem de ser honesto para com a firma e para com o seu cliente. Um de seus primeiros deveres é aconselhar bem o cliente, de maneira que garanta que o negócio seja bom para todas as partes interessadas.

Essa disciplina constante robustece de tal forma o caráter do vendedor, que ele passa a 'irradiar' uma honestidade que lhe granjeia a integral confiança do possível cliente com resultados óbvios para o desenvolvimento de suas vendas. Muitas vezes o vendedor é tentado a concluir um negócio evidentemente desvantajoso para o cliente. Se tiver força moral para renunciar a esse negócio aparentemente lucrativo, orientando corretamente o cliente e defendendo-o de um gasto desnecessário, conquistará uma amizade confiante e duradoura de um consumidor permanente para sua empresa.

O êxito econômico de um vendedor não é resultado de um dia de trabalho e sim, de uma vida de esforço e dedicação. Uma atitude sincera e honesta para com o cliente é, pois, uma semente lançada no tempo, que mais cedo ou mais tarde se transforma em um fruto compensador.

A honestidade, em outras palavras, não é apenas um imperativo categórico de ordem moral e ética, mas um ótimo negócio para o vendedor que a pratica em todos os momentos de sua existência.

1.4.6 – Persistência

Para o sucesso nas vendas – como de resto, em todas as profissões liberais – é absolutamente necessária a persistência. O médico depois de estudar e praticar dezenas de curas começa a formar a sua clientela; o dentista também. Como pode um vendedor pretender sucesso em sua carreira, se não estiver disposto a perseverar na busca de seu aprimoramento profissional? A persistência é composta de várias faculdades constituintes. Em primeiro lugar vem a combatividade ou a qualidade de "bater" os obstáculos. Essa é uma qualidade notável em todos os caracteres fortes. Manifesta-se como coragem, oposição e disposição a combater os obstáculos e não lhes ceder.

Ligada a essa faculdade existe outra que se chama determinação e que leva o homem a romper as barreiras, afastar os obstáculos, abrir caminho para a frente, apegar-se ao que lhe pertence etc. É a qualidade do homem que abre o próprio caminho e constrói seu próprio comércio. É a faculdade mental do *campeão*, que prepara o terreno, estabelece as bases e constrói o primeiro edifício.

Vem depois a tenacidade, que permite à pessoa apegar-se à sua tarefa até concluí-la. A falta dessa qualidade muitas vezes neutraliza a ação de outras boas faculdades, fazendo a pessoa desistir cedo, e assim perder os frutos de seu trabalho.

Finalmente, vem a faculdade da firmeza, que dá ao indivíduo as qualidades de fixidez e estabilidade, acompanhada de certa 'tendência obstinada'. Essa faculdade impede a pessoa de ser desviada do caminho e lhe permite manter as mãos nas rédeas, sem olhar para trás. Conserva a vontade firme, até que o trabalho seja realizado. Possibilita ao indivíduo ser como a rocha a qual batem inócuas as ondas da oposição e da competição. Permite vislumbrar o fim a atingir, e caminhar, em seguida, firmemente para ele.

1.4.7 – Cordialidade

Existe *algo* em certas pessoas que as faz mais agradáveis às outras. Esse *algo* é a cordialidade. O vendedor, para êxito de sua profissão, tem de ser agradável e, portanto, cordial. Desse modo, deve ter, entre outros, os seguintes cuidados:

- deixar o interlocutor expôr suas idéias;
- deixá-lo entender que está sentindo um grande prazer com a conversação;
- não interrompê-lo: saber escutar é uma das grandes virtudes dos homens cordiais;
- sorrir com sinceridade;
- não deixar transparecer o desejo de vender e, sim, o de prestar serviços;
- falar com simplicidade, sem cair em afetações verbais;
- interessar-se pelo cliente, tratando de ajudá-lo em seus problemas, com critério honesto e imparcial;
- não discutir nunca, por mais razão que possa ter;
- não tomar, desnecessariamente, o tempo do cliente;
- evitar assuntos perigosos, tais como política, religião ou esporte.

A cordialidade é uma valiosa auxiliar do vendedor. Além disso, é um traço característico do cavalheiro em todos os campos da vida e é um dever para consigo mesmo e para com os outros. Falando em polidez e cortesia, não nos referimos aos atos e expressões formais e artificiais que apenas contrafazem a coisa real, mas sim às maneiras respeitosas, que denotam um refinamento e uma boa educação, íntima. A cortesia e a polidez não consistem necessariamente nas regras formais de etiqueta, mas em simpatia e compreensão dos outros, que se manifestam numa apresentação cortês para com eles.

Todos gostam de ser tratados com apreciação e inteligência e retribuem da mesma maneira. Não devemos ser exageradamente expansivos para mostrar polidez. A verdadeira polidez vem do íntimo e é impossível imitá-la com êxito. Seu espírito pode ser expresso pela idéia de procurar ver o lado bom de todos e agir para com a pessoa como se esse lado estivesse plenamente em evidência.

1.4.8 – Jovialidade

A atitude mental *brilhante*, alegre e feliz, e sua manifestação exterior é um ímã de triunfo para o homem. A tristeza é o pólo negativo da personalidade. A apresentação e o estado mental alegre são tão necessários que as pessoas dão preferência imerecida àqueles que os possuem e deixam de lado indivíduos de mérito, porém que sejam tristes, em favor do homem que tenha menos mérito que seja muito alegre. O homem que brilha pela sua alegria é sempre procurado. Há, no mundo, muita coisa para abater nossos ânimos, sem que a tristeza dos que procuram nos vender alguma coisa venha pesar sobre nós. Muito bem disse o poeta:

> *Podem rir, que o mundo vai rir de vocês.*
> *Chorai e vocês vão chorar sozinhos.*
> *Pois esta velha e triste terra precisa de alegria;*
> *Já tem bastante aborrecimento de si mesma.*

O mundo prefere o 'alegre João' ao 'triste Gustavo', e favorecerá o primeiro voltando as costas ao segundo. O homem de disposição taciturna não é um companheiro apreciado, ao passo que o indivíduo que procura em todas as ocasiões expressar um pouco de alegria sempre é bem recebido. O espírito otimista e alegre cria para si mesmo uma atmosfera que, talvez, inconscientemente, se espalha por todos os lugares visitados pelo indivíduo.

A alegria é contagiosa e é um capital de grande valor. Isso não quer dizer que devamos ser um espirituoso profissional, um palhaço ou um comediante – não é esse o objetivo. A idéia é olhar para o lado alegre das coisas, manifestando este estado mental, assim como o sol emite seus raios.

Não é tanto questão de falar as coisas, mas sim de pensar nelas. Os pensamentos íntimos de um homem se refletem na sua personalidade exterior. Para ser alegre, não nos é necessário ser um homem divertido.

A atmosfera da verdadeira alegria só pode vir de dentro. O japonês de classe elevada ensina seus filhos a manter uma expressão alegre e o rosto sorridente, seja o que for que aconteça, embora o coração esteja dilacerado.

Os nipônicos consideram isso um dever de casta e classificam de pessoa indigna a que manifesta qualquer outra expressão, a qual consideram um insulto aos outros. A teoria deles constitui parte do admirável código que denominam 'bushido', segundo a qual é impertinência maçar os outros com os próprios aborrecimentos, tristezas e infelicidades. Reservam para suas intimidades os sofrimentos e tristezas e sempre apresentam uma aparência alegre aos outros.

O vendedor deve evitar a tristeza e o pessimismo como evitaria uma peste: eles destroem, implacavelmente, todas as possibilidades de progresso.

1.4.9 – Imaginação

A imaginação relaciona-se com faculdade construtiva ou criadora da inteligência e constitui fator de grande importância nas vendas. As vendas não podem obedecer a normas rígidas, embora possam ser manifestadas em fórmulas cabalmente definidas, as qualidades – ou muitas das qualidades – que integram a boa arte de vender.

É preciso dar livre trânsito à iniciativa e à imaginação, se o vendedor quiser progredir. As notícias que recolhe e os fatos que assimila devem ser utilizados construtivamente, e com o devido exercício da imaginação, que nada tem a ver com suposições e fantasias.

O vendedor deve se imaginar na *cadeira do cliente*, pensando com a sua cabeça, lutando com os seus problemas e procurando decidir como ele decidiria. Isso exige uma imaginação de ordem bastante elevada e só se cultiva mediante a aplicação de aguda observação, curiosidade pertinente, exata atenção para os detalhes, tudo coordenado e suplementado por uma memória esclarecida.

Sem imaginação o vendedor é comparável a um bonde (ah, você não conheceu o bonde) ou trem, confinado nos trilhos ou linha que corre; é semelhante também ao ônibus elétrico, que tem suficiente autonomia para trafegar, mantendo, porém, o carro em contato com o cabo aéreo.

1.4.10 – Dinamismo

Traço importantíssimo na personalidade do vendedor é o dinamismo. Um vendedor que limita seu trabalho e, portanto, o seu rendimento, não pode sequer ser chamado de vendedor.

Se ele não está disposto a lutar sempre, desde o primeiro instante do dia até o último, mais vale que se dedique a outra profissão mais cômoda. Um vendedor, ainda que não esteja bem dotado de outros atributos, mas que seja trabalhador, tem grandes possibilidades de triunfar. Isso, contudo, já não se dá com aquele que, embora dotado de outros atributos, não tenha o espírito de trabalho; esse fracassará ainda que logre êxitos esporádicos.

O sucesso do vendedor está diretamente ligado à sua capacidade de desenvolver e aperfeiçoar sua personalidade. O desenvolvimento e aplicação das qualidades citadas anteriormente cria no homem as condições pessoais indispensáveis ao exercício da profissão.

2ª Parte – O Planejamento das Vendas pelo Vendedor

2.1 – O que é o Planejamento?

Planejamento é estudo, é idéia, é criatividade, é previsão. Não há atividade humana capaz de prescindir de planejamento, seja ele o mais empírico e rudimentar ou o mais complexo e científico.

É de tal ordem importante a planificação do trabalho, que existe no Brasil entes encarregados de planejar as ações governamentais no âmbito federal, estadual e municipal.

Hoje, toda empresa moderna, ou mesmo um simples profissional autônomo, deve ter uma atividade de planejamento em suas ações. Se é tão importante em todos os setores de atividade, não poderia deixar se sê-lo para o profissional de vendas. Só poderemos descobrir e satisfazer às necessidades de nossos clientes, por meio do planejamento.

O vendedor que não planeja não têm e não sabe o que vender! Assim é que antes de visitarmos o cliente, precisamos saber tudo sobre ele: por que vamos visitá-lo, quando e onde poderemos encontrá-lo, qual sua atividade, o que significam realmente seus produtos ou serviços, como é o mercado em que atua nosso cliente, e até mesmo quais as possíveis objeções que poderão surgir durante a negociação e como tratá-las. Quanto mais perfeitos forem os nossos conhecimentos a respeito do cliente, tanto mais próximos estaremos do sucesso na nossa tarefa e muito mais suave será a 'batalha' da entrevista de vendas.

Com a globalização e a abertura da economia brasileira, a grande mudança que ocorreu com a profissão do vendedor foi sua transformação de *tirador de pedidos* para *solucionador de problemas* do cliente, de *vendedor* para *consultor comercial* do cliente.

O trabalho de fidelização de um cliente, é realizado mais ativamente por meio do pós-venda. Mas começa com o planejamento.

Em última análise, o objetivo do planejamento das vendas pelo vendedor é vender, mas vender cada vez mais e melhor. Por intermédio do plano de sua ação, o profissional de vendas consegue a tão sonhada empatia com relação a seu cliente.

A primeira visita a um cliente deve ser minuciosa e criteriosamente planejada. Para as visitas seguintes, podemos fazer planejamento de manutenção, especialmente com os registros e resultados das visitas posteriores.

Ao mobilizar os recursos de um plano inteligentemente montado, estudando criteriosamente os fatos que se relacionam com o mercado onde o cliente atua e a forma de orientá-lo a atingir melhor seu mercado, estará o vendedor se capacitando em relação ao mesmo cliente e adquirindo um precioso material para controlar e dirigir a entrevista de vendas. Assim, ele alcançará o seu grande objetivo que é atuar como *consultor*, e não como *tirador de pedidos*.

2.2 – O Vendedor e o Planejamento

De certa maneira, o estudo, ou seja, a preparação do que consiste o planejamento, contraria a natureza do vendedor tradicional.

Via de regra, ele é um profissional que não gosta de se deter algum tempo concentrado num problema que exige raciocínio, método, estudo e pesquisa Acredita ele que com sua flagrante agilidade mental, presença de espírito, fluência verbal, pode perfeitamente remover todos os obstáculos e dificuldades que venham surgir numa entrevista de vendas.

Ora, se o vendedor tem o privilégio de ser possuidor de enorme capacidade de superar dificuldades com espírito de improvisação, levará então grande vantagem se preparar a entrevista. Liderando-a do princípio ao fim.

O vendedor, ao visitar um cliente, inicia a entrevista em posição de vantagem: o cliente não sabe de sua visita e é colhido de surpresa. Não conhece o produto ou serviço que lhe será oferecido, e não se preparou para contestar as afirmativas do profissional de vendas.

Em contraposição, o vendedor que planeja prepara-se adequadamente para a entrevista. Planejou e criou a necessidade e, como conseqüência, tem um produto ou serviço para ser oferecido. Fala com acerto sobre os produtos ou serviços do cliente e supera com maior facilidade as objeções que encontrará.

O vendedor que não planeja sua venda realiza a entrevista em igualdade de condições ou até em inferioridade com relação ao cliente. Com o não-planejamento, o *cliente* e o *vendedor* desconhecem o produto ou serviço do outro. Como o *cliente* conhece o mercado em que atua, acaba durante a entrevista de vendas levantando fatos e objeções que o *vendedor* não tem condições de contestar adequadamente. Em vez de conduzir a entrevista, o vendedor deixa-a ser conduzida, e, se não perde a venda, na maioria das vezes não a realiza satisfatoriamente.

Ao planejarmos, criamos raízes para a venda; ao planejarmos, nasce a autenticidade das idéias e a convicção da oferta. Por essa razão, o planejamento deve ser pessoal. Ele permite ao vendedor ganhar tempo e realizar entrevistas mais seguras, livre de dúvidas e incertezas que, não raro, amarram os negócios e dificultam o fechamento das vendas.

2.3 – As Fases do Planejamento

Há uma tendência de o vendedor em caracterizar como planejamento a mera compilação de dados relacionados ao cliente, seu mercado, sua concorrência etc. Essa é apenas a primeira fase na montagem de um plano. Podemos considerar cinco fases distintas na preparação do plano, a saber:

- Pesquisa dos fatos.
- Análise dos fatos.
- Preparação da oferta.
- Preparação da entrevista.
- Visita prévia.

2.4 – Pesquisa dos Fatos
(Dados e Informações sobre o Cliente)

O vendedor para planejar precisa de dados ou fatos. Da combinação inteligente desses dados e de seu hábil relacionamento com suas atividades comerciais, nasce o Plano de Vendas. Essa é, portanto, uma fase muito importante do planejamento. Para pesquisar, o vendedor deve inclusive desenvolver e usar um modelo de formulário, que podemos chamá-lo de Roteiro do Planejamento, cujo conteúdo daremos algumas dicas a seguir.

É aconselhável que o vendedor mantenha sempre atualizado um fichário contendo todas as informações mais completas possíveis sobre todos os clientes ou candidatos a clientes de sua região de trabalho. É óbvio que os já clientes terão informações mais completas e fidedignas.

O fichário, que como dissemos, deve ser permanentemente atualizado, deve constar de algumas informações básicas, tais como:

- Razão social ou nome completo do cliente ou *prospect*.
- Endereço, também completo, constando de rua e número, CEP, caixa postal, número de telefone e *fax*, código da cidade, *e-mail*, bairro, cidade etc.
- Nomes de sócios, diretores, gerentes, compradores ou pessoas que atendam o departamento de compras, intermediários do tipo secretária e/ou assistente (nome e cargo).
- Endereços da matriz, filiais, depósitos, escritórios, local de recepção de vendedores e de mercadorias.
- Últimas compras do cliente, forma de pagamento, prazo e condições de compra, algumas informações sobre o perfil da empresa, do comprador, e que tipo de produto ou serviço tem comprado, e horário e local de atendimento a vendedores.
- Informações e datas importantes sobre o cliente, como: aniversários do comprador e da empresa, e períodos importantes para ações de pós-venda.
- Ter com a ficha do cliente outras informações úteis, do tipo: balanços, atas e publicações institucionais do cliente.
- Outras informações que o profissional julgar necessária para uma completa avaliação do cliente.

O vendedor vive de seu trabalho, de sua produção e de sua comissão. O planejamento visa não só a produzir mais, mas também a vender cada vez melhor. Um planejamento bem equacionado melhora não só o volume das vendas, mas especialmente a qualidade das vendas.

Com um bom planejamento o vendedor realiza menor número de visitas por pedido extraído, sobrando tempo para expandir seu raio de ação com visitas para abrir novos clientes.

Deve fazer parte do planejamento da venda pelo vendedor conhecer tudo sobre os produtos ou serviços do cliente, inclusive estudando os detalhes desses produtos, suas características e suas finalidades, procurando conhecer, minuciosamente, a qualidade, a apresentação, a embalagem, o processo de fabricação, a cor, a matéria-prima, etc. O vendedor deve fazer as seguintes perguntas a si próprio: Qual o sistema de vendas do cliente? Atacadista, distribuidor, varejista, venda nacional, regional ou de bairro, equipe de vendas interna, externa, televendas? Quais seus principais fornecedores e os que concorrem com os produtos ou serviços que eu vendo?

2.5 – Análise dos Fatos Pesquisados (das Informações)

De nada adiantaria todo o trabalho de pesquisa de dados e informações sobre nosso cliente, a transcrição dos mesmos dados em um formulário de planejamento e ainda a elaboração de um fichário com todos os clientes da região, se não analisássemos detalhadamente cada informação. Por esse motivo, a análise das informações acompanha a pesquisa e quase se confunde com ela.

Quando tomamos uma ficha para agenciar um cliente, ao analisá-la apenas mentalmente e, depois, ao pesquisarmos dados sobre o dia-a-dia do cliente, cuja fonte deve ser a própria ficha, a análise dos fatos vai se desenvolvendo natural e gradualmente.

Ao iniciar o preenchimento do Roteiro de Planejamento, o vendedor já vai fazendo mentalmente algumas perguntas, como: Onde fica a rua deste cliente? Qual é o bairro? Como ir até lá? Qual o roteiro de visita que devo colocá-la? Esse mesmo raciocínio é válido para todos os itens do Roteiro de Planejamento, entretanto, não basta o acompanhamento mental à pesquisa. Precisamos nos voltar para os dados coligidos, examiná-los detidamente um a um, até se ter uma visão global sobre o cliente e se chegar à conclusão de que estamos em condições de cristalizar nossas idéias e nossas ofertas, transformando em boas apresentações e definir os objetivo de nossas visitas: fazer negócios sempre!

2.6 – Preparação da Oferta

Existem empresas que vendem produtos palpáveis, e a venda é debatida em torno das características do produto, suas qualidades, a relação preço/qualidade etc. O cliente vê, toca, e experimenta. Outras companhias trabalham com idéias ou com serviços. São mercadorias impalpáveis e imponderáveis.

Se partirmos da premissa de que é mais fácil vender quando o produto é tangível, cristalizando nossas idéias, isto é, transformando-o em mercadoria palpável, estamos criando melhores condições para desenvolvermos uma entrevista com muito mais possibilidade de sucesso.

Preparar a oferta é proceder como um grande chefe de cozinha, que seleciona muito bem os ingredientes do prato que irá elaborar, mas especialmente estuda que ingredientes e em que proporções usará para dar o seu toque pessoal em cada prato. O tempero e a apresentação são itens que diferenciam um chefe de outro, assim como a oferta adequadamente estudada e apresentada é que garante uma venda bem-sucedida.

O vendedor deve se posicionar como o general, que antes de cada batalha elabora sua estratégia e sua tática de combate.

2.7 – Preparação da Entrevista

É a última fase do planejamento e alguns aspectos importantes podem ser levantados para facilitar o contato e o desenvolvimento da venda com o nosso cliente, aspectos esses localizados na pesquisa e na análise dos dados ou então nas chamadas visitas prévias.

Podemos destacar os seguintes preparativos para a entrevista:

a) O local da entrevista, que já abordamos. Se não houver registro, devemos telefonar para não haver perda de tempo.

b) O roteiro de visitas que deve ser feito semanalmente e ser corrigido todos os dias. Um bom roteiro facilita nosso trabalho, evita caminhadas inúteis, economiza combustível, evita desgastes pessoais e profissionais, e gera produtividade.

c) O tipo de cliente e melhor hora para encontrá-lo. O ideal seria marcar a entrevista, pois gera certo compromisso com o cliente, mas nem sempre é possível. Quanto ao tipo de cliente, vamos tratar deste assunto mais adiante, por ocasião da negociação.

d) A frase de abertura ou a tática a ser usada no início da entrevista para provocar impacto no cliente ou então despertar sua atenção.

Nós só podemos descobrir o que vamos dizer ao cliente, pensando a respeito. Caso contrário, caímos na improvisação e nada adiantaria o planejamento. É no plano que nasce a frase de abertura, a frase de efeito, a palavra que desperta a atenção e o interesse do cliente e, na maioria das vezes, isso acontece naturalmente.

Quando analisamos os produtos ou serviços do cliente, geralmente surgem certas dúvidas e devemos colocar no roteiro para averiguação. A quem vamos interrogar sobre a existência, características ou finalidades de um produto senão ao próprio cliente? Ele se sentirá muito feliz em falar sobre seu produto ou serviço. É lógico que o vendedor tem de usar o 'desconfiômetro' e não fazer perguntas absurdas. Deve perguntar com critério e, acima de tudo, com real interesse de conhecer o produto ou serviço.

2.8 – Visita Prévia

É a que se faz à casa do cliente antes da primeira visita de venda, buscando todos os elementos e informes que possam facilitar a entrevista. A visita prévia pode ser feita programada ou no decorrer de uma entrevista de vendas, em que chegamos na casa do cliente e verificamos que o nosso planejamento está em completo desacordo com o que encontramos no local.

A visita prévia é então recomendada, quando:

- ◆ O vendedor não se sente seguro com o plano que elaborou, por carecer de maiores detalhes sobre produto ou serviços, sobre a empresa, o mercado e sobre o próprio cliente.

- Quando descobrimos que a empresa que vamos visitar é grande e inclusive líder de mercado, mas muito pouco ou quase nada tem comprado, merecendo que levantemos melhor suas informações.
- Quando os produtos ou serviços que nosso cliente vende nos são totalmente desconhecidos.

Nós não devemos nunca transformar uma visita prévia em entrevista de venda, ainda que o cliente manifeste o desejo de comprar. Por meio da visita prévia, temos chance de melhor planejar, e como conseqüência temos também a oportunidade de aprimoras nosso desempenho durante o ato da venda.

O vendedor deve fazer a visita prévia sem pasta, pois vai apenas para coletar dados e informações. Na verdade, já vai preparando melhor o cliente para recebê-lo oportunamente, podendo até marcar futura entrevista de vendas.

3ª Parte – O Ato da Venda

3.1 – Aproximação ou o Início da Venda

3.1.1 – Garanta a Validade de seu Planejamento

3.1.1.1 – Consulte o seu planejamento

Antes de iniciar a entrevista, o vendedor já tem pronto o planejamento que irá usar. Esse elemento fundamental de seu trabalho, o vendedor deve incorporá-lo como um hábito lógico e natural para obter bons resultados. Mas, entre a data do planejamento e a primeira visita, muitas vezes transcorre um bom espaço de tempo. Às vezes o vendedor não encontra o cliente, em outras o cliente não pode atender, ou há muitos vendedores na sala de espera para ser atendido etc. O tempo vai passando, o seu planejamento parado dentro da pasta, sem ser manuseado e, por fim, sendo esquecido.

Por isso, antes de entrar na sala do cliente, o vendedor deve dar uma repassada no planejamento. Isso pode ser feito no seu carro, se for o caso, durante um café próximo ao endereço do cliente ou em sua própria sala de espera. Tal cuidado servirá para 'sintonizar' o vendedor com o cliente que irá entrevistar, com os principais aspectos de seu negócio, do seu mercado e lembrar as sugestões que planejou para ele.

Não devemos correr o risco de nos aproximar do cliente sem antes tomarmos esse cuidado. Se o cliente não nos atender imediatamente, devemos usar o tempo de espera em observações locais e, sempre que possível, para fazer amigos; mas se o cliente nos atender imediatamente, ficaremos sem a possibilidade de consultar o plano e, portanto, sujeitos a uma entrevista improvisada, de condução e direção difíceis de serem mantidas.

3.1.1.2 – Adapte seu planejamento a fatos novos

Após a minuciosa verificação de tudo o que cerca o cliente, deve o vendedor adaptar seu planejamento aos fatos novos constatados, procurando melhorar sua entrevista ou proposta, adequando-a ao cliente e aos interesses de ambos.

Ao fazer essa verificação, o vendedor poderá chegar a três conclusões imediatas:

a) **O planejamento está correto.** Tudo o que foi observado e perguntado demonstrou que o plano está em ordem: poderá, pois, iniciar a entrevista, com reais possibilidades de sucesso.

b) **O planejamento precisa de pequenas adaptações.** O cliente está pendendo mais para determinado produto ou serviço, mas isso pode ser acertado no planejamento sem muito trabalho e rapidamente. Deve então o vendedor fazer essas adaptações imediatamente; estando tudo em ordem, poderá iniciar a entrevista com reais possibilidades de sucesso;

c) **O planejamento está todo errado.** O vendedor verificou que há produtos ou serviços não previstos; que planejou um tipo de cenário e de mercado e o cliente trabalha com outros. Enfim, erros ou omissões que afetam a validade do plano e que prejudicarão a proposta e a entrevista. Deve o vendedor nesse caso, transformar a visita de vendas em visita prévia.

3.1.1.3 – Observe e faça perguntas

Consultado o planejamento (antes de falar com o cliente), deve o vendedor aproveitar-se de todos os momentos que antecedem à entrevista para *checar* sua exatidão e adequação, por meio de observações do seu local de trabalho, seus produtos ou serviços, suas formas de vendas, seu mercado, enfim, tudo o que diga respeito ao negócio que o cliente explora.

O vendedor deve verificar se a oferta está grande ou pequena, observar se existe uma linha de produtos ou serviços que o cliente mais explora; é baseado na verificação que irá propor novo negócio.

E se o vendedor souber detalhes sobre a personalidade e o modo de agir do cliente, antes de falar com ele, facilitará o seu trabalho e a sua venda. Portanto, deve aproveitar a espera para saber como é a pessoa com quem irá falar.

Os momentos que antecedem uma entrevista são de muita importância para o vendedor inteligente, que os aproveita para fazer observações e perguntas que o ajudarão a dialogar com o cliente e a realizar um bom contato.

E, enquanto observa, o vendedor deve aproveitar para fazer perguntas sobre o cliente, seus negócios, seu estado de espírito naquele dia, seu sistema e sua força de vendas, seus produtos, seus serviços, seus lançamentos. O vendedor deve estar sempre atento e preocupado em descobrir novas informações sobre o cliente.

A informação é a moeda do século XXI, e vendedor bem informado inicia a entrevista com enorme vantagem sobre o cliente. As informações podem também ser obtidas, por intermédio do porteiro, da recepcionista, da secretária, de um assistente, enfim, todo funcionário de seu cliente pode ser transformado num informante da melhor qualidade.

Há um grande erro ao pensar-se que o bom vendedor é um profissional que fala muito; o vendedor do século XXI é o profissional que observa muito, pergunta e pesquisa muito e tira disso todas as suas argumentações para fazer uma oferta e uma boa entrevista. Com base nas informações colhidas, o profissional de vendas se transforma em um consultor que fideliza o cliente, que vende sempre mais e melhor e não se transforma num *tirador de pedidos*.

3.1.1.4 – Se necessário, transforme sua visita em visita prévia

Quando a adequação do plano é difícil ou impossível, torna-se aconselhável que a visita de venda seja transformada em visita prévia. Nessa hora o vendedor está em condições de decidir se continua ou se pára o processo, sem prejuízo do tipo de entrevista que está desenvolvendo.

Vamos confirmar os fatos de que dispomos, dissipar as dúvidas que tínhamos e, ao terminar, estaremos em condições de fazer o plano caber dentro dos fatos ou não. Se couber, iniciaremos a venda; do contrário, se nos sentirmos inseguros, teremos ainda a oportunidade de mudar para uma entrevista prévia.

Na visita prévia, devemos obter o máximo de informações para um planejamento mais adequado à realidade do cliente. Devemos agradecer as informações e dizer a ele que os dados serão utilizados para que possamos, nós e nossa empresa, melhor estudar, planejar e sugerir ações que redundarão em benefícios e vantagens competitivas para a empresa do cliente. Diremos ainda que vamos voltar com uma nova, completa e muito interessante sugestão de trabalho, mas é ele, o cliente, que irá decidir (para evitar resistências antecipadas).

Dessa forma, estaremos criando um clima inicial indispensável à visita e à venda futura. O cliente até aqui nos atendeu bem, e nos deu informações sobre os negócios dele. Devemos, assim, por meio de nossos atos, de nossas atitudes, mostrar a ele que estamos muito interessados no que faz ou vai fazer; ele tem de saber que estamos interessados em seu negócio, seu lucro e sua pessoa. Isso, certamente fará com que fique agradavelmente surpreendido com nossa postura, deixando, desde já, a porta aberta e um bom ambiente para a visita de vendas, que poderá ser agendada.

3.1.2 – Impressione Bem Desde o Início

3.1.2.1 – Aproveite a espera para fazer amigos

É normal dizer-se que o vendedor é sinônimo de 'bicho falante', mas não é verdade; o bom profissional de vendas fala moderadamente e faz com que os outros falem, por meio de perguntas, observações. Faz com que os outros sintam ser ele um profissional interessante e amigo.

O tempo que antecede uma entrevista é importantíssimo e deve ser muito bem aproveitado pelo vendedor, para fazer amigos e plantar simpatias.

O moderno profissional de vendas procura ser original e diferente dos outros que normalmente freqüentam os escritórios dos clientes, criando logo um ambiente favorável para si, tornando-se amigo dos que ali convivem.

Um tratamento especial e delicado para com as pessoas que estão entre o vendedor e o cliente poderá ser fator decisivo para o fechamento de um bom negócio. Fazendo quantos *aliados* puder, o vendedor verificará que os seus negócios aumentarão muito; se depender da opinião de um técnico, assistente ou secretária, para fechar um negócio, será preciso que esses estejam do seu lado e favoráveis aos seus pontos de vista.

Fazer amigos é um dos grandes dons de um bom vendedor, além de ser sua obrigação primeira. E é de um modo excelente de aplicar os minutos de espera, quase sempre necessários, tornando altamente produtivo um tempo que não pode ser desperdiçado.

3.1.2.2 – Cuide de sua aparência

A idéia de que o vendedor deve ser um manequim extremamente bem vestido, dentro dos rigores da moda, está superada. O vendedor é um homem que se destaca por suas idéias, pelo seu entusiasmo, por sua motivação, por sua capacidade de adaptação, por sua capacidade profissional, e não por suas roupas ou aparência externa. Nada deve ser exagerado. Tudo deve ser discreto. Não pode dar a impressão de que vive na abastança, que ganha muito dinheiro. O inverso também é verdadeiro, e uma má impressão causada por uma aparência desleixada cria no cliente uma indisposição para com o vendedor e para a execução do negócio.

O bom profissional de vendas deve ter uma apresentação semelhante à água: insípida, incolor e inodora. O vendedor deve passar despercebido, pois quem deve chamar a atenção do cliente é o produto ou o serviço que está sendo oferecido.

Todo vendedor sabe que, antes de vender seu produto ou serviço, é preciso vender a si próprio. A sua apresentação discreta faz com que o cliente sinta-se bem na sua companhia.

Há um provérbio que diz: "Quem não se enfeita, por si se enjeita". Ao vendedor não é permitido enfeitar-se, mas se não cuidar de sua aparência, verificará que será sempre enjeitado.

3.1.2.3 – Adapte-se ao ambiente

O vendedor deve ter a capacidade de adaptar-se perfeitamente ao ambiente em que se encontra, como se dele fizesse parte integrante.

Se ele encontra um ambiente antigo ou clássico, deve se portar de maneira convencional e formal; ao contrário, se o ambiente é descontraído, alegre e moderno, deve se portar de maneira mais liberal, descontraída e arejada, agindo assim, de acordo com o meio que vive. Diz-se que o bom vendedor é como o camaleão que toma para si a cor do ambiente: se o ambiente é escuro o camaleão também se torna escuro e assim por diante. O bom vendedor deve dar a impressão de que está perfeitamente integrado ao ambiente e completamente à vontade.

As observações no período que antecede à entrevista podem oferecer dados sobre a personalidade do cliente. Por exemplo: se nós encontrarmos um ambiente com móveis de estilo pesado ou antigo, com objetos que lembram algumas décadas atrás, é sinal de que muito provavelmente iremos entrevistar um cliente conservador. Será alguém que não raciocina em termos modernizados, que nos colocará a distância e gostará de receber um tratamento cerimonioso. Ao contrário, se encontrarmos um ambiente moderno, arejado, com todos os indícios de atualização, muito provavelmente iremos entrevistar um cliente jovem (ao menos de espírito), atento às novidades do ramo de atividade que atua, e apto a estudar novas propostas que lhe façam para melhorar o seu negócio. Com esse cliente não podemos tratar com o mesmo formalismo do anterior; devemos comportar-nos de maneira descontraída e bem-humorada, falando sua linguagem de modernização.

3.1.3 – Cumprimente Corretamente

3.1.3.1 – Crie uma atmosfera cordial

O constante uso dos termos como bom-dia, boa-tarde, como vai etc fizeram com que essas expressões perdessem realmente seu significado. Hoje dizemos bom-dia da mesma maneira que diríamos 'mau dia', ou seja, sem maior importância ou ênfase.

O vendedor tem nessas palavras uma boa oportunidade para se vender bem, dando-lhes uma importância maior, por meio da ênfase, do destaque e da motivação com que as pronuncia.

É preciso que o cliente, ao ouvir um bom-dia do vendedor, sinta que esse realmente está lhe desejando um dia melhor do que os outros.

É preciso que o cliente sinta a sinceridade com que o vendedor lhe deseja algo de bom; isso lhe dará maior receptividade para ouvir e aceitar o que o profissional de vendas tem para lhe dizer.

Não há barreira que a cordialidade não vença, por maior que ela seja. E, ao sentir que o vendedor é um profissional sincero que acredita no que faz, qualquer pessoa, por mais obstinada que seja, por mais grosseira que seja, não deixará de parar para refletir se aquele homem, tão cordial e usando de tanta sinceridade, não merece um tratamento melhor que o normal dos vendedores que o visitam.

Se o vendedor acredita que está realmente prestando um bom serviço àquele cliente, pois fez um bom e adequado planejamento, sabe que a mensagem que leva é para o seu bem, não há por que não ser cordial e sincero. É só com cordialidade que abrimos toda porta à nossa frente. A sinceridade deve ser demonstrada a todo instante, identificando-se o vendedor com as circunstâncias e os problemas do cliente, ajudando-o a resolvê-los com sua proposta de venda. Isso é empatia e ajuda a vender!

3.1.3.2 – Pronuncie corretamente o nome do cliente

"Meu nome é o vocábulo mais importante do meu idioma", disse W. Shakespeare. E isso é válido para todos nós quando fazemos qualquer coisa; ao pronunciarem nosso nome, imediatamente paramos para ver o que querem. Esse é o detalhe que não pode fugir ao vendedor atento, que procura pronunciar correta e claramente o nome do cliente. Há alguns profissionais de vendas, inclusive, que usam isso como recurso para agradar o cliente, pronunciando diversas vezes o seu nome, como que para criar uma atmosfera de intimidade, propiciadora de melhor atendimento e maior oportunidade de negócio. Há nomes estrangeiros, às vezes difíceis de serem pronunciados. O vendedor deve perguntar ao cliente qual a forma correta de dizer o seu nome; isso serve, até, para demonstrar que respeitamos integralmente sua individualidade e nos preocupamos em não errar naquilo que lhe diz respeito.

3.1.3.3 – Aperte adequadamente a mão do cliente

Deve-se ou não apertar a mão do cliente? Há duas correntes que procuram responder a essa pergunta. Uma dizendo que não, outra dizendo que sim. E ambas acham-se aptas a provar o que dizem. Para nós isso não tem muita importância; o que importa mesmo é não errar quando nos encontramos frente a frente com o cliente. Sobre isso, uma boa regra é: deixe o cliente decidir.

Observe na hora: se o cliente der mostras de que está disposto a cumprimentá-lo com um aperto de mão, estenda-lhe a sua imediatamente, mas não esmigalhe seus dedos, como se sua mão fosse um torniquete, nem amoleça como se ela estivesse se despencando ou fosse portadora de doença contagiosa.

Proceda com naturalidade ao apertar a mão que lhe estendem.

Há alguns tipos de apertos de mão errados, e algo difundidos entre nós. São eles:

- **Mão morta.** É a mão mole que dá a impressão de ser o vendedor um ser inanimado, um ser apático e indiferente. Passando a certeza de que não deve ter nada de interessante.

- **Quebra-ossos.** Há uma errônea impressão de que apertar a mão dos outros com força é sinal de personalidade forte; na realidade, isso indispõe o cliente, que passa a se preocupar mais com a sua integridade física do que com aquilo que o vendedor está lhe dizendo. Ao mesmo tempo, cria uma antipatia pelo vendedor passando a não receber bem a mensagem que esse está lhe trazendo. Esmagar a mão do cliente não é sinal de personalidade forte, mas sim de forte grosseria.

- **Carcereiro.** Ninguém gosta de ficar preso a quem não conhece, e há vendedores que ficam segurando a mão do cliente como se quisesse ficar com ela. Isso cria um desespero no cliente que passa a não ouvir, nem pensar no que lhe está dizendo, pois na sua mente ainda está a imagem e a impressão deixada pelo exagerado vendedor de que quase não lhe devolve a mão.

3.1.3.4 – Use o seu cartão de visita

A mão direita do vendedor deve estar sempre livre para responder ao cumprimento do cliente, caso esse lhe estenda a mão.

Na mão esquerda, além de sua pasta de trabalho, o vendedor já deve ter preparado o seu cartão de visita para entregá-lo imediatamente após o cumprimento, ou na falta desse (cumprimento), assim que se encontrar diante do cliente.

Há vendedores que fazem uma terrível confusão quando estão frente a frente com o cliente por não terem a mão direita livre. Entram na sala do cliente segurando a pasta com a mão direita e o cartão na esquerda, ou vice-versa; na hora em que o cliente lhes estende a mão, não sabem se o cumprimentam, se passam a pasta para a outra mão que está ocupada, se entregam o cartão. E o pior é que acabam demonstrando com isso uma insegurança inicial e prejudicial ao desenvolvimento da entrevista.

Isso de forma alguma pode ocorrer e temos sempre de estar com a mão direita livre e o cartão estrategicamente preparado para ser entregue ao cliente assim que for possível.

Tudo isso parece besteira ou 'frescura', mas é bom lembrar que qualquer pequena falha no início da entrevista tem o dom de se transformar numa grande falha psicológica, que irá influenciar nosso estado de espírito no transcorrer da negociação.

3.1.3.5 – Sorria: o sorriso gera acolhimento

Há um provérbio chinês que diz: "O homem que não sabe sorrir, não deve abrir negócio". E é a pura verdade. Talvez seja por isso que os chineses riem tanto. O sorriso antes de tudo é um grande meio de comunicação, como a fala e os gestos. É privativo da espécie humana, com exceção da hiena, que dizem ser o único animal que ri, como o crocodilo, o único que chora.

Para sorrir contraímos apenas 15 músculos faciais. Para se fazer uma cara feia ou uma carranca, temos de contrair nada menos que 47 músculos. O sorriso rejuvenesce as pessoas, e a carranca envelhece.

Um sorriso, natural, franco, amável e sem exagero de dentes à mostra, expressa contentamento, satisfação e segurança.

Ao abordar o cliente com um sorriso nos lábios, o vendedor está lhe dizendo com muita eloqüência, algo assim:

♦ Tenho real e sincero prazer em conhecê-lo. Sou um apreciador seu e terei muita satisfação em servi-lo.

Ora, isso significa uma homenagem, uma prova de apreço, que qualquer cliente gosta de receber, e muito ajuda a quebrar o gelo dos primeiros momentos.

O sorriso é ainda uma arma que, bem manejada, evita a discussão e permite contraditar o cliente sem melindrá-lo. Um não, dito com um sorriso, não fere a sensibilidade. Um sim dito de cara feia pode ofender ou humilhar.

3.1.4 – Abra Bem a Entrevista

3.1.4.1 – Evite chavões ou conversa boba

No início da entrevista o vendedor nem sempre dispõe de tempo suficiente para uma abertura adequada, mas deve planejá-la de maneira simpática, dinâmica e convincente.

A forma mais segura e indicada para começar uma entrevista é, depois de se apresentar, dizer alguma coisa diferente ao cliente, mas que diga respeito ao negócio dele e que de certo modo seja de interesse ou de importância para ele, e para você vendedor.

O interesse e importância estão na forma de compor a frase. Se a frase é interrogativa, já convida o cliente a dizer alguma coisa Se colocarmos a frase na forma afirmativa o assunto terminará, e será necessário algo mais para poder continuar.

3.1.4.2 – Use fatores estratégicos e ocasionais

Um expediente muito utilizado por vendedores inexperientes é o emprego de elogios gratuitos, que demonstram a falta de capacidade do profissional, alem de alertar o cliente para aquele estranho (se for a primeira visita) que, sem mais nem menos, acha tudo o que vê no cliente bonito e perfeito. Mesmo para clientes que recebem nossas segundas ou outras visitas, o elogio gratuito é grosseiro e predispõe o cliente contra o vendedor; o pior é que o cliente não fala, apenas pensa. Existem tantos temas a serem utilizados para a abertura da entrevista, que não precisamos ficar na bajulação gratuita.

Alguns exemplos de abertura positiva:

- ◆ Vi que o senhor comprou novos caminhões para a empresa. São para compras ou para entregas? Se for para entregas, perguntar: O senhor está aumentando as vendas externas?
- ◆ Estou vendo que o senhor está recebendo material importado. São máquinas novas?
- ◆ Achei muito bonita esta nova embalagem. Foi criação de sua agência?

3.1.4.3 – Supere as resistências iniciais

É de fundamental importância o começo adequado para uma boa entrevista e, conseqüentemente, para o sucesso da venda. É bem conhecida a idéia de que "depois de um bom princípio tudo fica mais fácil". Por isso muitos vendedores preferem visitar ou trabalhar somente com clientes conhecidos ou amigos ou, então, com carteira. Pelo mesmo motivo, outros vendedores preferem vender para clientes desconhecidos; preferem sempre abrir novos clientes a trabalhar os antigos.

Mas uma coisa é certa: todo vendedor prefere antes de vender conhecer algo sobre seu cliente. Aliás, prefere até ficar amigo, conhecê-lo com antecedência, saber a cor da camisa do time preferido, suas tendências políticas, seu *hobby* ou aquele ponto pessoal que o agrada. Mas nem sempre o cliente facilita o início da entrevista; muitas vezes recebe o vendedor agressivamente, ou procura desarmá-lo com uma frase desconcertante. É que o cliente sabe que será 'atacado' pelo profissional, então ele prefere atacar primeiro. Isso é um mecanismo de defesa.

É nesse momento que se faz necessária a presença de espírito do vendedor, seu tato, sua habilidade em contornar dificuldades. Veja alguns exemplos:

a) — Já? Outra vez? A mercadoria ainda nem girou na loja!

—Mas eu não vim lhe vender. Eu vim verificar como foi o recebimento, a exposição e como está girando a mercadoria que o senhor recebeu. Aliás, vim para ajudá-lo.

b) — Hoje não posso atendê-lo. Volte outro dia.

— Pois não. Terei imenso prazer em retornar no dia que o senhor definir. Mas eu gostaria apenas de obter algumas informações sobre sua empresa e seu negócio (tenta iniciar a entrevista e, se não for possível, marca a data da próxima visita).

— Não quero conversa com vocês. Seu colega anterior prometeu uma porção de coisas e não cumpriu nada.

— Sou a pessoa indicada para atender sua reclamação. Gostaria de ouvir do senhor o que foi combinado com meu colega, para que eu possa verificar as falhas ocorridas e ser seu 'advogado' ao contatar minha empresa. Aliás, muito obrigado por sua reclamação. Onde e como posso ajudá-lo?

3.1.4.4 – Trabalhe em local adequado

O ato da venda é uma sedução e muito semelhante à conquista amorosa, com início, meio e fim. Hoje o bom profissional de vendas deve atuar como uma espécie de consultor do cliente. Para desempenhar adequadamente a função de consultor, o vendedor tem de ser ouvido e compreendido pelo cliente; isso só será possível se o cliente se dispuser a lhe dar toda a atenção.

Às vezes visitamos clientes que nos recebem ao lado de sua mesa, em sua sala e estamos no lugar certo. Outras vezes o cliente vem nos receber no balcão de sua loja. Não temos ali, diante do público ou de funcionários e em espaço inadequado, a oportunidade de trabalhar corretamente. Cabe ao vendedor, nessa situação, conseguir um local adequado para o seu trabalho.

Nem sempre o cliente, após nossa apresentação, quando atende no balcão ou à porta de seu escritório, nos convida a entrar para tratar do assunto em outro local. Isso deve ser feito de forma habilidosa, colocando sempre o cliente como elemento diretamente beneficiado.

Desse momento em diante a coisa mais importante para o vendedor é o cliente. Frases hábeis deverão surgir por parte do vendedor no sentido de conseguir uma sala conveniente ou um local apropriado que apresente condições para que a entrevista se desenvolva normalmente. Poderíamos dizer:

— Gostaria de ter a sua opinião a respeito de um negócio que poderá auxiliar nas suas vendas. Entretanto, acredito que aqui no balcão a sua apreciação seria prejudicada pelas constantes pessoas que entram e saem. Apreciaria muito lhe mostrar isto na sua sala e também gostaria de ter sua opinião sobre novos produtos. É possível?

3.1.4.5 – Evite intermediários, sem hostilizá-los

O intermediário na venda, normalmente é a secretária, o assistente, o chefe, o comprador ou o gerente adjunto. Em tese, é uma pessoa desprovida de poder de decisão, mas é alguém com muitas condições de auxiliar ou de complicar o ato da venda, se não for adequadamente tratado pelo profissional de vendas.

A fim de evitar perturbações por parte do intermediário, devemos sempre tratá-lo muito bem, tendo-o como amigo e até transformando-o em aliado, por ser a forma mais sensata de tratá-lo.

A função do intermediário é a de um assessor do cliente. Para contorná-lo, cada um tem sua maneira adequada, própria e individual de fazê-lo. A tendência do intermediário é nada decidir, mas sempre dá a impressão que decide, pois ele não tem autoridade para realizar novos negócios.

Um recurso simpático para evitar o intermediário é fazer perguntas que ele não possa ou não saiba responder. Como por exemplo:

— Poderia informar-me qual a verba de compras dos produtos tais e tais para o ano que vem? – Poderia informar-me qual a intenção da empresa com relação a modificações na linha de produtos para o próximo ano?

Quando o intermediário não sabe responder, o vendedor deve demonstrar a necessidade de esclarecimentos para poder melhor planejar a relação das duas empresas ou duas pessoas envolvidas. Se as frases se repetem e exigem certo conhecimento dos planos da empresa, o intermediário prefere colocar o vendedor em contato com a pessoa que decide as compras, e aí passa até a funcionar como 'assistente' do vendedor, marcando até a entrevista com o cliente.

Indagações que dizem respeito à linha de produtos, de montagem, aprovação de verbas, planos futuros da empresa etc. geralmente são muito difíceis de serem respondidos por um assistente. Temos então provocada a oportunidade de evitar o intermediário de uma forma que não o choque, que permita a ele sair do circuito e ainda ser nosso 'advogado' para um imediato contato com o cliente.

Um ponto importante: agradecer ao intermediário, após a conclusão da venda, de modo que o deixe do seu lado caso o cliente resolva consultá-lo sobre o acerto de sua decisão ao fechar o negócio, presente ou futuro.

3.1.4.6 – Livre-se de terceiros com tato

Em vendas, terceiro é sempre uma pessoa que os vendedores normalmente apelidam de 'sapo'. É aquele indivíduo que não tem nada a ver com o problema e fica por perto dando palpites e fazendo observações que nos atrapalham. Ele também é conhecido como 'bengala', isto é, um cego que não entende nada do assunto, mas vive dando palpite;. de tão 'cego' é chamado de 'bengala'.

Via de regra é um amigo ou conhecido do cliente. Às vezes é um vendedor ou executivo de outra empresa, atitude totalmente antiética, pois nunca um vendedor deve se aproximar de outro profissional que esteja realizando uma entrevista de vendas.

Quando existe um *sapo* ou *bengala* na jogada, o ideal é não fazer a entrevista, pois quer o coloquemos para participar da entrevista, quer ignoremos sua presença, ele sempre participará, e sempre do lado do cliente, ficando dois contra um.

Para ele a posição é cômoda, pois não está comprando nada e isso o leva a procurar fazer com que o cliente, seu amigo, também não compre; é uma espécie de analogia de posições. Por isso, o melhor é não fazer a entrevista, e esperá-lo sair do recinto.

Ao se deparar com essa situação, o vendedor deve dizer ao cliente que não tem muita pressa e pode esperar um pouco ali mesmo. E, imediatamente, procurar um canto ou local onde fique mexendo em sua pasta e em seu material. O *sapo* ou *bengala*, normalmente, acaba sentindo-se um intruso, saindo da sintonia e deixando o campo livre para o trabalho do profissional.

3.1.4.7 – Não fume

Uma das características principais do bom vendedor é a observação e a existência de um cinzeiro sobre a mesa do cliente, o que pode demonstrar que ele fume. No entanto, o vendedor não deverá tomar a iniciativa de puxar os seus cigarros e oferecer ao cliente (mesmo que o cliente fume), pois o cinzeiro inclusive pode ser para uso dos clientes dele. Na realidade, ele pode até detestar a fumaça de cigarro.

Somos contra o vendedor fumar durante a entrevista, não só pela verdadeira caça ao fumante que existe hoje no Brasil, mas por que o cigarro atrapalha a entrevista.

Há psicólogos que dizem que, ao procurar uma atividade para as mãos, a pessoa demonstra fraqueza, nervosismo, preocupação, e o cliente, ao perceber isso, acabará dominando a entrevista.

Ao procurar o cigarro, depois os fósforos ou isqueiro, depois acender o cigarro, depois procurar um lugar para colocá-lo, o vendedor estará se desconcentrando da entrevista, perdendo objetividade, afetando negativamente seu trabalho.

É proibido fumar numa entrevista de vendas, mesmo que o cliente tome a iniciativa de oferecer um cigarro.

3.1.5 – Estabeleça o Diálogo

3.1.5.1 – Faça perguntas sobre o negócio do cliente

Ao fazer perguntas sobre o negócio do cliente, o vendedor atinge dois objetivos:

a) Estimula a vaidade do cliente em falar da sua capacidade profissional, coisa que todos gostam de fazer;

b) Fica sabendo de fatos importantes, para melhor explorar as possibilidades de negócio.

A frase de abertura nasce no planejamento, quando estudamos o negócio do cliente, ou ao fazermos observações e perguntas antes da entrevista, e serve para quebrar o gelo, natural de todo início de entrevista.

Por meio da frase de abertura da entrevista, pode-se testar a validade do planejamento feito, conseguindo-se estabelecer bases para uma entrevista de venda bastante cordial. Mas assim mesmo, antes de vendermos qualquer produto ou serviço, temos de verificar se aqueles dados de que dispomos, se as nossas informações, de fato, correspondem à realidade, como por exemplo:

- Será que o cliente só vende produtos monomarcas?
- Será que ele é o único dono da loja?
- Vende a varejo ou também por atacado?

- Tem vendedores diretos ou trabalha com representantes?
- A empresa possui filiais ou agências?

Nessa fase de verificação inicial, temos a oportunidade de conversar com o cliente sobre o seu negócio e, ao mesmo tempo, fazer uma análise mais real e detalhada de seu tipo humano. Nessa fase o vendedor deve captar aspectos da personalidade do comprador, para tratá-lo da maneira adequada e recomendada pela moderna psicologia de vendas.

Uma das coisas mais maravilhosas da venda está exatamente na oportunidade que temos de conhecer pessoas completamente diferentes umas das outras. Ao dedicar-se a um cliente com toda a sua capacidade de envolvimento e análise, o vendedor está descobrindo um mundo novo, com vivência própria, problemas próprios, soluções próprias, algo completamente diferente do cliente anterior e do seguinte.

O cliente nunca repete o mesmo procedimento em nenhum ato de venda. Cada negociação é um laboratório ímpar, é uma experiência única.

3.1.5.2 – Fale a linguagem do cliente

No seu trabalho diário o vendedor encontra uma variedade enorme de tipos humanos. Como sabemos, não há duas pessoas iguais. O vendedor poderá trabalhar durante décadas e nunca encontrar duas pessoas exatamente iguais no ato da compra.

Assim sendo, sabemos que todo cliente é diferente do anterior e do seguinte, precisando ser tratado de forma diferente e pessoal. E aqui entra o poder da adaptabilidade do vendedor, que tem de se comportar das mais variadas maneiras para atender a todos os tipos de clientes existentes.

O vendedor poderá encontrar pela frente como cliente o dono de uma pequena loja, com baixo nível cultural e educacional, que fala alto, trata seus funcionários grosseiramente, discutindo por tudo e por nada; poderá encontrar também o diretor de uma grande empresa multinacional, que é um homem de fina educação, com um perfeito domínio do idioma, falando pausadamente, tratando todos indistintamente com muita educação, enfim um *gentleman*. E ao vendedor cabe adaptar-se a ambos, tratando cada um de uma maneira diferente e correta para cada caso.

A esse poder de adaptação do vendedor é que nós chamamos de 'falar a linguagem do cliente'. Para cada cliente, há uma linguagem diferente e determinada pelo seu próprio tipo. Na verdade o vendedor deve ser um perfeito camaleão: muda de acordo com o cliente.

Com um diretor de uma grande empresa, o vendedor poderá falar em termos técnicos e mercadológicos; mas o mesmo não poderá ser feito com um pequeno comerciante sem cultura, que não irá entender o que o vendedor está querendo lhe transmitir.

Com uma pessoa de idade avançada e modos conservadores, o vendedor deve usar de um comportamento adequado, por meio de expressões moderadas e gestos respeitosos, mostrando que sentiu o respeito com que o cliente quer e deve ser tratado. Ao encontrar um jovem executivo que seja dinâmico, moderno, ativo e falando livremente, o vendedor deverá comportar-se de forma diferente, mostrando que, respeitosamente, sabe usar a sua linguagem e trabalhar da maneira como o cliente o trata, isto é, com alguma liberalidade.

Quem determina o modo de trabalhar do vendedor é o cliente, por meio da sua personalidade, seu modo de falar, sua linguagem, sua reação. Ao vendedor fica a responsabilidade de adaptar-se ao cliente, não falando alto com um cliente que fala baixo; não falando rápido com um cliente que fala lentamente; não usando expressões mais modernas com um cliente que se mostra conservador em hábitos e idéias; não tratando cerimoniosamente um cliente que logo nos primeiros momentos lhe conta a última piada do mercado; enfim, o vendedor tem de sentir o tipo de cliente com que está tratando, e comportar-se adequadamente, por intermédio de palavras, modos e gestos que se adaptem às circunstâncias.

3.1.5.3 – Mostre-se interessado nos negócios, nos lucros e na pessoa de seu cliente

Nós estamos sempre interessados em nossos negócios, nossos empreendimentos, nossa vida, nossas vendas, enfim nosso progresso; o cliente age da mesma forma com relação ao que ele faz.

Se no ato da venda falamos apenas de nós, de nossa empresa, de nossos produtos ou serviços, de nosso trabalho, o cliente não nos dará atenção alguma. Não despertamos o interesse e a atenção dele.

Mas se iniciamos a entrevista falando e perguntando sobre o seu negócio, os seus produtos ou serviços, as suas vendas, os seus concorrentes, os seus lucros, nós estaremos atingindo plenamente os interesses dele a conquistando totalmente a atenção dele.

Para falarmos dos negócios de um cliente, é preciso que entendamos do assunto, e isto só é possível através do planejamento.

Mostre-se interessado nos negócios do cliente, seus produtos, seus serviços, suas vendas, seus lucros e sua pessoa. Mostre-lhe que está capacitado a servi-lo e levá-lo a ganhar sempre mais.

A principal atividade do VENDEDOR/CONSULTOR é servir sempre da melhor maneira possível o seu cliente; quando o cliente sente isto, coloca-se inteiramente a disposição deste novo e qualificado profissional, pois ele representa uma ajuda com que o cliente não contava, que deve ser aproveitada da melhor maneira possível; desta forma, nós predispomos o cliente a raciocinar conosco, pois nós estamos pensando unicamente em seu benefício. Isto é o que chamamos de empatia!

3.2 – Oferta

3.2.1 – Procure Primeiro, os Motivos da Compra

3.2.1.1 – Identifique primeiro as verdadeiras necessidades do cliente

Quanto mais um produto ou serviço responde às necessidades essenciais, mais facilmente se vende. A maneira como essas ncessidade são apresentadas pelo vendedor tem grande importância.

Para que uma mercadoria ou serviço encontre compradores é preciso que ela satisfaça, em si, uma necessidade essencial.

Nós todos temos quase que os mesmos objetivos ou desejos na vida: enriquecer, inspirar admiração, ter êxito, conservar a saúde, ser feliz etc. Todos vivemos para atingir esses objetivos, que ao nosso entender, darão um sentido à vida. Eles influenciam todas as nossas ações, assim como nossas reações. O vendedor não pode ignorá-las.

Certos produtos ou serviços encontram sempre compradores. São os que respondem à necessidade de conforto (máquina de lavar roupa), à necessidade de admiração (vestuário), de economizar esforços e dinheiro (utensílios domésticos), de conservar a saúde (alimentos naturais e ricos em vitaminas), de se divertir (ir ao teatro), em suma, produtos ou serviços que satisfaçam uma necessidade ou desejo pessoal. Mas o seu escoamento, o seu giro, depende em boa parte do vendedor que sabe 'vender a idéia', que sabe dizer e encontrar o argumento que corresponde exatamente à necessidade essencial do cliente, a fim de estimular o seu desejo.

Existem inúmeras necessidades essenciais, que seria impossível enumerá-las todas. Mas vamos relacionar algumas das mais importantes para as vendas e mais fáceis de distinguir.

a) Necessidade de se afirmar (influência, prestígio, posição, estima, popularidade), de competir, necessidade de autoridade, de atividade (trabalho criativo, atividade profissional).

b) Instinto sexual/amor (desejo de realçar um caráter masculino e/ou feminino, de melhorar a sua aparência, de aumentar o seu poder de sedução).

c) Instinto social (instinto gregário, sociabilidade, família, amizade, gostos).

d) Instinto de conservação (vida, saúde).

e) Instinto de propriedade (amor ao lucro, coleções, êxito financeiro, paixão pelo jogo).

f) Curiosidade (necessidade de conhecer, de experimentar).

g) Necessidade de conforto (repouso, ócio, férias).

h) Necessidade de segurança (proteção contra o risco, a dor, e o medo da inquietação).

O vendedor arguto e ponderado adaptará sua tática às necessidades essenciais de cada cliente. Não é possível criá-las arbitrária ou artificialmente, mas é importante muitas vezes estimulá-las.

Uma mercadoria representa tantas idéias como há de necessidades essenciais. O produto, coisa inerte, anima-se pela propriedade de servir o cliente e de satisfazer os seus desejos de consumo. É evidente que a tarefa do vendedor será mais fácil e mais produtiva se, em vez de oferecer uma mercadoria qualquer, ele propuser economia, segurança, utilidade, conforto etc.

O produto ou serviço é somente um meio de atingir esses fins e, para o cliente, esse meio não tem mais do que um interesse secundário. É um fato. Os vendedores que se limitam a oferecer produtos ou serviços conseguem menos êxito do que aqueles que aprenderam a vender a idéia representada pela mercadoria ou pelo serviço. Está aí a grande diferença entre um vendedor medíocre e um campeão de vendas:

- Não vendemos móveis, mas a idéia de conforto.
- Não vendemos alimentos, mas a idéia de alimentação saudável e saborosa.
- Não vendemos loções capilares, mas cabelo bem cuidado.
- Não vendemos vestuário, mas como provocar admiração.
- Não vendemos aulas, mas êxito profissional.
- Não vendemos bilhete de loteria, mas a sorte grande.
- Não vendemos passagens aéreas, mas férias na Ilha de Capri.
- Não vendemos ancinhos, mas jardinagem.
- Não vendemos embalagem, mas proteção ou boa apresentação da mercadoria.
- Não vendemos revestimento cerâmico, mas banheiro novo e muito bem apresentado.

A idéia que se pretende vender, relativa a um determinado produto ou serviço, é variável de pessoa para pessoa. As causas determinantes da compra dependem das particularidades de cada um, das necessidades de cada pessoa.

O automóvel, por exemplo, será um bom emprego de dinheiro para uma pessoa, para outra será uma questão de prestígio, de imagem. Uma terceira verá aí o meio de se entregar ao prazer da velocidade. Para uma quarta pessoa representa apenas e tão somente a oportunidade de transportar algo. Existe ainda um outro tipo de ser humano que não gosta de automóvel.

Mas a maior parte dos produtos ou serviços corresponde a uma idéia geral, idéia de que o vendedor deve conhecer e estudar sempre para estar em condições de se utilizar dela.

3.2.1.2 – Relacione sua oferta àquelas necessidades

Antes de receber qualquer oferta, o possível cliente deve dar-se conta, ou ser demonstrado a ele, de que tem uma autêntica necessidade do produto ou serviço.

Se o possível cliente já reconhece a necessidade, cabe ao vendedor demonstrar-lhe que seu produto ou serviço satisfará essa necessidade ou desejo. Se a necessidade não é aparente para o cliente, deve o vendedor demonstrar-lhe que tem um problema e que esse problema pode ser satisfeito com a aquisição de seu produto ou serviço.

O vendedor deve tomar o cuidado para não cometer o erro de iniciar sua oferta com informações sobre o produto ou serviço, em vez de falar sobre as necessidades do possível cliente. Por forte que seja a tentação de começar assim, o vendedor verdadeiramente profissionalizado deve evitar a todo custo tal prática.

Depois que dirigiu a atenção do cliente para a sua necessidade ou desejo, o vendedor deve, gradualmente, fazer com que o pensamento de seu interlocutor passe naturalmente de seu próprio problema para o produto ou serviço que lhe está sendo oferecido. Deve guiar a reflexão do cliente, até que esse se convença de que o produto ou serviço oferecido satisfará sua necessidade, seu problema, seu desejo.

O vendedor qualificado faz o possível para ressaltar, de forma pessoal, as necessidades de seu cliente. Sua oferta de vendas deve ser bastante flexível, para poder adaptá-la aos diversos problemas e necessidades do cliente. Sua argumentação deve ser reflexo de sua ética e de seu autêntico interesse pelo ponto de vista do cliente.

A título de ilustração quero lembrar um fato que presenciei numa loja do sul do país, que reflete fielmente esse ponto. Em um inverno muito rigoroso na cidade de Gramado (inverno rigoroso em Gramado é pleonasmo!), no Estado do Rio Grande do Sul, uma senhora de idade chegou até uma loja de material de construção que vendia aquecedores e pediu ao vendedor disponível que lhe mostrasse um aparelho.

O vendedor muito amável, muito solícito, lhe mostrou um que, em seu parecer, convinha à idosa. Ato contínuo lhe expôs detalhadamente todos os dados técnicos, qualidades etc., do aquecedor e terminou perguntando à cliente se lhe agradava o produto. A anciã de origem alemã, muito timidamente lhe perguntou, "Diga-me senhor, usando este aquecedor sentirei menos frio?".

Os valores subjetivos do produto, os apelos humanos e pessoais, é que devem ser explorados convenientemente pelo vendedor.

Quando um vendedor olha, por exemplo, para uma televisão, pensa: 29 ou 54 polegadas, digital, DASP, *timer* diagonal, *closed caption, trinorma*, estéreo, SAP, vendo por R$ 2.600 e ganho tanto de comissão.

Aí o nosso cliente raciocina: "É cara, mas é muito bonita, será que eu aprendo a operá-la? Será que minha mulher vai gostar ou os meus filhos? Será que as prestações são muito altas? Qual o juro embutido no preço a prazo? Será que eu vou poder pagar? Eu já ia poder ver a próxima copa do mundo nesta TV! Será que esta é a melhor marca? Este é o modelo mais moderno e atualizado da fábrica?".

Em última análise, o vendedor deve, antes de se preocupar em destacar vantagens do produto ou do serviço, enfocar o ponto de vista do cliente. Quais os benefícios, quais as vantagens competitivas que o cliente terá ao comprar seu produto ou serviço.

3.2.2 – Apresente ao Cliente o seu Mercado

3.2.2.1 – Mostre que o cliente não está atingindo todo o mercado

Antes de começar a vender o produto ou serviço, o vendedor deve 'vender' o mercado. Mostrar ao cliente que ele não está atingindo todo o mercado que poderia atingir, que não explora todas as possibilidades de seu negócio, que existem muitas vendas a realizar se aproveitar adequadamente os apelos de vendas do produto ou serviço que você está oferecendo. Na verdade temos de provar tecnicamente para o cliente que falta algo na empresa dele: nosso produto ou serviço.

É chegada a hora de falar em seu planejamento. Para que o vendedor seja bem-sucedido, mais uma vez, repetimos à exaustão: vendedor que não planeja não tem e não sabe o que vender!

Para poder afirmar que falta algo na empresa do cliente para ter mais lucro, é necessário que o vendedor seja realmente um *consultor*. Como ele irá assessorar o cliente se não tiver um plano bem elaborado, uma apresentação segura e argumentos realmente convincentes?

Não se esqueça de que raramente o seu cliente já tem todas as possibilidades de exploração do mercado esgotadas. Existem sempre novos nichos de mercado para ele cobrir todas as possibilidades comerciais. Vá a luta e descubra o que falta para seu cliente.

3.2.2.2 – Mostre que fatores benéficos estão estimulando o mercado

Ao mostrar ao cliente que ele atinge apenas parte do mercado e que existem novos mercados ou nichos, com muito boas possibilidades de obter lucros, o vendedor deve estar suficientemente seguro do que afirma. Essa segurança é obtida por meio de estudo e de planejamento muito bem elaborado, e das perspectivas que oferece o mercado do cliente, que deve ser do conhecimento do vendedor.

Em todas as épocas, há mercados específicos que sofrem crises e fases de prosperidade. Por uma questão de hábito, o cliente sempre está disposto a se lamentar e dizer que nunca está numa fase de prosperidade e de bons negócios, mas o vendedor que estudou realmente as suas possibilidades e as de sua empresa, deverá mostrar os fatores benéficos que estão estimulando aqueles mercados, e consequentemente, os seus negócios.

3.2.3 – Faça a Sua Oferta

3.2.3.1 – Ofereça todo o seu planejamento

Até o presente momento o vendedor vendeu apenas idéias. Mostrou ao cliente o seu mercado. Motivou o cliente para a busca ou conquista daquele mercado. Mostrou a maneira como aquele mercado pode ser atingido por meio do produto ou do serviço que está oferecendo; em última análise, 'vendeu' ao cliente a idéia de passar a trabalhar com o novo produto ou serviço.

É chegada a hora de concretizar sua oferta, cristalizar sua argumentação, por intermédio de um plano concreto, visível; é chegada a hora de passar da venda do imponderável para a venda do ponderável; é chegada a hora de mostrar fisicamente ao cliente o seu produto ou serviço para a solução das necessidades dele. E só existe uma maneira de fazer isso: apresentar o produto. Colocá-lo nas mãos do cliente. Assim ele pode ter o 'desejo de posse'.

Caso seu produto seja muito volumoso e não permita colocá-lo nas mãos do comprador, deve trabalhar então com miniamostras, ou catálogos completos com fotos que 'falem', com vídeos, disquetes ou CD-R etc. Só assim pode o vendedor partir para a sua oferta real, concreta e verdadeira.

3.2.3.2 – Apresente o produto ou serviço calma e ordenadamente

Tudo o que um profissional de vendas deseja na vida são os poucos minutos que o cliente lhe reserva para poder apresentar seu produto ou serviço.

É nessa hora que deve ser observado um cuidado fundamental, ou seja, a necessidade de uma apresentação, calma e tranqüila, de todas as características importantes e vendáveis do produto ou serviço. Essa não é a hora de se afobar. Sabemos que nesse instante nosso coração bate mais forte, que a adrenalina está a toda, mas devemos ter autocontrole e trabalhar pausadamente, professoralmente, atuando como *consultor*, e não como vendedor.

Como numa pescaria, é nessa hora que 'fisgamos o peixe'. Se puxarmos o anzol antes do tempo, a pesca ainda não será fisgada. Se demorarmos muito, o peixe come a isca e vai embora. Existe um ritmo a ser obedecido, que é a velocidade do raciocínio ou a compreensão do cliente. O ritmo é ele que define, por isso, lembre-se como ele é. Seja calmo e pausado e entre na 'onda' ou no ritmo de seu cliente.

A sua oferta ou planejamento deve ser apresentado sempre sob a forma de sugestão, para que o cliente não perceba que está sendo conduzido ou pressionado. Ele precisa pensar que tem o controle da venda. Apenas pensar.

Outra grande vantagem de apresentar nossa oferta como sugestão é que encontramos proteção para ajustes porventura necessários. Por outro lado, torna-se mais fácil para recuar um passo aqui ou avançar outro lá, para atender a uma insistência ou ponderação do cliente.

Se apresentarmos a oferta ou o planejamento como algo definitivo, rebatendo instantaneamente toda e qualquer objeção do cliente, possivelmente ficaremos em posição difícil, porque talvez existam pontos, colocações, produtos, serviços que não interessem tanto ao cliente.

Aliás, uma fórmula muito usada por hábeis vendedores é o uso da técnica do 'boi de piranha', que consiste na apresentação de alguns tópicos ou produtos com os quais sabemos de antemão que o cliente não irá concordar, apenas para poder dar razão a ele, e dar a impressão de que ele comanda a entrevista, enfim, ele é que decide.

No momento da apresentação de nossa oferta, não podemos perder nenhuma reação do cliente. Precisamos estar muito atentos à reação do cliente a cada produto ou serviço, a cada argumento, como ele procede até fisicamente na cadeira etc., sendo essa melhor maneira de medirmos sua aceitação. Lembre-se de que o cliente 'fala sem falar'. Vamos voltar a esse assunto mais tarde, no ato final da venda, na hora de tirar o pedido.

3.2.3.3 – Ofereça bastante para vender o ideal

É ponto pacífico, de inteiro domínio de qualquer comerciante, que se deve oferecer bastante, a fim de que o cliente compre um pouco mais do que desejava.

Nas vendas, a oferta alta – e mais do que alta, audaciosa – é básica e deve ser planejada e praticada tanto no sentido horizontal (novos produtos ou serviços) quanto no sentido vertical (mais unidades por produto ou serviço).

Entretanto, daí, a necessidade de considerarmos, em nosso planejamento, o verdadeiro potencial do cliente, a fim de que a ele possamos adequar a oferta alta. A oferta alta é fundamental e indispensável ao sucesso do vendedor, porque:

a) Predispõe o cliente a realizar uma compra maior.
b) Transmite convicção ao cliente.
c) Valoriza o cliente e sua empresa.

Não há razão alguma para o temor dos vendedores novatos, de oferecer com audácia. Não existe notícia de nenhum vendedor que tenha sido agredido ou ofendido por ter oferecido de forma ousada. Vende mais quem oferece mais alto! O que se faz necessário é estar preparado para oferecer alto.

Para poder oferecer alto e com êxito, é necessário:

1. Excelente planejamento de cada venda.
2. Perfeito preparo técnico do vendedor.
3. Autoconfiança, otimismo e determinação.

Existem dois cuidados que devem ser tomados pelo vendedor na oferta alta:

a) Não oferecer exageradamente para, depois, reduzir bruscamente. O cliente sabe até onde pode ir e o que pode gastar ou investir; durante a entrevista está constantemente analisando o bom senso do vendedor. É preciso que esse se contente em oferecer bem, mas sem exageros que levem o cliente a desconfiar das suas intenções.

Oferecer bem não significa despejar todo o estoque de sua fábrica no pátio do cliente. O importante, no caso, é a adequação da oferta alta, que está na dependência, como já vimos, de vários fatores, como:

- Potencial do cliente.
- Seu poder aquisitivo.
- Suas condições, atuais, de pagamento.
- Situação de sua concorrência.
- Seu estoque.
- Fatores benéficos influentes no seu mercado.

b) Não apresentar a oferta alta como a única solução para o cliente.

Em outras palavras, o vendedor precisa deixar aberta a porta dos fundos, para a redução de sua oferta. Com efeito, a oferta alta é feita exatamente para ser ajustada, para ser reduzida, desde que observados os cuidados necessários.

Se o vendedor colocar o plano de oferta alta como a única solução, a única alternativa para o cliente, ele se encontrará sem condição de reajustá-la quando ficar evidenciada a incapacidade aquisitiva do comprador.

E, é claro, ninguém deseja fazer uma compra (embora inferior à primeira oferta) que não lhe garanta a solução perfeita para o seu problema de consumo ou de sua necessidade.

3.2.3.4 – Use a concorrência como argumento de venda

Concorrer é competir, é disputar comercialmente. Assim sendo, nada mais justo que cada um dos competidores esteja sempre empenhado em descobrir os melhores meios de superar os seus concorrentes.

No regime capitalista e de livre iniciativa, todo o mundo tem o seu concorrente. Aliás, a concorrência é saudável e necessária. Ela é uma das molas mestras do mercado.

Desse modo, é muito importante que o vendedor conheça os principais concorrentes de seu cliente, e como conseqüência, acabe conhecendo todo o seu ranking de mercado.

Esse conhecimento é extremamente positivo e necessário para que o vendedor possa planejar, oferecer e vender para seus cliente. E, inclusive, terá também melhores condições para fidelizar sua clientela.

Usar a concorrência para vender mais, é uma postura aceitável, mas deve ser feita com cuidado e com muita ética, senão o cliente poderá desconfiar que as informações – que o vendedor tem sobre ele e sua empresa – serão utilizadas para prejudicá-lo, acreditando que vendedores são venais e não guardam sigilo. Em última análise, que não são confiáveis.

É necessário que o vendedor, por meio de pesquisa para planejar a oferta, identifique e localize os verdadeiros concorrentes de seu cliente.

O uso da concorrência varia conforme determinadas circunstâncias, em virtude de fatores como:

- Nível do cliente.
- Características do cliente.
- Grau de intimidade do vendedor com o cliente.
- Características do vendedor.

Quando tratamos com um cliente de nível social, de inteligência e cultura elevada, cuja entrevista esteja transcorrendo em ambiente formal, o uso desse recurso só é recomendável de forma velada, por exemplo: "O senhor Fulano, da firma tal, quando fez a última compra comigo, preferiu colocar em linha apenas mais dois produtos (mencionar quais) e estão tendo um bom giro. No seu caso, o senhor prefere incluir todos os cinco ou ficamos apenas com os mesmos dois produtos mencionados?"

Em situação semelhante, se a entrevista for mais informal e mais amistosa, a concorrência poderá ser mencionada de forma clara, mas não agressiva, por exemplo:

"Veja, a firma tal, que parece ser sua concorrente, está obtendo muito bom resultado em vendas com os dois novos produtos que introduziu em linha. Seria bom que nós considerássemos isso, na sua decisão de compra".

Para o cliente pouco amigável e fechado, aconselhamos o uso velado e sutil da concorrência. Para o cliente amistoso informal e vaidoso podemos usar a concorrência de forma clara, mas não agressiva.

Quando a entrevista acontece em ambiente de intimidade, quaisquer que sejam as características e o nível do cliente, a concorrência poderá ser explorada de maneira até um pouco agressiva.

Existem vendedores que conseguem com grande facilidade, o 'amaciamento' de seus clientes. Para esses, torna-se fácil o uso claro e agressivo da concorrência. São profissionais que conseguem fazer com o cliente um verdadeiro jogo de gato e rato. Para outros, que não têm o mesmo traço de personalidade dos 'gatos', aconselhamos mais cautela. Todos, porém, devem usar esses recursos procurando a forma mais afinada com o seu temperamento e estilo de trabalho.

3.2.3.5 – Retroceda, se necessário, para eliminar dúvidas

Se porventura surgirem algumas dúvidas durante a apresentação, devemos voltar e reiniciar a explanação antes de prosseguir. Fazendo isso, nós assumimos com o cliente uma posição, não de vendedor, mas sim de comprador. Na verdade, assumimos uma posição de *consultor*.

Quando estamos assistindo a um filme, sentimos a necessidade de compreendê-lo, senão não gostamos e não nos divertimos. E vendo um filme, não existe responsabilidade e tampouco maior preocupação de nossa parte. Agora imagine alguém nos oferecendo algo que não compreendemos. Que atração, que interesse, terá o que nos está sendo oferecido? Nenhum é a resposta. Tudo passa a ser tumultuado, difícil e desagradável. Representará um sacrifício continuar a ouvir a explicação do vendedor que não teve a sensibilidade necessária para perceber que já o havíamos 'desplugado'.

Ao fazer a sua exposição por inteiro, calma, ordenada e entusiasticamente, tem o vendedor que demonstrar perfeito conhecimento de seu produto ou serviço, mas também estar alerta para as reações do cliente. Ao sentir que esse não compreendeu muito bem sua explicação deve o vendedor parar para aclarar o que não ficou devidamente entendido, para depois então prosseguir.

O que não gostamos para nós, o cliente também não gosta. Ouvir um vendedor 'enrolar' uma apresentação é coisa que não atrai ninguém. O vendedor tem de atrair e conservar a atenção do comprador para o seu produto, para o seu serviço.

3.2.3.6 – Responda corretamente às perguntas sobre preço

Entramos aqui em um momento da venda que assusta muito vendedor: o preço. Entretanto, sabemos que esse aspecto tem valor relativo em todas as vendas que se realizam. Na verdade, com a abertura da economia, com a globalização, e com a concorrência cada vez mais acirrada, os preços estão muito parecidos. O comércio compra seus produtos das mesmas fontes e a preços praticamente iguais. Mesmo com *mark up* variável, o preço final não tem grandes diferenças.

Existe uma vertente de profissionais de marketing que afirma não ser mais o preço o grande diferencial na hora da compra. Ou seja: o cliente não procura preço. Ele exige, em primeiro lugar, um bom atendimento, seguido de qualidade do produto ou do serviço, assistência/troca, e depois o preço.

Outra vertente afirma: quem não tiver preço e qualidade está alijado do mercado. O diferencial então é o atendimento. Não importando qual corrente mercadológica tenha razão, o fato é que o atendimento é que faz hoje a grande diferença.

Com a velocidade das informações, com a internet, hoje qualquer produto ou serviço lançado no mercado é copiado instantaneamente. Qualquer nova tecnologia é copiada, aperfeiçoada e lançada em questão de dias.

Qual a tecnologia difícil e muito demorada de copiar? É o atendimento. Como um bom atendimento é sinônimo de gente, a concorrência demora muito tempo para tê-lo disponível e para poder competir, pois sabemos que *gente* é difícil de copiar.

E qual o tratamento adequado, ou o esquema que o vendedor deve empregar para superar as perguntas ou os problemas referentes a preço? Vamos lá:

1. Certificar-se de que o cliente 'comprou' a idéia da utilidade de seu produto ou serviço.

   Se o profissional de vendas sentiu que o cliente não se convenceu de que aquele produto ou serviço seja uma necessidade para seus negócios, não deve dizer o preço, pois se o fizer, poderá esperar uma reação negativa de sua parte.

   Qualquer que seja o preço o cliente achará 'caro'. Por quê? Porque o comprador não sentiu a necessidade de ter aquele produto. Porque ele não 'viu' as vantagens que o vendedor lhe expôs, não sentindo que precisa do produto ou serviço para desenvolver o seu negócio.

   Nesse caso, o vendedor falhou na sua oferta e não conseguiu motivar o cliente. Aí o vendedor deve voltar ao início da oferta e demonstrar enfaticamente a utilidade do produto ou serviço, que ele possa superar os seus concorrentes, e assim por diante.

   Enfim, é preciso mostrar a importância de trabalhar com nosso produto ou serviço para a melhoria de seu negócio.

2. Dar o preço total da venda planejada, e não apenas de um produto ou serviço.

   Venda o 'pacote', ou seja, o preço total do que foi planejado e/ou ofertado.

   Mesmo que o cliente não venha a comprar o 'pacote', cria-se em sua cabeça um valor alto para a compra. Isso psicologicamente pode ser muito bom, desde que o vendedor saiba conduzir a venda de forma segura e inteligente. Muitas vezes essa tática pode não funcionar, por passar a idéia ao cliente de que a empresa vendedora pratique preços altos. A venda do 'pacote' é um recurso técnico ético e admissível. Mais tarde chegará o momento de ir às minúcias, com o vendedor detalhando os preços de cada item da oferta.

3. Usar a 'técnica do sanduíche'.

   Se o vendedor disser pura e simplesmente o preço de seu 'pacote' ou mesmo de um único item e, ficar esperando pela reação do cliente, muito provavelmente irá receber por parte desse uma atitude negativa.

   Então, em vendas, convencionou-se denominar de 'técnica do sanduíche' o expediente, técnico e ético, que o vendedor deve usar ao dizer o preço total ou parcial de sua oferta. Esse recurso baseia-se no seguinte: ao dizer o preço total ou mesmo parcial, o vendedor o antecede de benefícios, vantagens competitivas e imediatamente faz comentários sobre as vantagens que aqueles produtos ou serviços trarão para o cliente. Como por exemplo, quando o cliente pergunta: "Mas, quanto custa?". Ou "Qual é o preço?".

   Assim o vendedor responde: "Pois bem senhor, de acordo com o que acabamos de estipular como o ideal para sua empresa, teremos o pedido mencionado, que é composto de tais e tais produtos, com tais e tais características, tais e tais qualidades, que custa R$ 12.500,00, cuja mercadoria tem tais e tais características, tais e tais qualidades e que será entregue até tal dia. Aliás, parabéns pela compra, já que o senhor escolheu os nossos produtos com melhor giro".

   O vendedor não pode dizer o preço pura e simplesmente. Ele tem de ser *ensanduichado*, colocando antes e depois dele as principais vantagens ou benefícios que o cliente terá com a compra.

   Se o vendedor fornecer o preço seco, sem amaciar, o cliente esquece as vantagens que acabaram de ser expostas e passa a raciocinar apenas em função do desembolso, da despesa que terá para realizar aquele negócio. O preço é a pimenta, que deve ser servida ao cliente, mas recoberta (antes e depois) de muito doce (vantagens e benefícios).

O vendedor deve treinar para aprender a *ensanduichar*, inclusive com algumas frases previamente preparadas.

4. Diga o preço claramente, mas sem muita ênfase.

   O vendedor deve dizer o preço como se estivesse dizendo a coisa mais natural deste mundo. Existem vendedores que tem receio de dizer o preço, principalmente quando a oferta é alta e ao apresentá-lo dão ênfase especial às suas palavras, destacando os números demasiadamente. Isso sem dúvida vai prejudicar a venda. O preço deve ser dito, pura e simplesmente com a voz natural e, logo após, deve, então, com voz enfatizada, com entusiasmo, serem destacados os benefícios e as vantagens competitivas daquela compra.

   Responder corretamente às perguntas sobre preço é dizer quanto custa na hora certa, ou seja, após a exposição completa de nosso plano ou oferta. É aconselhável dar o preço total do *pacote*, como um todo; *ensanduichar* o preço expondo imediatamente as vantagens ou diferencial; e, finalmente, não lhe dar maior destaque.

3.2.3.7 – Não deixe o cliente arrematar parte da oferta

Muitas vezes o cliente, ao sentir que está lidando com um profissional competente que será capaz de vender-lhe muito mais do que costuma comprar (especialmente quando percebe que o vendedor está agora trabalhando com um planejamento), usa de um estratagema ou de um *truque* que podemos considerar inteligente. Ele trata de cortar a apresentação, dizendo que vai comprar o que sempre comprou, e talvez até inclua em sua linha mais um produto novo. Isso tudo para fugir de uma oferta de vários outros novos produtos. O vendedor não deve aceitar o arremate parcial, pois o problema do fechamento da venda é muito importante numa negociação.

Se o cliente manifestar interesse em fechar a venda e o vendedor aceitar, ele estará vendendo bem menos do que poderia. Nesse ponto, quando o cliente compra, podem estar ocorrendo duas situações: primeiro porque ele sente que se continuar poderá ser levado a comprar mais; e, segundo, pode estar comprando de uma forma insegura, de maneira transitória, e amanhã ou depois cancelará o pedido porque comprou inadequadamente.

Não devemos permitir que arremates antecipados eliminem nossa chance de vendas; quando o cliente precipita um fechamento, ele, intencionalmente ou não, está acabando com a nossa oportunidade de vender. Muitas vezes, essa vontade de arrematar que ele demonstra é sinal que devemos apressar com a entrevista, que devemos rapidamente chegar ao final, abandonando os detalhes e tratando do todo para fechar o negócio com seu consentimento ou assinatura.

3.3 – Sustentação

3.3.1 – Não Tema as Objeções

3.3.1.1 – O verdadeiro sentido das objeções

Tratar as objeções e fechar ou arrematar a venda são, sem dúvida, as etapas mais importantes de uma entrevista.

A maioria dos especialistas é de opinião que a venda começa, realmente, quando o cliente apresenta a primeira objeção. Da mesma forma acreditam que nessa hora os verdadeiros vendedores provam a sua eficiência, enquanto os medíocres desanimam e põem a perder inteiramente o trabalho anterior.

Todo vendedor, em toda entrevista, tem que enfrentar algumas objeções. Não existe comprador que não objete algo em um momento qualquer de uma entrevista de vendas. Por isso mesmo, os bons vendedores sabem que o preparo para tratar das objeções é tão vital quanto o preparo necessário às demais fases do trabalho.

Quando o vendedor inexperiente se dá conta de que as objeções apresentadas pelos clientes constituem uma parte natural do processo da venda, passa a considerá-las mais como oportunidade de vender, do que um obstáculo à sua eficiência profissional. Passa a entender que objeção é sinal de interesse do cliente em comprar. Na verdade, o vendedor só inicia a venda, por meio do levantamento de objeções, quando o cliente começa a criar obstáculos.

Quando o homem comum pensa seriamente em adquirir alguma coisa, imediatamente reflete sobre as razões de não fazê-lo. Isso acontece mesmo que ele já possua o íntimo desejo de comprar e que, praticamente, se tenha decidido a isso. É uma resistência normal, que precede a decisão de compra.

Quando o cliente diz que o produto é caro, quer saber por que deve pagar esse preço. O vendedor deve, portanto, responder sempre com paciência às objeções. Deve-se tirar proveito das objeções mais comuns, transformando-as em possibilidades de vendas; deve-se verificar quais as objeções mais freqüentes – elas em geral são sempre as mesmas – e preparar a argumentação. Uma vez que a maioria das objeções não é original, os esforços do vendedor ficam muito mais simples, pois ele pode se concentrar em dar forma tão dramática, quanto possível, à resposta que já lhe é familiar.

Além das respostas preparadas, o vendedor, à medida que adquire prática e domínio de cada segmento que trabalha, vai reunindo fatos tirados da experiência pessoal, que lhe permitem argumentar com um entusiasmo sincero e convincente.

As objeções podem aparecer antes, durante ou depois da entrevista. Todas as dúvidas e objeções devem ser tratadas na hora em que aparecem, do contrário tendem a se solidificar, a aumentar, ou seja, a crescer.

Se o vendedor protelar a solução ou pretender ignorar aquela dúvida ou objeção, pensando que nada mais pode acontecer, ele, na verdade, estará se enganando. Agindo assim, fará com que aquilo que era algo simples comece a transformar-se em algo complexo, e aquilo que deveria ter sido tirado do caminho continuará lá e acabará impedindo que se possa prosseguir normalmente.

3.3.1.2 – As diferentes espécies de objeções

Já vimos que raros são os negócios que um vendedor realiza sem tratar de objeções. Toda oferta depara com objeções quando o cliente se interessa verdadeiramente.

Queira ou não, o vendedor deve conhecer as objeções do cliente que deseja convencer. Nada adiantará ignorá-las, e uma conversação franca e direta, sem polêmica, é o único modo de resolver o problema.

Só há um tipo de objeção perigosa para o vendedor: é aquela que ele não pode tratar, seja por deficiência de seu produto ou serviço, seja por incapacidade profissional. Para tratar as objeções corretamente, é absolutamente indispensável:

a) Conhecer o produto ou serviço que se oferece.

b) Conhecer o cliente, seu mercado, suas necessidades, sua concorrência.

c) Conhecer as objeções comuns ao seu negócio e os melhores argumentos que lhe podem ser contrapostos.

d) Dominar as técnicas de tratamento das objeções, satisfazendo ao ego dos entrevistados e não as convertendo em pontos de polêmica.

Quanto aos itens *a* e *b*, trata-se de assunto exaustivamente tratado em seções anteriores. Vejamos o que é necessário saber sobre os itens *c* e *d*.

Primeiramente, vejamos quais as diferentes espécies de objeções.

Poderíamos classificá-las, inicialmente, em duas grandes categorias: as objeções *caladas* e as objeções *faladas*. As objeções caladas são aquelas em que o cliente não quer ou não ousa expressar sua opinião. Fecha-se em 'mutismo religioso', recusando-se, todavia, a fechar o negócio.

E como vencer uma barreira que não conhecemos? Como responder a perguntas que não são feitas? Como saber superar e desfazer as dúvidas que não são expressas?

Fazendo com que o cliente fale! É preciso tirar o cliente de seu mutismo, pois a venda é resultado de um diálogo entre partes interessadas: vendedor e comprador. E para fazer o cliente falar, deve o vendedor usar uma palavrinha que alguns vendedores campeões acham a mais importante que se conhece: "Por quê?".

Existem verdadeiros tratados em técnicas de vendas para se fazer o cliente falar e transformar as objeções caladas em objeções faladas. Ao expressar sua opinião, o cliente abre as portas para que o vendedor entre com as argumentações e elimine todas as dúvidas existentes.

É preciso fazer com que ele fale, e, para isso, deve-se usar o método da pergunta: "Por que o senhor não tem comprado os nossos produtos? ", ou "Qual sua opinião sobre este produto ou serviço que lhe apresentei?", ou "Qual dos dois produtos o senhor mais gostou?". E assim por diante.

Com essa técnica, conseguiremos transformar as objeções *caladas* em *faladas* e, ao fazê-lo, verificaremos que essas, por sua vez, se subdividem em três categorias: as *maldosas*, as *procedentes* e as *estratégicas*. Veremos com tratar adequadamente cada tipo de objeção.

3.3.2 – Trate Adequadamente as Objeções

3.3.2.1 – Desvie-se das objeções maldosas

As objeções maldosas ou acerbas, em alguns casos, são ditadas pelo mau humor. Na maioria das vezes, porém, fazem o vendedor perder o sangue-frio, perturbar a argumentação, deslocar o assunto para um ponto alheio à oferta, onde ele, o cliente, sinta-se em igualdade de condições com o vendedor. Quase sempre o cliente, nessa situação, adota idéias dos outros, que não refletem sua própria opinião.

O vendedor deve ter cuidado para não entrar nessa astuciosa armadilha, pois se o fizer estará, em poucos minutos, envolvido em estéril discussão, esquecido de sua oferta e de seus verdadeiros argumentos de vendas. E o que é pior, se perder a discussão, perderá a venda.

Na realidade, as objeções maldosas devem ser *dribladas*. O vendedor tem de desviar delas, naturalmente, com técnicas e cuidados especiais. Veja algumas maneiras de fazer isso:

a) Ignorá-las com um sorriso.

Algumas vezes obtém-se mais êxito e economiza-se mais tempo ignorando-se esse tipo de objeção. Principalmente se ela for uma simples experiência para verificar a reação do vendedor. Respondê-la é dar uma importância que de fato nem possui. Não se esqueça que os compradores também estudam e freqüentam cursos especiais para se tornarem mais eficientes.

De fato, para que o vendedor permaneça mais agradável aos olhos do cliente, é importante um sorriso simples, simpático (nunca sarcástico ou zombeteiro!) que diga mais ou menos o seguinte: "Senhor Fulano, eu sei que o sr. não está falando isso a sério".

b) Pedir para o cliente voltar mais tarde àquele ponto.

Em geral, a continuação da conversa o fará renunciar à sua crítica, e ele acabará por preocupar-se com o verdadeiro assunto da entrevista, que é a análise da oferta que lhe está sendo feita.

c) Dar razão ao cliente e prosseguir na apresentação.

Na maioria das vezes o cliente fica surpreendido pela inesperada concordância do vendedor e resolve abandonar a tática da objeção maldosa ou acerba. De qualquer modo, o vendedor deve, após concordar rápida e superficialmente, dirigir a entrevista para os pontos que realmente interessam ao cliente, quais sejam: a vantagem de estar comprando o produto ou serviço da empresa, sua superioridade quanto à qualidade, ao atendimento diante da concorrência, seus lucros, seus novos negócios etc.

3.3.2.2 – Admita e remova as objeções procedentes

O vendedor deve lembrar-se de que existem objeções procedentes, legítimas, que o cliente realmente sente e que o levam a não querer fazer o negócio. E o vendedor, ao sentir que a objeção levantada pelo comprador é procedente, deve tratá-la com todo o respeito e atenção, procurando superá-la sempre que possível.

Nós dividimos as objeções procedentes em dois grupos: *irredutíveis* e *contornáveis*.

Como exemplos de objeções *irredutíveis* podemos citar: falência, concordata, despejo etc. Não há, na realidade, condições de superar esses tipos de objeções, pois elas implicam uma situação de fato, diante da qual nada pode o vendedor fazer.

Como exemplos de objeções procedentes *contornáveis*, podemos citar: má imagem da empresa vendedora, inadimplência do comprador, falha no produto ou serviço entregue na venda anterior, troca não realizada etc.

Para com essas deve o vendedor adotar a atitude de relações públicas, entrando a fundo no problema e dispondo-se a ajudar o cliente a resolvê-lo.

É preciso que o vendedor não se esqueça de que o comprador tem, normalmente, capacidade de análise da sinceridade do vendedor, e que se esse estiver apenas procurando 'tapar o sol com a peneira', na realidade não se dedicando ao problema exposto, o cliente perderá por completo a confiança no vendedor e na empresa que ele representa.

Esse tipo de objeção tem o dom de paralisar a venda. Ao defrontar-se com uma objeção procedente que 'trava' a venda, deve o vendedor mais uma vez assumir a postura de um relações públicas, procurando orientar o cliente para a solução definitiva do seu problema.

As objeções, muitas vezes, podem parecer absurdas para o vendedor, mas é preciso que esse veja a questão como o cliente a vê e adotar uma atitude de amigo, conselheiro, colaborador, *consultor*.

Nessas situaçãoes, é preciso realizar um bom trabalho de ajuda e de assessoria, tratando o comprador como um amigo, nunca como um inimigo. Com isso, o vendedor torna a criar um ambiente amistoso e propício para a consolidação de mais um negócio.

3.3.2.3 – Responda corretamente às objeções estratégicas

As objeções estratégicas são aquelas que escondem um pedido de informação, que dissimulam um interesse especial sobre a qualidade e o valor do que está sendo oferecido ao cliente.

O cliente sabe, instintivamente ou não, que se disser "Prove-me que realmente seu produto ou serviço irá incrementar o meu negócio", ficará refém do vendedor, pois ele está dando sinais inequívocos de seu interesse em fechar a compra. Então, utiliza uma estratégia sutil e inteligente e declara: "Tenho um amigo ou conhecido que comprou o seu produto ou serviço, mas ele não obteve nenhum resultado".

O vendedor para tratar essa objeção terá de fazer exatamente aquilo que deseja o cliente, ou seja, provar, com fatos, números e argumentos concretos o que acontece com quem compra seus produtos ou serviços. Essas são as objeções mais freqüentes e mais comuns em vendas. E isso é muito bom, porque elas, tendo por fim a obtenção de informações mais precisas, constituem-se em muito bom augúrio para o vendedor. São a prova de um interesse verdadeiro; despertam a atenção do vendedor para as lacunas de sua apresentação e propiciam oportunidade de preenchê-las.

Essas perguntas disfarçadas provam que o cliente tem necessidade de explicações ou de demonstrações absolutamente convincentes. Se as respostas forem claras, calmas, seguras e persuasivas, colocarão o vendedor a um passo do fechamento da venda.

Vamos conhecer, a seguir, as objeções mais freqüentes a todos os tipos de vendas e a melhor maneira de tratá-las.

3.3.3 – Use as Técnicas Recomendadas

3.3.3.1 – Escute com atenção

Há inúmeros livros, tratados, cursos e uma infinidade de meios para se ensinar como 'falar bem', mas nada se faz para explicar a importância de 'ouvir bem'. E todos nós temos necessidade de sermos ouvidos. Todos nós gostamos das pessoas que nos ouvem com atenção.

Para o cliente, ser ouvido é: ser respeitado, acatado, engrandecido. E todas as pessoas gostam de se sentir em uma posição de destaque perante seus semelhantes. Poucos vendedores escutam calmamente o que o cliente quer dizer.

Quantas falhas teríamos evitado ou quantas oportunidades teríamos aproveitado, se tivéssemos tido a paciência de deixar as outras pessoas terminarem o que têm para nos dizer. A mais comum observação que o nosso cliente faz é com relação ao preço. E às vezes o vendedor já sabe o que vai ouvir e não deixa o cliente terminar a sua objeção. Ele pensa "Pronto lá vem outro cliente me dizer a mesma coisa", e diz: "Já sei o que o senhor vai me dizer, mas acontece que...". Esse procedimento está errado! Embora já se saiba o que o cliente vai dizer, deve-se deixá-lo falar. É até um processo psicológico. É necessário que ele fale, que extravase. E não há nada mais desagradável do que ser interrompido por um 'sabe-tudo'.

A primeira grande regra para haver entendimento (e vender é entendimento) é o respeito mútuo, e o direito que ambas as partes têm para expressar suas opiniões.

Para o vendedor, ouvir observações sobre o preço e outras objeções já é rotina, mas para o cliente, não; para ele isso é um 'achado' que precisa expressar. Ele não pode concordar pura e simplesmente. Isso não é natural no ser humano. Fica parecendo que ele não tem opinião formada, que concorda com tudo, e ninguém gosta de se sentir nessa condição.

Levantar objeção é para o cliente uma forma de afirmação pessoal, para que o vendedor o respeite como homem de negócios; é, portanto, muito importante que o vendedor compreenda isso e respeite o seu direito de expressar suas opiniões. Ouvir com atenção é uma demonstração de respeito e compreensão para aquela 'descoberta'. Não se deve roubar do cliente o prazer de ouvir a voz dele, a mais bonita que ele conhece.

3.3.3.2 – Repita com ênfase especial

Após ouvir uma objeção do cliente, é muito útil que o vendedor a repita com suas próprias palavras. Antes de responder a ela, é melhor repeti-la com ênfase especial, alterando um pouco a voz, de modo que o cliente perceba que o vendedor compreendeu exatamente o que ele quis dizer. A repetição dará tempo para pensar e respirar, e deita por terra qualquer ressentimento ou mal-entendido que possa existir.

Se o vendedor não fizer isso, o cliente passará a distrair-se com seus pensamentos, em vez de lhe dar atenção.

A fim de libertar o seu espírito de preocupações, bloquear qualquer ressentimento possível e garantir sua atenção para os argumentos de vendas, deve o vendedor 'esvaziar' sua objeção, repetindo-a com entonação especial.

O cliente diz, por exemplo: "Eu não acredito que *merchandising* possa vender mais numa loja como a minha". E o vendedor responde: "O senhor não faz muita fé em promoção de vendas, em *merchandising* na loja? Interessante. Eu também pensava como o senhor. Hoje, no entanto...".

A objeção foi repetida, satisfazendo ao ego do cliente que se sente levado a sério, mas soou aos seus ouvidos de maneira mais branda, difusa, destituída da importância inicial. Outros vendedores gostam de repetir a objeção com ênfase, para ficar registrada a 'bobagem' que o cliente disse. Depois, pela contra-argumentação, irá destruir a posição que foi sustentada pelo cliente. É uma forma de deixar registrada uma falha do cliente, que pagará caro pela afirmação, que, no entender do bom profissional de vendas, não tem o menor fundamento.

3.3.3.3 – Concorde primeiro para explicar depois

A concordância deve ser utilizada para demonstrar simpatia para com o cliente e para dar a entender que o vendedor o considera uma pessoa perfeitamente sensata e razoável por sentir-se daquela maneira. O cliente sente que o vendedor não deseja contrariá-lo nem destruir totalmente seus argumentos.

Aparentando estar de acordo com as idéias do cliente, o vendedor afaga a sua vaidade, aplaca qualquer eventual preconceito ou ressentimento e, o que é mais importante, cria uma atmosfera de acolhimento para os seus argumentos de vendas.

Eis alguns exemplos de comprovada eficiência:

- "Entendo perfeitamente o que o senhor quer dizer, mas..."
- "Alegro-me que o sr. tenha dito isso, porque o sr. sabe que..."
- "O seu comentário é muito sensato, mas devemos nos lembrar de que..."
- "Tal observação demonstra sua capacidade como empresário ou como comprador, mas não podemos no esquecer de que..."
- "No seu lugar eu diria o mesmo, porém há a considerar que..."
- "O sr. tem razão em mostrar-se cauteloso quanto a este aspecto, contudo..."
- "Há algum tempo eu diria o mesmo, mas veja..."
- "O sr. em parte tem razão, mas há de convir que..."
- "Esse é um pensamento perfeitamente natural, mas..."

- "Dou-lhe razão de pensar assim, mas..."
- "Esse é um ponto importante a ser considerado e fico contente que o sr. o tenha mencionado. Vejamos..."
- "Aprecio bastante a idéia que o sr. tem a este respeito e que, realmente, merece cuidadosa consideração, mas..."
- "Eis uma idéia interessante! Vejamos se podemos analisá-la..."
- "Realmente, parece ser assim. Contudo se considerarmos o problema sob este ângulo..."

3.3.4 – Conheça as Objeções mais Freqüentes em Qualquer Ramo de Negócio

3.3.4.1 – Levantamento e tratamento das objeções

1ª - Preço alto. É caro!

Objeção sobre preço combate-se com a qualidade do produto ou serviço. Deve-se falar sobre valor, qualidade, utilidade, eficiência, rendimento, satisfação, serviço, resultados e prestígio.

Muitas vezes esta objeção tem duas vertentes, a saber: a) O cliente acha caro o produto ou serviço em relação ao preço do mesmo produto ou serviço, que já viu em outro local; b) O cliente acha caro o produto ou serviço por seu preço intrínseco.

2ª - Produto ou serviço não tem qualidade, ou cliente acha que é caro por sua baixa qualidade.

A resposta é muito parecida com a anterior. Contudo, se seu produto ou serviço for voltado para uma faixa de público de classe 'econômica', você não poderá usar a mesma argumentação. Em suma, deve mostrar que o preço é apropriado ou equivalente à qualidade.

3ª - Falta de condições de pagamento (prazo, financiamento, desconto etc).

O vendedor deve tomar cuidado para não se transformar em um profissional 'muito dado', ou seja, que gosta de dar desconto, de dar prazo, ou vantagens que o cliente não pediu. Primeiro pergunte qual o prazo ou desconto de que o cliente necessita, antes de já ir oferecendo, pois muitas vezes ele deseja se enquadrar automaticamente no perfil e nos valores determinados pela empresa.

4ª - Baixo poder aquisitivo do cliente ou crise no mercado. O Brasil está em crise!

As crises no Brasil são muito antigas e jamais interferiram no seu inegável desenvolvimento. Lembre-se do livrete *O Brasil está à beira do abismo!*, mas nunca caiu e nem cairá.

É justamente nos momentos de crise que devemos ser mais agressivos com o mercado, oferecendo novos produtos ou serviços. É nessa hora que devemos avançar sobre o mercado do concorrente. Nos momentos de crise os incompetentes recuam e os audaciosos e os ousados tomam novas iniciativas. É nas crises que o mercado se torna mais seletivo, exigindo melhores produtos ou serviços e também melhores profissionais.

5ª - Não-disponibilidade de produto ou serviço para o cliente levar no ato (pronta entrega), ou linha restrita de modelos, de cores, de tamanhos etc.

Nunca se deve dizer ao cliente que o produto ou serviço não está disponível. Hoje é muito fácil conseguir o suprimento de algo, quase que instantaneamente. Se não está disponível, pergunte para quando o cliente vai necessitar. Ao saber a verdadeira data da necessidade do cliente, torna-se mais fácil acionar a logística da empresa para atendê-lo. Aliás, é recomendável fechar o negócio e marcar data para a entrega, pois normalmente os pagamentos também são programados.

6ª - Frete alto ou problemas com entrega, ou o concorrente fornece o frete.

É importante conhecer a política de frete do setor que a empresa atua. Via de regra, o vendedor ao receber esta objeção acaba se transformando em *vendedor de frete*. Isso está errado. Ele vende produtos ou serviços. Na verdade, hoje o moderno profissional de vendas é um solucionador de problemas ou um prestador de serviços. Se o cliente fizer muita questão do frete e o pedido for de certa monta, poderá ser incluído no preço geral, mas cuidado com essa prática, pois, no futuro, o cliente sempre vai querer receber o frete, mesmo em pedidos pequenos.

7ª - Falhas de garantia, assistência técnica, instalação, pós-venda etc.

Deve-se demonstrar ao cliente que a empresa só trabalha com produtos ou serviços normalizados, ou seja, de acordo com as normas exigidas pela legislação brasileira, por exemplo, da ABNT, do Inmetro etc. É preciso mostrar que o fabricante dá a sua garantia, que a loja também fornece a sua (afinal os dois são co-responsáveis perante o Código de Defesa do Consumidor, se for uma loja que está vendendo), e que o cliente também terá a garantia do vendedor, pois ele deve representar uma marca da mais alta qualidade e confiança. O vendedor deve orientar o cliente sobre como usar a assistência técnica, como fazer a instalação, onde conseguir serviços etc.

8ª - Produto ou serviço desconhecido no mercado. Não conheço o produto ou o serviço de vocês!

Esta objeção tem duas vertentes, a saber: se o produto ou o serviço é conhecido pelo mercado, mas o cliente não o conhece; ou se de fato é desconhecido.

O vendedor deve informar ao cliente que sua empresa só trabalha com produtos de qualidade, e que, desse modo, empresa e vendedor se responsabilizam por tudo o que vendem. É preciso deixar claro que o produto é conhecido, divulgar quem está comprando ou usando, discorrer sobre as características, as qualidades, a utilidade, as vantagens, os ganhos que o produto ou serviço proporcionam etc.

9ª - Hoje só estou olhando ou pesquisando ou colhendo preço.

A essa situação, deve-se responder da seguinte maneira:

- "Que bom. Então veio olhar (ou pesquisar) no local certo. O que deseja olhar (ou pesquisar)? Vamos então olhar (ou pesquisar) a quatro olhos, para vermos melhor."
- "Estou ao seu inteiro dispor para olharmos e pesquisarmos juntos."

Nunca o vendedor deve dizer "Então fique à vontade" e virar as costas deixando o cliente sozinho. Deve encontrar uma maneira de poder participar do 'olhar e pesquisar' do cliente. Normalmente, isso acontece nas vendas de varejo.

10ª - Mau atendimento do vendedor

Esta é a *objeção* que mais ocorre no ato da venda, mesmo quando existe fechamento, e a mais importante de todas. Em nenhum momento o cliente irá dizer ao vendedor: "Olha, eu não comprei hoje, porque você foi incompetente, durante a entrevista".

Ocorrendo falhas no atendimento do vendedor, o cliente fica quieto, simplesmente não compra, vai embora e lá se foi nossa venda e nosso cliente. E o que é mais grave, o profissional não sabe que falhou e continua a jogar clientes e negócios pela janela.

Para que esse fato não ocorra, o profissional de vendas deve sempre estar em constante aprendizado. Deve ler, estudar, freqüentar cursos, participar de seminários, de reuniões, de palestras e deve ter outras iniciativas para estar em constante desenvolvimento profissional.

3.3.5 – Conduza a Entrevista para o Arremate

3.3.5.1 – Converta as objeções em possibilidades de venda

Sabemos agora por que existem as objeções e o que elas representam. Podemos dizer que, sob a forma de objeções aparentemente negativas, há sinais que demonstram apenas necessidades de esclarecimentos.

Seria muita facilidade para o vendedor encontrar um cliente que lhe dissesse estar realmente interessado no seu produto ou serviço, mas com uma certa dúvida; dessa maneira, o comprador estaria se tornando vulnerável diante do vendedor. Então, para não se expor desse modo, o cliente encontra uma forma sutil de conseguir os esclarecimentos de que precisa, sem correr o risco de ser dominado pelo vendedor. Em outras palavras, ele se utiliza das objeções, que nós chamamos de estratégicas e que são as mais comumente encontradas.

Tais objeções representam uma 'camuflagem' dos interesses do cliente, que se esconde atrás delas para não se arriscar perante o vendedor. A solução para as objeções estratégicas está na prestação pura e simples de esclarecimentos, que fortalecem a posição do vendedor, ratificando as vantagens do produto ou serviço que está vendendo.

Então, podemos deduzir que:

a) Objeção é sinal de interesse;
b) A objeção mais comum é a do tipo que chamamos de estratégica;
c) A objeção estratégica é semelhante à solicitação sutil de esclarecimentos;
d) Fornecidos os esclarecimentos, por meio das qualidades dos produtos ou serviços oferecidos, temos o fortalecimento do vendedor que transformou um simples sinal de interesse em possibilidade de venda, solidificando no cliente a imagem do produto ou serviço, do próprio vendedor e da empresa.

3.3.5.2 – Depois de esclarecer, encaminhe-se para o arremate da venda

Ao iniciar a entrevista, o vendedor procura vender simpatia e, por meio do calor humano, quebrar a frieza natural do cliente. Durante a oferta, o vendedor procura, com o seu entusiasmo, contagiar o cliente. Isso faz com que o ritmo da entrevista seja acelerado.

Entretanto, ao ouvir calmamente as objeções levantadas pelo cliente, o vendedor vê-se na condição de deixar cair esse ritmo, pois o tratamento delas precisa ser feito de modo calmo e tranqüilo.

Ao tratar as objeções, por intermédio de esclarecimentos, e ao transformá-las por isso mesmo em possibilidade de venda, é preciso que o vendedor volte a ser o condutor da entrevista, volte a acionar o seu ritmo, não permitindo com isso que ela se torne monótona, propiciando uma protelação. Esse perigo é comum a toda entrevista que tem a fase da sustentação bem-feita, pois o cliente fica sem nenhuma dúvida e não toma mais iniciativa alguma; é preciso que o vendedor volte a tomar as iniciativas, encaminhando-se para o arremate.

Se o vendedor não voltar a ser a força motriz do ritmo da entrevista, esta fatalmente será protelada, porque o cliente sentirá que pode deixar a decisão para outro dia e não perderá a oportunidade.

Para evitar as protelações, é preciso que o vendedor retome o ritmo que usou durante a oferta, transmitindo todo o calor humano de que é capaz, a fim de levar o cliente a se entusiasmar e, finalmente, permitir a conclusão lógica e positiva de todo este trabalho: fechar a venda ou tirar o pedido!

3.4 – Arremate ou Como Tirar o Pedido

3.4.1 – Verifique se o Cliente Está Pronto para o Arremate

3.4.1.1 – Observe os sinais de interesse

O fechamento da venda é uma tarefa que exige do vendedor uma especial habilidade. Somente o profissional que a exercita e a domina consegue efetivamente bons resultados de seu trabalho. Isso porque o vendedor tem de combater, normalmente, três atitudes presentes (consciente ou inconscientemente) no espírito de todos os possíveis compradores:

a) **Adiamento** – Todos preferem não tomar decisões senão no último instante, e muitos ainda esperam que esse instante nunca chegue;

b) **Preguiça** – Grande número de pessoas prefere não fazer muitas coisas, como não gastar dinheiro, a não ser em caso de absoluta necessidade;

c) **Medo** – Quase todos ficam preocupados em saber se a decisão de comprar (ou não) é certa ou errada.

É por isso que há uma diferença marcante entre os *conversadores* e os *vendedores* de fato. Enquanto os primeiros apenas falam, os últimos realizam vendas e ganham dinheiro, porque sabem arrematar no momento exato.

Uma das coisas que mais preocupa os vendedores conscientes é a causa de tantas vendas resultarem em fracasso. Sem dúvida, a solução de tal enigma é muito simples e reside no fato de que o fechamento da venda não foi efetuado em seu devido tempo.

Todo o problema gira em torno do tema da oportunidade, que não deve ser desperdiçada. Fechar a venda no momento oportuno é uma condição muito preciosa para o profissional de vendas.

Para ilustrar, poderíamos dizer que a indecisão no momento de efetuar o arremate é tão prejudicial como a do 'galã da festa' querendo dançar ou ter em seus braços a mulher de seus sonhos. Para tanto, ele a observa e vigia, dando voltas ao seu redor como um gavião arisco e tímido e que, quando se decide a 'dar o bote', é tarde demais, pois outro a leva em seus braços e a monopoliza. A 'parada' já está perdida.

Nas vendas, rondar demasiado o fechamento, esperar demais, dar voltas e abordando o mesmo tema, é perder a oportunidade de fechar o negócio. Existem vendedores que são craques no planejamento da venda, abrem a entrevista com maestria, farejam as necessidades do cliente, oferecem com convicção, argumentam com segurança na hora das objeções, mas, no momento do fechamento da venda, colocam tudo a perder, semelhante ao nosso 'galã da festa'.

Ao estarmos no momento oportuno para fechar a venda, se esperarmos que este melhore ainda mais, daremos tempo para que o desinteresse, as dúvidas e os temores liquidem a magnífica oportunidade que tínhamos ao alcance da mão.

Expostos os argumentos, mediante uma apresentação perfeita, planejada e executada, destinados a estimular o desejo de compra do cliente e contornadas sua naturais objeções, chega o momento de fechar o negócio.

E esse momento tem de ser abreviado, mediante a iniciativa do vendedor. Geralmente há um número de ocasiões no decorrer de uma entrevista, durante as quais o vendedor pode ver que o entrevistado está interessado em comprar, e é nessas ocasiões que ele precisa ajudá-lo a tomar a decisão, desfechar a chave final para a concretização da venda.

A esses indícios chamamos de 'sinais de interesse'. E o vendedor atento não tem dificuldade em notá-los. À medida que se desenrola a oferta ou a sustentação, vai se tornando mais fácil reconhecer, por meio de observações, atitudes e gestos do cliente, que está se aproximando o momento do arremate.

Não é necessário ser um psicólogo para identificar os *sinais de interesse*. Basta um pouco de argúcia, de observação e alguns conhecimentos sobre o comportamento do cliente nessas circunstâncias.

De um modo geral, esses sinais são exteriorizados por meio de perguntas, observações ou atitudes.

Vejamos algumas perguntas:
- Qual foi o preço que você disse?
- Quais são as condições de pagamento?
- Vocês têm para pronta entrega?
- Você me fornece o frete gratuitamente?

Observações
- Um amigo meu comprou este produto!
- Não sei se poderei pagar!
- Meu filho ou meu sócio me recomendou vir aqui.
- Faz algum tempo que eu andava interessado em vocês.

Atitudes
- O cliente olha com ar de aprovação para o produto oferecido.
- Levanta-se, se estiver sentado, ou vice-versa, sem razão aparente.
- Olha repetidamente para o sócio ou outra pessoa que assiste à entrevista.
- Começa a mexer com papéis ou objetos sobre a mesa.
- Toma uma postura mais ereta, quando estava numa posição mais descontraída.

Esses sinais não podem passar despercebidos ao *vendedor*, pois anunciam que o *cliente* está 'amadurecido' para uma tentativa de arremate. E essa tentativa tem de ser desferida imediatamente, de forma positiva, firme e tranqüila concretizando-se a venda do plano oferecido.

3.4.1.2 Solte um balão de ensaio

Já falamos que a eficiência do arremate está em função do fator oportunidade, ou seja, da capacidade de observação dos *sinais de interesse* normalmente evidenciados pelo cliente.

Algumas vezes, no entanto, o cliente não emite esses sinais. Principalmente os compradores profissionais, a mulher ou empresários, todos experientes e acostumados com a arte da negociação. Torna-se necessário, então, que o *vendedor* dê um 'toque', ausculte discretamente o *cliente*. Em outras palavras, solte um balão de ensaio, como fazem os meteorologistas quando querem saber o que se passa em camadas atmosféricas mais altas não observáveis pela instrumentação comum.

Por meio desse balão de ensaio, o vendedor sente se está na hora de dar o empurrão final, tirando o cliente da sua atitude apática para fazê-lo tomar uma decisão. Por exemplo:

- ◆ O sr. gostou mais do verde ou do azul?
- ◆ Esta especificação ou potência do produto atende à sua necessidade ou precisamos aumentá-la?
- ◆ O sr. mesmo leva a mercadoria ou prefere o nosso frete?

A resposta a uma dessas perguntas servirá para demonstrar como está o estado de espírito do cliente com relação à oferta feita. Se ele demonstrar que ainda está pensando, que ainda não resolveu nada, que tem algum ponto duvidoso, o vendedor deve voltar à sua oferta e reforçar seus argumentos, mas caminhando firme outra vez para a *faixa do arremate*.

Se o cliente não negar a validade da oferta, se ele concordar que tudo o que foi dito ou apresentado está de acordo com os interesses dele, mas demonstrar apenas preguiça, indecisão ou medo, é sinal de que está na 'faixa de arremate', precisando apenas daquele empurrão que o vendedor deve dar imediatamente, concluindo o seu trabalho.

3.4.1.3 – Provoque uma decisão

Ao soltar o balão de ensaio, o vendedor pode não receber uma reação favorável nem desfavorável; o cliente pode não demonstrar nada do que está pensando. Nesse caso, o vendedor precisa tomar uma atitude mais enérgica para saber o que está se passando; deve provocar uma decisão de parte do cliente.

Aqui ainda o caminho a ser seguido é o da pergunta só que mais enérgica e definitiva, dando ao cliente a sensação de que o negócio está praticamente fechado e nada mais falta senão o preenchimento do pedido ou a assinatura do contrato. Por exemplo:

- ◆ Que plano de pagamento o sr. prefere? À vista ou a prazo?
- ◆ O senhor vai levar a mercadoria assim mesmo ou posso fazer uma embalagem mais reforçada para viagem?
- ◆ O senhor dá preferência que o endereço de cobrança seja o de sua residência ou do escritório?

Seguindo-se a resposta, o arremate surge como a forma imediata que o cliente tem de ver seu desejo atendido. É evidente que, essas perguntas, que forçam a escolha, além de feitas no momento adequado, o vendedor deve tomar o cuidado de fazê-las convenientemente, evitando que a escolha do cliente recaia sobre uma parte que evite a venda.

O melhor sistema é, ao formular a pergunta, bitolar a resposta dentro de duas ou no máximo três possibilidades, todas de real interesse para o arremate da venda; essas possibilidades deverão ser citadas na pergunta, a fim de conduzir a resposta do cliente. É semelhante ao que o fazendeiro, criador de gado, faz com seu rebanho, quando deseja vaciná-lo ou dar-lhe banho: coloca-o no 'brete' ou na 'seringa', fazendo o animal ir apenas em uma direção: a escolhida pelo fazendeiro.

A resposta será fatalmente uma decisão que demonstrará até onde o cliente já comprou o produto ou serviço. A sua reação a essa atitude positiva e firme, do vendedor, será a resposta que este precisa para saber voltar a sua oferta e salientar alguns pontos fortes, ou se simplesmente está faltando aquele empurrão, que terá de ser dado imediatamente.

3.4.2 – Encaminhe-se para o Arremate

3.4.2.1 – Anule as protelações

Burton Bigelow, um famoso professor norte-americano na técnica de vender, escreveu em um de seus livros: "Deveria haver uma lei que proibisse, de maneira terminante, a saída de vendedores à rua, sem que eles conhecessem pelo menos dez das fórmulas protelatórias de seus Clientes e o modo de anulá-las de forma satisfatória e de maneira triunfal".

Bigelow estava consciente de um fato da maior validade: é exatamente neste momento – a hora do fechamento, a hora do arremate - que a maioria dos vendedores fracassa, e muitas vezes após uma excelente aproximação, uma entusiástica oferta e uma eficiente sustentação. É a síndrome do 'galã de festa' que tanto acomete os nossos profissionais de vendas.

Existe, na realidade, uma abissal diferença entre estas duas tarefas englobadas na entrevista de venda: o arremate e tudo aquilo que antecede o arremate.

Durante a *aproximação* o vendedor deve ser amigável, simpático, jovial e eu diria até que bastante aberto; durante a *oferta* deve ser entusiasta, vibrante, dramático e teatral; e durante a *sustentação* das objeções, deve ser equilibrado, sereno e cordial. Contudo em todas essas fases existe uma só tônica, que é a conquista do cliente, o esforço para fazer um amigo, confiante e confidente.

Quando chega, no entanto, o momento do arremate, o vendedor tem de ser firme, negociador, objetivo, precisando às vezes ser frio e calculista, modificando a atmosfera amena, que vinha dominando a entrevista.

E o constrangimento dessa mutação acaba, nessa hora, por inibir o vendedor que se torna vítima de sua própria criação, aceitando com alívio a primeira frase protelatória do cliente em potencial. No íntimo, esse tipo de profissional de vendas não aceita a mudança de clima que ele mesmo criou, passando da gentileza e da cortesia para a agressividade (em vendas).

O vendedor que quiser merecer este nome e que pretende efetuar realmente vendas precisa vencer essa dificuldade, habilitando-se a partir para o arremate com decisão e frieza, anulando, esmagando, todas as desculpas apresentadas pelo cliente nessas ocasiões, as quais, como já vimos antes, são apenas e nada mais que fruto da indecisão, da preguiça e do medo, sentimentos que acompanham o desejo de compra.

Vejamos, agora, algumas das fórmulas protelatórias que comumente são usadas por clientes e alguns argumentos de comprovada eficiência para anulá-las.

1. *Preciso pensar melhor, ou vou estudar.*
   - O senhor precisa estudar? Pois ofereço minha ajuda, baseada em vários anos de experiência neste ramo de atividade.
   - Pois deixe ajudá-lo a estudar o assunto. O senhor há de convir que baseados em nossa experiência mútua, nós dois temos condição de estudar e decidir melhor.
2. *Preciso falar com a diretoria, ou com o construtor, ou com minha mulher, ou outra pessoa.*
   - Neste caso, senhor Fulano, gostaria que permitisse que eu participasse da reunião com sua diretoria, com o construtor, para que outras pessoas tomem conhecimento deste produto (ou serviço) em seus mínimos detalhes e das vantagens que trará para os senhores.
   - Se o senhor está solicitando auxílio de outra pessoa, aliás, muito importante ouvi-la, é porque eu não soube apresentar bem o produto (ou serviço). Por favor, diga-me onde foi que eu falhei, para que possa corrigir minha falha.
3. *No momento estou muito ocupado para resolver esta compra. Telefono outra hora marcando nova entrevista.*
   - Concordo. Porém, sei que o senhor é muito ocupado e temo tomar mais o seu tempo amanhã, ao passo que em apenas alguns minutos mais poderemos solucionar o assunto definitivamente.
   - Que tal combinarmos uma hora hoje, para depois de seu expediente?

4. *Antes de fechar o pedido, gostaria de apresentar o assunto para o meu sócio, a fim de obter a concordância dele.*
   - Tenho certeza de que seu sócio concordará com sua decisão, pois o sr. está fazendo uma boa compra. Já vimos que este é o produto que atende 100% às suas necessidades e às de sua empresa.
   - Se o sr. precisa consultar seu sócio, significa claramente que a pessoa que decide este assunto, que é o sr., está com algum ponto obscuro ou com dúvida, e que eu preciso esclarecer.
5. *Só vou resolver depois do balanço, ou do Carnaval, ou do Natal etc.*
   - Notei que sua empresa é muito dinâmica e eficiente e que o sr. tem decisões rápidas. Se no momento tem alguma dúvida, podemos estudá-la juntos. Ficarei muito grato em poder ser-lhe útil.
   - Senhor Fulano, os grandes negócios dependem de grandes decisões. Este é um grande e um bom negócio, que só depende de uma grande e rápida decisão sua.

Existem ocasiões em que o entrevistador não se utiliza propriamente de uma frase protelatória, mas permanece inibido e contraído, negando-se a fechar o negócio. Na grande maioria dos casos, essas pessoas estão sendo afetadas por circunstâncias externas, alheias à problemática específica da venda, e o vendedor precisa identificá-las para lhes dar o tratamento adequado.

Vejamos alguns casos e o que deve ser feito:

1. O Cliente está revoltado por ter sido mal atendido ou mesmo ludibriado por um vendedor da mesma empresa.
   - Mostrar o que é sua empresa, quantos anos atua no mercado e de forma ética, quem são os dirigentes, como são selecionados e treinados os vendedores, quem é você e como trabalha.
   - Usar de bastante clareza; mostrar como é a política comercial da empresa; colocar-se à disposição do cliente para resolver o assunto do passado; posicionar-se como um consultor do

cliente; e somente tentar fechar qualquer venda com esse cliente, após resolver suas pendências ou eliminar dúvidas ou resquícios do passado – nessa hora, transparência total é tudo o que lhe resta.

2. *O Cliente está com receio de ser envolvido pela habilidade do vendedor e se põe na defensiva.*
   - Captar a simpatia e a confiança do cliente, mostrando o desejo de servi-lo.
   - Deixar o cliente completamente à vontade fazendo-o sentir que estamos apenas apresentando uma sugestão de compra, mas que a decisão final será inteiramente dele.
   - Usar de muito tato para lhe dar a impressão de que ele está comprando sem sofrer pressão da parte do vendedor.

3. *O Cliente gosta de seu produto, mas seu sócio, sua esposa, seu pintor, seu encanador ... é contra.*
   - Descobrir o porquê das objeções da outra pessoa. Uma vez descobertas, elas devem ser agenciadas e contornadas.
   - Procurar marcar uma entrevista conjunta com a participação da pessoa que é contra, para poder convencê-la da qualidade de seu produto ou serviço.

A iniciativa de marcar visitas externas de parte de vendedores internos é uma atitude inteiramente válida, pois um vendedor de varejo pode e deve também marcar entrevistas fora de seu habitual local de trabalho. Mais válida será a iniciativa se o cliente possuir bom potencial de compra.

3.4.2.2 – Mantenha o cliente em ação

É importante nesta etapa da entrevista, que o cliente permaneça em ação constante, que seja 'dinamizado' pelo vendedor, para não ter tempo de arrefecer o entusiasmo transmitido e absorvido durante a oferta.

As seguintes regras são muito úteis a esta altura da venda:

- Não fale apenas. Use meios visuais para continuar obtendo a atenção do comprador, especialmente o próprio produto. Coloque o produto nas mãos do cliente (se for possível).
- Utilize material promocional do tipo *folder*, folheto, *take one*, especificações técnicas etc.
- Consolide a venda mantendo o comprador atento e em ação. Evite os hiatos. Mesmo se já estiver tirando o pedido, mantenha o cliente em ação.

O ato da venda tem muita similaridade com à conquista amorosa. Ambos têm começo, meio e fim. Se, porventura, por qualquer motivo, a seqüência e a graduação do clímax for interrompida bruscamente e acontecer o hiato, devemos reiniciar o processo de convencimento, de motivação e de 'aquecimento' para novamente chegar ao ponto alto.

3.4.2.3 – Seja firme, embora amigável

Neste item, abordamos um mito muito difundido pela maioria dos vendedores, que para vender é preciso tornar-se amigo do comprador. Hoje em dia, o vendedor (interno ou externo) não tem tempo de fazer isso.

Não é condição básica tornar-se amigo do cliente, e sim fazer uma aproximação amigável, porém objetiva. Na maioria dos casos o vendedor procura disputar sentimentos de simpatia, não raciocina como um profissional, que depende daquela venda para ter sucesso e ganhar dinheiro, e passa a 'comprar' os problemas ou as idéias do comprador.

Nada contra o marketing de relacionamento, em que o *vendedor* entra como um dos elos mais importantes da corrente ou da cadeia de relacionamento com o *cliente*. Aliás, a responsabilidade do marketing de relacionamento é da empresa, e do departamento de marketing, e não do vendedor. Também não somos contra que o vendedor consiga estabelecer uma relação de amizade com o cliente. Estamos nesta seção abordando o arremate da venda e induzindo o profissional de vendas a exercitar as técnicas recomendadas. Para aqueles menos frios e calculistas, recomendamos manter uma certa distância do cliente, pois sabemos que é difícil tal atitude para nós brasileiros, por sermos de temperamento mais caloroso e amigável.

Na hora do arremate, o vendedor precisa esquecer todo o sentimentalismo que desde o início da entrevista começou a surgir positivamente, e concentrar-se na sua única finalidade em tudo isso, ou seja, vender. O vendedor tem de agir como um comerciante, que trata os clientes muito bem, mas não se esquece de que esses clientes precisam levar a mercadoria dele.

Essa atitude não é fácil, porque no subconsciente o vendedor não quer sair daquela agradável posição de amigo, bonzinho, simpático, e partir para uma ação positiva, firme, enérgica.

O arremate exige do vendedor uma tomada de posição firme. Se isso não ocorrer, ele certamente sairá da entrevista de venda com uma protelação, em vez do ambicionado pedido ou contrato. Nesse momento afirmamos que é preferível ser apenas um 'conhecido simpático' (com bons pedidos nas mãos) do que um 'grande amigo' (sem pedido algum, sem sucesso e sem futuro).

O vendedor não pode esquecer que, parafraseando Che Guevara, "nesta hora tem que endurecer, mas sem perder a ternura".

3.4.2.4 – Demonstre confiança absoluta

No momento do arremate, mais do que a simples concordância do cliente, o vendedor tem de contar com sua convicção para o negócio que está prestes a realizar. Essa atitude de convicção deve estar sendo desenvolvida pelo vendedor com o cliente desde sua apresentação para a entrevista, devendo ganhar corpo e consistência com o desenrolar dela.

A convicção de que o cliente deve estar possuído no momento do arremate é criada e desenvolvida pelo vendedor, e a forma de fazê-lo é por meio da transferência de sua convicção, de sua confiança, de sua certeza na oferta.

É evidente que alguém só pode transferir alguma coisa aos outros, quando possui essa alguma coisa. No caso presente, é evidente que, sem ter convicção, vendedor algum transferirá convicção a cliente algum!

Desde o aperto de mão inicial, o vendedor deve revestir sua atuação de uma firmeza e de uma ação positiva, que transpirem a confiança e a certeza que nutre nos resultados de negócios e de lucros que oferece. De sorte, pouco a pouco, também o cliente se certificará dessas vantagens, passando a acreditar no valor do negócio e, portanto, a confiar no profissional de vendas.

Da confiança à convicção a diferença é ínfima e, na maior parte das vezes, a última é obtida com o uso de expressões positivas e indicativas da segurança com que o vendedor trata a oferta.

Toda frase ou citação feita em caráter condicional resulta em 'fábrica de dúvidas' na cabeça do cliente e não de certeza, e acabam criando desconfianças, e não convicções. Como exemplo, temos: "Se o senhor fizesse, os resultados seriam", "Se o senhor comprasse, os resultados seriam".

Já frases positivas garantem ao cliente a confiança que o vendedor carrega consigo na oferta. Como exemplo, temos: "Com este produto ou serviço o senhor terá condições de conquistar mais mercados ou de realizar mais lucros", "Com este produto sua casa ficará mais atraente e valorizada".

Para o vendedor não existe condicional, só há ação, só existe resolução. O vendedor fala, demonstra coisas positivas, confiança, convicção, firmeza.

E nessa hora, as exteriorizações são mais do que nunca importantes, pois são elas que levam o comprador a se resolver, e a passar da atitude passiva que mantinha para uma atitude que redundará no fechamento da venda.

É preciso que o vendedor entenda profundamente os benefícios do que está ofertando para ter autoconfiança que impressione o cliente, e esse sinta, na firmeza e na convicção do profissional de vendas, a certeza de que realmente está fazendo um bom negócio.

3.4.3 – Arremate a Venda

3.4.3.1 – Use as chaves de eficiência comprovada

Vejamos agora algumas chaves de fechamento de vendas preconizadas por mestres de modernas técnicas de negociação. São regras clássicas, cuja eficiência dependerá em muito, naturalmente, da imaginação e iniciativa de cada um.

É importante conhecer as técnicas recomendadas, mas, na hora de colocá-las em prática, recomendamos ao vendedor escolher uma que combine com os traços de sua personalidade, com seu perfil ou com seu jeito de ser.

Se o vendedor é do tipo sóbrio ou conservador, deve agir de acordo com suas convicções e de acordo com seu modo de vida. Se for do tipo expansivo e informal, escolha o caminho que mais seja adequado à sua personalidade. Será muito perigoso e desagradável um conservador 'vestir-se' com a roupa da informalidade, contando piadas, fazendo tipo etc.

a) **Técnica da convicção**

O grande segredo desta chave consiste na mais absoluta e definitiva convicção por parte do vendedor de que ele vai vender e o cliente vai comprar. Todas as emoções humanas são altamente contagiosas. Quando titubeamos ou vacilamos diante de outra pessoa, ela também titubeia ou vacila; quando se trata de um cliente, a coisa fica pior, porque ele cuida logo de despachar o vendedor.

Quando o vendedor se comporta de maneira positiva, dogmática, absoluta diante do cliente, cria em sua mente reações semelhantes e ele passa a se entusiasmar pela sua proposta. Para usar a *técnica da convicção*, o vendedor precisa, antes de mais nada, convencer-se de que o cliente vai comprar, ter como definitivo, em seu espírito, que o cliente vai dizer que sim.

As únicas questões reais passam a ser quando, quanto e como ele vai comprar.

A seguir, exemplificamos a aplicação desta técnica:

◆ Reconhecendo que é oportuno tentar o fechamento, o vendedor pega o telefone (se estiver numa loja), olhando para o cliente, com ar decidido e voz firme diz: "Vou reservar o seu produto tirando do estoque, desde já, garantindo ainda hoje a entrega em sua casa".

Veja outros exemplos:

- Qual é o endereço de entrega?
- Por gentileza, posso sentar aqui do lado para tirar o pedido?
- A entrega é para hoje mesmo, ou para amanhã?

Estudando a aplicação desta técnica, o vendedor encontrará, certamente, muitas maneiras de utilizá-la em seu ramo de atividade. O importante é implantar de fato a convicção em sua mente, para poder transmiti-la ao espírito do cliente.

b) Técnica da questão secundária

A técnica da questão secundária consiste simplesmente em ignorar o problema principal de toda venda (que é sempre "O sr. vai comprar?") enfocando um ponto de relativa importância ligado ao negócio. Entretanto, quando o cliente responde a essa pergunta de relativa importância, estará concordando com a compra sem aperceber-se disto.

Os recursos em vendas para a aplicação desta técnica são detalhes sobre o produto ou serviço, entrega, assistência técnica etc,

Em resumo, o segredo de uso desta técnica está em entregar ou repassar ao cliente um problema secundário, e nunca o principal: comprar ou não comprar. Provavelmente ele não hesitará em tomar uma resolução sobre a questão subsidiária e, com essa resolução, permitirá o fechamento desejado.

Eis alguns exemplos:

- O senhor prefere o aparelho em 110 ou 220 volts?
- O senhor escolhe este ou aquele modelo?
- O senhor vai assinar um ou dois contratos? Um para a compra do produto e outro para assistência técnica?
- O vencimento dos pagamentos fica para que dia do mês?
- Que plano de descontos o sr; escolhe?

c) **Técnica da ação física**

Esta técnica repousa em dois princípios básicos:

1. Nas vendas, a exemplo do que ocorre em outros aspectos da vida, uma ação vale por mil palavras, sendo a mais persuasiva das linguagens.
2. Na lei da inércia – propriedade que têm os corpos de persistirem no estado de repouso ou de movimento, enquanto não intervém uma força que não altere este estado.

A prática consiste em se fazer algo, enquanto se diz algo, de tal modo que o cliente, para fazê-lo parar, precisa interrompê-lo vigorosamente; não o fazendo, estará aceitando tacitamente o fechamento.

A um certo momento o *vendedor* – que já conhece o tipo do *cliente* e já estudou as suas reações – julga oportuno tentar o fechamento. Passa simplesmente, a preencher o pedido, falando sempre e com ar de atarefado.

Para evitar que o vendedor prossiga, o cliente terá de interrompê-lo, mandá-lo parar incontinente, dizer-lhe que ainda é cedo para preencher o pedido. E nem todos os clientes têm coragem para fazer isso. Nem mesmo quando não estão ainda determinados a comprar, têm disposição e iniciativa para mandar o vendedor suspender o preenchimento do pedido.

Naturalmente existem muitas maneiras de aplicar a *técnica da ação física*. De qualquer modo, ela é um excelente recurso para o vendedor na sempre difícil decisão de arremate da venda.

Vejamos algumas:

- Posso sentar-me nesta mesa para preencher seu pedido? (E sentar-se realmente, dando início ao trabalho.)
- Bem senhor Fulano como sei que o seu tempo é precioso, vou tratar de preencher o pedido.
- Como vejo, o senhor ficou satisfeito com a minha explanação. Assim sendo, com sua licença, vou preencher o pedido.
- Ótimo. Só falta o seu autógrafo aqui, por favor.

d) **Técnica do receio do prejuízo**

Esta técnica é baseada em profundo e vital desejo humano de evitar prejuízos para si e para os seus. Os homens freqüentemente permanecem indiferentes em vista da possibilidade de lucro ou satisfação. Mas o receio de perder o que já possuem, ou aquilo que facilmente poderiam obter, é altamente estimulante e os fazem reagir com grande rapidez e até mesmo com certa dose de paixão.

Em outras palavras, esta técnica destina-se a fazer com que o comprador fique certo de que, não comprando o produto ou serviço que lhe está sendo apresentado, irá sofrer prejuízo no futuro, pois não poderá contar com os benefícios que o produto lhe prestará ou as facilidades ou economia que o serviço se destina.

Há uma diferença sutil entre esta técnica e o apelo geralmente usado, que faz ver ao cliente quanto ganhará ou lucrará com o negócio. A técnica é muito mais decisiva e poderosa, porque está fundamentalmente ancorada na própria natureza humana.

Eis alguns exemplos:

- O sr. precisa resolver agora, caso contrário irá perder as ótimas conduções de negociação e de pagamentos que temos.
- Vamos resolver agora, para que sua empresa não sofra prejuízo e não fique sem o produto ou serviço, tão necessário que é.

e) **Técnica do agora ou nunca**

Esta técnica pode colocar mais dinheiro nas mãos do vendedor, se for adequadamente usada. É muito eficiente para o *adiador crônico*, que pede sempre ao vendedor para 'passar outro dia'. Se o vendedor ceder, acabará se tornando parte da decoração do escritório do cliente, e conseguirá os mesmos resultados financeiros que obteria se fosse, de fato, uma peça de adorno.

O fechamento '"cartas na mesa' é um dos últimos recursos do vendedor. Tudo o mais já foi tentado e o pedido não foi assinado.

Ele então força a situação, fazendo com que o possível cliente se defronte com um dilema: "Ou minha proposta serve para o senhor (ou para a sua empresa) ou não. Se não serve, diga-me, por favor, pois não gastarei mais seu tempo. Se serve, gostaria que o senhor assinasse o pedido".

A grande maioria dos *adiadores* assinará a fatura, e os que não assinarem estarão gastando inutilmente o tempo do vendedor. Este tipo de fechamento exige muito bom senso e coragem por parte do vendedor, mas, se bem usado, revela-se de extraordinária eficiência.

f) **Técnica do pedido de compras**

O fundamento desta técnica está baseado no efeito psicológico que se provoca no interlocutor se pedimos um pequeno favor. Quando se solicita habilmente uma gentileza a alguém, está se elevando o sentimento de importância e prestígio. A chave consiste, simplesmente, em pedir ao cliente que assine o pedido, de forma simples, direta e objetiva.

Um experimentado gerente de vendas costuma insistir no seguinte conselho a seus vendedores: "Qualquer que tenha sido a qualidade da entrevista de venda, qualquer que tenha sido a reação do Cliente, a última coisa que você deve fazer, antes de levantar-se para sair é pedir que ele compre. É pedir que ele assine o pedido".

Há um caso que ilustra perfeitamente essa situação. É uma história antiga, mas ainda é a melhor que conhecemos. O vendedor esforçou-se para apresentar e demonstrar o produto que vendia. Por mais de uma hora, esmiuçou o assunto ponto por ponto. Finalmente, desesperado, acreditando que não iria realizar a venda, explodiu: "Caramba, por que o sr. não quer comprar o meu produto?". Ao que o possível comprador respondeu: "Por que caramba o sr. não me pediu para assinar o pedido? Há mais de meia hora que estou esperando".

A história a seguir é verídica e aconteceu com o autor deste livro. Anos atrás eu era gerente regional de vendas em São Paulo, de uma grande empresa, com filiais em todo o Brasil, reconhecida e conceituada como uma verdadeira escola de negociação. A empresa vendia seus produtos e serviços, sempre pagáveis em 12 vezes e até em 18 meses. Por um problema de caixa, havia a necessidade, daquele momento em diante, de se vender com pagamento à vista ou no máximo em seis vezes. Foi implantado o novo sistema de pagamentos em minha área de atuação, após criativos e interessantes treinamentos da equipe de vendedores e de supervisores, com a introdução de um eficiente e completo sistema de incentivos.

Após alguns meses de trabalho, o resultado foi um excepcional sucesso, sendo minha unidade de negócios a que mais havia vendido planos à vista ou com prazos menores. A filial do Rio de Janeiro apresentava desempenho pífio, e a diretoria da empresa pediu-me que viajasse até lá para fazer um diagnóstico da situação, e que fizesse um amplo treinamento de reciclagem e depois concluísse a ajuda ao Rio, com acompanhamentos de vendedores no campo, para motivar e treinar a equipe, em suma, ver *in loco* o que estava acontecendo.

Implantado o treinamento e o sistema de trabalho conforme o planejado, fui para a última etapa do programa, com acompanhamento de campo. Na primeira semana do trabalho de rua, decidi fazer acompanhamento de campo com uma vendedora chamada Vera, que era a campeã da venda à vista. Queria saber qual era o método que ela usava para antecipar os pagamentos de suas vendas e poder difundir sua vitoriosa técnica.

Após quatro ou cinco visitas, em que realizou três vendas, nas quais nada falei, só a Vera falava e vendia, percebi que o método dela para vendas à vista era de fato interessante e muito inteligente. Na hora de apresentar o pedido e o carnê de pagamentos, ela preenchia somente com a modalidade *à vista* e o cliente assinava e nada perguntava. Isso aconteceu, como eu disse, em três clientes. Constatei que era um sucesso total o método da Vera.

Na hora do almoço, paramos em um restaurante da Zona Norte, e resolvi perguntar para a campeã da filial Rio se ela só oferecia venda à vista, se ela não dava outras opções mais suaves para seus clientes, como, por exemplo, em duas ou mesmo três vezes. Aí eu descobri o segredo da

Vera, guardado a sete chaves, que, com a maior candura deste mundo, retrucou: "Mas o nosso cliente pode pagar em duas ou três vezes? Não é somente à vista?". Ela era a campeã da venda à vista, porque não sabia da existência das outras opções. Ela oferecia somente venda à vista!

Esta técnica, de *pedido de compra* ou *apresentar o pedido para o cliente assinar*, só tem valor, contudo, quando utilizada sempre. Pedir a um cliente para comprar e esquecer de fazer o mesmo com os três ou quatro seguintes nada adianta. Fazê-lo seguidamente só ajuda o vendedor.

3.4.3.2 – Lance mão de suas reservas de ação

Ao sentir que o cliente entrou na 'faixa de arremate', o vendedor procura, por meio de uma das técnicas já citadas, fechar o negócio proposto. Nessa oportunidade, três coisas podem acontecer:

a) O cliente concorda com o vendedor, sem criar novos obstáculos, e esse pura e simplesmente passa para o preenchimento do pedido.

b) O cliente concorda em comprar, mas objeta quanto ao volume da compra ou ao preço; o vendedor deve procurar servir bem o cliente, analisando volume de compra, abrindo os preços, aceitando a possibilidade de reduzir a oferta e se enquadrando no orçamento do cliente. Aliás, não se esqueça que devemos oferecer o máximo para vender o ideal.

c) O cliente ainda não concorda em comprar. A essa altura dos acontecimentos o vendedor não pode repetir sua argumentação terminada há pouco, pois seria levar o cliente à mesma indecisão. Nessa situação, o vendedor experiente lança mão de argumentos que guardou no 'bolso do colete' e que devem tirar o cliente de sua posição de dúvida.

Daí a necessidade de que o vendedor tem de possuir reservas de ação. Em seu planejamento, inúmeros elementos, vários argumentos e situações devem ter sido estudados e, nem todos, necessariamente, devem ter sido usados.

De fato, o vendedor previdente, sem economizar motivos, razões e argumentos durante a entrevista, sempre reserva algo para casos de dúvidas, para impasses que ocorram, para responder a questões que até por intermédio de terceiros possam surgir no decorrer da entrevista.

Essas reservas de ação permitirão ao vendedor recompor a venda sob novos ângulos, persistindo por meio de novos elementos e nova forma, embora ainda uma vez vendendo resultados de produtos ou serviços sugeridos.

Se a assinatura do pedido não surgir em face de uma dúvida não convenientemente contornada, somente por uma dessas duas formas conseguiremos sobrepujar a dificuldade. Somente relembrando a qualidade do produto ou do serviço é que poderemos continuar.

Se após tudo isso ainda restar na cabeça do cliente uma dúvida qualquer, essa terá de ser dissipada pelo profissional de vendas, a fim de que permita a ele cliente a possibilidade do auto-arremate. E cabe ao vendedor, usando dos conhecimentos adquiridos, senso de psicologia e capacidade de discernimento, resolver satisfatoriamente o impasse.

Nessa hora o vendedor tem de se desdobrar e mostrar toda a sua capacidade. Aliás, uma das virtudes do campeão de vendas é a capacidade de improviso, de sair de situações críticas, e às vezes até embaraçosas. A isso se convém chamar de 'lançar mão de suas reservas de ação'.

3.4.3.3 – Se necessário, retroceda e parta para um novo arremate

Entretanto, apesar de dispor de uma variada série de formas para tentar obter o arremate, nem sempre o vendedor o consegue. Vimos que um fechamento normal é decorrência de uma entrevista em que todos os pontos das modernas técnicas de vendas tenham sido totalmente atendidos. Assim, quando não obtemos o arremate, normalmente algo durante a entrevista deve ter deixado a desejar ao cliente, fazendo com que ele, na hora de sua decisão, visse sua ação impedida por aquela dúvida ou objeção que voltou à sua mente.

Pelo que se disse antes, verifica-se que o fechamento oscila entre o prematuro e o atrasado. As duas coisas são igualmente perniciosas para a obtenção imediata da venda. Porém, o fechamento prematuro feito com tato, a título de experiência, já não é um mal tão grande, e sim um procedimento para averiguar a disposição do comprador.

O perigo maior reside, pois, no fechamento atrasado. É perigoso não pelo atraso em si, porque, então, seria dar razão aos vendedores que afirmam que durante a venda há só um momento propício para efetuá-la. É perigoso porque, ao estender-se desnecessariamente a conversação, os problemas se complicam, as dúvidas aumentam, a fadiga invade a mente do comprador e os motivos que justificam o adiamento da decisão mostram-se cada vez mais poderosos.

Intentar, pois, o fechamento o quanto antes, tão logo se observe alguns dos típicos 'sinais de interesse', é o mais prudente e aconselhável. Porém, deve-se intentar com tato, deixando a porta aberta para novas tentativas, se a primeira falhar. Aqui intervém, sobremaneira, a persistência do vendedor, esse precioso dom de saber perder momentaneamente e adquirir experiências que facilitem a vitória firmemente esperada.

Com as tentativas de fechamento sucede o mesmo como se estivéssemos caçando pássaros em pleno vôo, que além de ser proibido por lei, nem sempre os abatemos com o primeiro tiro. Aperfeiçoar a pontaria é um jogo apaixonante para quem caça.

Isso deve pensar o vendedor, em lugar de perder o otimismo e ainda o que é mais lamentável, perder a paciência. Quando a paciência se perde, o comprador se sente dono da situação e já se sente disposto a dizer que não vai comprar, porque o adversário perdeu sua influência e até o domínio de si mesmo. Nessa situação o vendedor sai vencido.

Nesses casos, o vendedor tem de retroceder para tentar novamente o arremate, sob condições diferentes, livre daquela objeção que o impediu de suprir antes. É imprescindível ao vendedor mudar o ritmo de sua entrevista e se possível a própria forma dela. Inútil repetir os mesmos argumentos, as mesmas razões, os mesmos motivos. Eles nada mais farão do que reforçar na mente do cliente a sua resistência.

Uma mudança de atitude, de gestos, de tom de voz, é absolutamente necessária para que ambos, cliente e vendedor, saiam daquela posição de impasse em que estavam. Novos ângulos deverão ser abordados, novas situações criadas, nova entonação de voz pesada, a fim de que novo clima de arremate possa surgir.

4ª Parte – Pós-Venda

Fechar uma venda ou tirar o pedido significa ganho momentâneo para o vendedor, e também significa faturamento para a empresa. Mas, a fidelização do cliente somente é obtida por meio do pós-venda.

A postura do verdadeiro profissional de vendas deve ser sempre a de atender o cliente em qualquer circunstância, faça chuva ou faça sol, esteja o vendedor com problemas pessoais ou não, esteja fazendo frio ou calor etc.

O cliente não é o responsável com o que pode estar acontecendo com o vendedor. Aliás, ele nem quer saber! Nunca poderá existir qualquer motivo para deixar de atender, e de atender muito bem, a qualquer solicitação do cliente, especialmente depois da venda realizada. Aliás, a venda nunca termina, assim como não termina o desenvolvimento e o aperfeiçoamento do profissional de vendas.

Se o cliente solicitou ou reclamou algo para a empresa, mesmo fora do horário comercial, o vendedor deve solucionar o problema, pois o cliente também lhe pertence e não apenas à empresa. Nada de ficar transferindo o cliente para outros setores da companhia. Primeiro, o cliente considera que a empresa é a pessoa com quem ele fez negócios. Para o cliente o vendedor representa a empresa. Portanto, o profissional tem de atender o cliente que solicita ou reclama algo, e mesmo que depois tenha de repassar o assunto para um colega ou departamento da empresa, ele deve fazer sempre um acompanhamento do caso. O cliente é seu maior patrimônio. Assim sendo, deve cuidar muito bem de seu capital. Fazendo o acompanhamento e dando a solução final necessária, o vendedor estará fidelizando e transformando o cliente em 'seu ativo' mais precioso.

Após fechar o negócio, o vendedor deve se colocar à disposição do cliente como estava disponível no início da entrevista de vendas. São pequenos detalhes como esse que encantam o cliente.

Caso a empresa use tecnologia e computadores em todos os setores, que tenha ela um CRM ou até Pós-CRM, parabéns. Porém, cuidado com o clássico "Sua ligação é muito importante para nós" e com a irritante música no ouvido do cliente; ou, então, com o fato de a ligação ser transferida de um setor para outro. Imagine se a ligação não fosse importante! Aliás, tecnologia é bem-vinda, mas nunca deve substituir o contato pessoal e caloroso, tão apreciado por nós brasileiros.

Faça visitas ao cliente, mesmo que não seja para vender. Aliás, é aconselhável nessa situação, entrar na casa do cliente sem pasta, para se transformar realmente num contato pós-venda. Cumpra sempre o que prometeu ou até mais. Promessas não cumpridas é que desgostam o cliente. Prometa ao seu cliente algo *nota 5* e atenda-o *nota 10*! Isso é ir sempre além de seu nariz. É surpreender o cliente. As surpresas agradáveis nunca esquecemos e tampouco o seu cliente irá olvidar.

Os problemas internos da empresa não devem ser levados ao conhecimento do cliente, especialmente no ato de atender qualquer reclamação ou solicitação. Se a mercadoria ou o serviço atrasou é porque atrasou e pronto. Não deve ser dito ao cliente que o atraso foi devido a mudanças efetuadas na expedição ou à troca de um sistema ou de um funcionário. O cliente quer respostas e atitudes precisas e instantâneas. O vendedor deve providenciá-las e, sem muitas explicações. Aliás, nessas circunstâncias, quem muito explica, mais se complica!

Outra ocasião muito boa para fazer um pós-venda com o cliente é uns dias depois de ele ter recebido o produto ou serviço. O vendedor deve telefonar ou visitar o cliente, perguntando se transcorreu tudo conforme o contratado, se houve algum problema, se deseja algo mais, deve colocar-se à disposição, mostrar que não deseja fazer uma venda, mas sim realizar bons negócios sempre! O cliente precisa perceber que o vendedor está disponível para servi-lo, e não para servir-se.

O Vendedor e a empresa devem sempre ter à mão e disponível para o cliente um bom SAC ou Serviço de Atendimento ao Cliente. Pergunte ao cliente se ele conhece o sistema da empresa, se já usou, se teve alguma dificuldade para operá-lo etc. Mesmo com um excepcional SAC e o melhor software do mundo, o atendimento ao cliente nunca deve ficar apenas aos cuidados de uma máquina ou de funcionários administrativos. O vendedor é que faz a diferença, pois, com sua dedicação e zelo para com o cliente e com a implantação de um sistema de pós-venda adequado e caloroso, vai conseguir a tão almejada fidelização de sua clientela.

Existem mil maneiras de fazer um eficiente pós-venda. O importante é que o profissional de vendas tenha uma atitude e uma postura voltadas para o bem servir o seu cliente, especialmente fora do ato da venda.

5ª Parte – O Amor a Arte da Venda ou a Arte da Mais Antiga das Profissões

O autor não poderia encerrar o presente livro sem deixar uma mensagem de otimismo e de fé aos seus colegas, profissionais de vendas.

Nós, negociadores, nós vendedores, não importa o nível hierárquico, o estágio profissional ou a latitude que atuamos somos pessoas privilegiadas. Aliás, somos seres humanos iluminados.

Nós desempenhamos a mais antiga das profissões! Aquela que pensa o leitor ser a mais antiga, não é. Ela é a segunda atividade profissional que surgiu na face da terra, pois, antes de "entregar a mercadoria" (seu corpo) a profissional do amor teve antes que vender o "produto".

Hoje com a abertura da economia e a globalização, nós desempenhamos também a mais importante, a mais exigida e a mais solicitada profissão relacionada com a atividade empresarial. Por isso somos tão privilegiados.

É a profissão que permite viabilizar os próprios talentos, auferir excelentes ganhos, ascender rapidamente à escala social, conhecer sempre novas e interessantes personalidades, etc.

Com as novas tecnologias e principalmente com a internet, muitos dizem erroneamente, que nossa profissão está em baixa ou que tende a se extinguir. Nada mais falso.

Nossa atividade está em constante valorização e desenvolvimento. Mas, passa por uma profunda transformação. Anos atrás vendíamos com a razão (produto ou serviço, preço, qualidade e assistência técnica). Hoje vendemos na base da emoção (atendimento, relacionamento, serviço, pósvenda, fidelização). Antes vendíamos com o cérebro. Hoje vendemos com o coração. Mudamos então de tiradores de pedidos, para solucionadores de problemas.

O grande diferencial no mercado competitivo é o atendimento.

Esta nova abordagem exige algumas transformações.

A principal mudança é interior. Para vencer em nossa atividade devemos amar nossa profissão. Na verdade, amar também já não é mais suficiente. Devemos ser perdidamente apaixonados pelo que fazemos.

Porque algumas pessoas, não tão bem dotadas, conseguem sucesso na vida ou mesmo em nossa profissão?

E outras bem dotadas, cultas e bem nascidas não atingem ao sucesso pessoal, profissional e social?

Porque uma pessoa consegue transformar seus sonhos em realidade e outras não? Por que algumas pessoas trabalham com metas audaciosas e outras não?

A resposta é cristalina uma vez que o diferencial está na própria pessoa humana, que é o maior tesouro da face da terra.

É importante ser sonhador, mas é muito mais importante ser também o realizador de seus sonhos. Devemos trabalhar pela realização de nossas metas e de nossos sonhos, especialmente como profissionais de vendas, mas com uma paixão de adolescente.

As principais características das pessoas sonhadoras e realizadoras são, a fé, a ousadia, a perseverança e a paixão, mas os sonhadores são gente de carne e osso. São pessoas com qualidades e imperfeições como todo mundo.

São seres humanos que exteriorizam seus valores e suas visões.

Estabelecem alianças estratégicas, valorizam as relações inter pessoais, fazem parcerias para transformar a si mesmas, a família, a empresa, a comunidade, o mundo! São pessoas que aprendem com os erros, sabem perdoar quem falhou ou os ofendeu, são magnânimos de espírito. Já dizia um amigo meu que "a ofensa não pertence ao ofendido".

São seres humanos que acreditam na sua intuição e compartilham seus sonhos, suas realizações e têm sede insaciável de transformar o mundo num lugar melhor de se viver. Isto é o entusiasmo, que é acreditar na nossa capacidade de fazer as coisas acontecerem, de darem certo, de contagiar os outros com nosso entusiasmo.Um vendedor sem entusiasmo é um profissional amorfo. A palavra entusiasmo vem do grego e significa "ter Deus dentro de si". O profissional entusiasmado é portador de uma energia, de uma força que não é humana, mas sim divina!

Sonham de olhos abertos. Muitas vezes são taxados de loucos ou visionários.

Mas eles vão em frente, pois são atrevidos, ousados e audaciosos. Vão sempre em busca de suas conquistas. São pessoas que sonham com a cabeça nas nuvens, mas com os pés no chão.

Nos momentos de dúvida ou de derrota, devemos nos lembrar que somos do tamanho de nossos sonhos, de nossas metas.

A capacidade de conviver com derrotas é uma das virtudes douradas do empreendedor de sonhos.

São pacientes, não se deixam contagiar pela inveja ou calúnia dos outros. Aprendem a lidar com as pessoas difíceis e a superar galhardamente o ciúme, a intriga, o boicote. São generosos e cultivam o equilíbrio entre a razão e a emoção.

Meu caro profissional de vendas, em momentos de dúvida ou derrota, lembre-se, que você é do tamanho de seus sonhos, do tamanho de suas metas.

Então, sonhe com os olhos bem abertos. Cabeça nas nuvens, mas com os pés enterrados no chão!

Faça acontecer. Seja o empreendedor de seus sonhos, persiga e atinja o maior objetivo da pessoa humana na face da terra, que é a felicidade. SEJA FELIZ!!!

* *Natal Destro*

Administrador de empresas com pós-graduação em comércio exterior e recursos humanos, e especialista em marketing.

Foi, vendedor, supervisor de vendas, gerente de vendas, gerente de treinamento, gerente regional e superintendente de Listas Telefônicas Brasileiras S A – Páginas Amarelas.

Ex-diretor da Ideal/Massey Fergusson, Neugebauer S.A e Cerâmica Decorite S.A.

Fundador da ADVB-RS e da Fundação ADVB, onde foi diretor.

Diretor da ANAMACO – Associação Nacional dos Comerciantes de Material de Construção e da Universidade Anamaco.

Vice-presidente Executivo da Acomac São Paulo – Associação dos Comerciantes de Material de Construção.

Professor, palestrante e conferencista.

Referências Bibliográficas

Obra de referência

Manual do Vendedor – Páginas Amarelas – São Paulo.

Outras obras

BOTELHO, Eduardo. *Aprenda a Vender Bem*. Editora Gente. São Paulo.

CANDELORO, Raul. *Venda Mais*. Casa da Qualidade. Curitiba.

MARINS FILHO, Luiz Almeida. *O poder do entusiasmo*. Nothing. SP

SOUZA, César. *Você é do tamanho de seus sonhos*. Editora Gente. SP.

**DVS
EDITORA**

www.dvseditora.com.br